MIDDLE-PLATFORM PRACTICE

DIGITAL TRANSFORMATION METHODOLOGY AND SOLUTIONS

中台实践

数字化转型方法论与解决方案

陈新宇 罗家鹰 江威 邓通 李楠 [加] 毛基业 胡方强
袁磊 吴超 赵静 蒲继强 赵科 郭逸重 周磊 陈昭升 ◎著

机械工业出版社
China Machine Press

图书在版编目（CIP）数据

中台实践：数字化转型方法论与解决方案 / 陈新宇等著 . —北京：机械工业出版社，2020.9（2022.1 重印）

ISBN 978-7-111-66443-7

I. 中… II. 陈… III. 数字技术 – 应用 – 企业管理 IV. F272.7

中国版本图书馆 CIP 数据核字（2020）第 163725 号

中台实践：数字化转型方法论与解决方案

出版发行：机械工业出版社（北京市西城区百万庄大街 22 号　邮政编码：100037）
责任编辑：罗词亮
责任校对：李秋荣
印　　刷：北京诚信伟业印刷有限公司
版　　次：2022 年 1 月第 1 版第 6 次印刷
开　　本：147mm×210mm　1/32
印　　张：13.5
书　　号：ISBN 978-7-111-66443-7
定　　价：89.00 元

客服电话：（010）88361066　88379833　68326294　　投稿热线：（010）88379604
华章网站：www.hzbook.com　　　　　　　　　　　　读者信箱：hzjsj@hzbook.com

版权所有·侵权必究
封底无防伪标均为盗版　　本书法律顾问：北京大成律师事务所　韩光 / 邹晓东

作者简介

陈新宇

云徙科技联合创始人兼首席架构师,中国软件行业协会应用软件产品云服务分会"数字企业中台应用专家顾问团"副主任专家,香港中文大学计算机科学与工程学博士,领导云徙科技数字中台系统的规划、建设并赋能企业落地实施。曾负责并参与大型企业管理软件基础架构和开发平台的设计与研发。此外,还曾参与数据库的自然语言交互、分布式系统、软件可靠性等多项学术性研究项目。

罗家鹰

云徙科技副总裁,上海交通大学学士,中山大学 MBA。近四年来,一直致力于阿里中台赋能数字商业的研究与布道。曾任金蝶软件(中国)有限公司 IT 规划首席顾问、用友网络电子商务事业部总经理。拥有 20 年的企业咨询及服务经验,先后主导了数十家大型企业的数字化转型咨询方案。

江 威

云徙科技地产事业部总经理，领导中台在地产方面的建设与落地，长期从事阿里中台赋能地产行业的研究与布道，拥有丰富的地产项目实施经验。曾任明源云、阿里云地产行业等业务总监，具备丰富的地产行业业务及产品经验，先后主导过万科、保利、新城、富力等多家大型地产的数字化项目。

邓 通

云徙科技汽车事业部总经理，香港中文大学信息工程硕士，专注于汽车行业数字化营销研究。曾多次创业，涉足社群电商、智能家居、互联网＋农业 S2B2C 中台项目，先后主导过长安汽车、一汽集团、长安福特等头部车企以及博郡汽车、爱驰汽车等新能源车企基于汽车行业中台的数字化营销项目。

前　言

过去的一年里，我们走访了食品连锁、乳制品、酒水、医药健康、直销、3C、家电、地产、汽车、烟草等行业的一批头部客户，与他们研讨传统企业的数智化转型战略、组织变革、业务场景和技术路径，遇到的企业高管都表示希望看到《中台战略》一书的续作。面对汹涌而来的数智化浪潮，我们开始酝酿《中台实践》这本书，它将延续《中台战略》里对数字中台建设和数字营销赋能的解读，分享我们对数字中台的最新思考和总结，并结合被数智化赋予新特点的新地产、新汽车、新直销、新零售和新渠道等行业或领域的解决方案和案例实证，进一步说明数字中台对于数智化转型落地的价值。

数字中台加速企业数智化转型

企业数字化所带来的根本变化是企业的所有商业价值活动转向以客户为中心，而智能化则体现在通过连接产生数据，基于数据产生智能，基于智能赋能商业，进而推动企业业务增长。在这个过程中企业需要打造两大核心能力：极致客户体验和数智驱动运营。

移动互联网的发展改变了所有人的消费习惯，打破了时空的限制，让商品、交易等要素实时在线，让消费侧的数字化走在了供给侧的前面。不过，新零售浪潮下，企业对人、货、场要素进行了重构，反向驱动供给侧的数字化建设，以消费者为核心，打造线上线下无缝融合的消费体验。数字经济时代，企业进一步强调供需协同的全链路数字化，建设企业数字资产，以数据驱动运营，谋求业绩的可持续增长。数智化转型的关键支撑是一个能够激发持续快速创新的系统。一场突如其来的新冠肺炎病毒黑天鹅事件让企业的数智化能力彻底暴露在聚光灯下。拥有中台能力的企业能够在最短时间内优化供应链，在线下停摆的情况下利用数字资产赋能员工开展线上运营，以消费者为核心，快速开拓本地生活、社区电商、直播带货等新业务，业绩不降反升。

数字中台就是这样一种数字经济下的新基建，它将企业的业务能力和数据服务中心化、平台化、共享化、协同化，支撑用户、员工、生态侧的多端，在瞬息万变的市场下降低试错成本，提高创新效率，以数据驱动运营的方式谋求业绩增长。

破解数字中台建设的迷局

"建中台找死，不建中台等死"，这恐怕是很多企业高管正在面临的迷局。既然我们已经认可数字中台是传统企业数智化转型落地的最佳实践，那么企业接下来的问题是如何找到值得信赖的伙伴，选择最合适的数字中台产品和技术并成功转型。我们认为这样的伙伴需要具备4个要素。

第一，业务能力。伙伴需要对传统企业所在行业业务有深刻的理解，能够帮助企业梳理业务流程，共创新业务场景，建议组织变革，从而完成从战略到组织的设立，从组织到业务的拆解及流程的设计，直至从业务流程到系统的支撑。

第二，产品能力。伙伴必须具备成体系的数字中台产品矩阵，中台产品内容要丰富，必须形成平台级的产品规模，具有完成业务闭环必备的所有能力，必须能够解决业务问题。同时，中台产品要具备业务和数据两种数字能力，以业务能力来快速迭代场景，以数据能力来驱动运营反哺业务。此外，中台产品要开放，在完成从 0 到 1 的中台建设期后，还要能伴随企业数智化转型业务的开展不断演进，从 1 走向 100。

第三，技术能力。数字中台建设是一个规模宏大的工程体系，它需要科学的技术理论来指导，需要严谨且灵活的技术架构来支撑，要立足当下、面向未来。

第四，运营能力。数字中台是为了支撑数智化转型战略的落地而建的，在完成系统建设之后势必要通过运营来实现业绩，要在社会化营销背景下推广、裂变，形成全域会员资产。而要通过开展私域会员运营来提高会员终身价值，就需要伙伴有运营的全案策划及关键企业客户的代运营能力。

秉持软件定义中台思想的云徙数舰数字中台

云徙数舰是以软件定义中台思想为指导设计的一套完备的数字中台产品线，在数字营销领域具备全域的业务和数据能力，能够围绕消费者旅程完成品牌、市场、交易、服务的数字营销业务闭环。云徙数舰将数字中台从上往下分为三层。

第一层是组件化的商业运营系统，这些组件通过自由拼装组合，为企业提供所需的业务运营系统，并在员工端、生态端透出展现。

第二层是业务和数据双中台，其中沉淀了丰富而泛化的数字化业务能力和数据模型，可以快速创建商业运营系统，或者创建消费侧应用并为消费者服务。

第三层是技术平台,为那些需要自行低代码开发中台业务和数据能力的企业提供一个开源的云原生技术平台。

我们创新性地提出了软件定义中台的思想,并将其融入数字中台产品化之中,解耦中台的控制平面、运营平面和执行平面,集中管控分布式的中台系统,既保证系统稳定运行,又实现基于业务随需而变,助力业务创新。通过软件定义中台,可以实现系统化协同、柔性化运行、可视化编排、动态化扩展、场景化自治和生态化开放。

在企业服务过程中共创数字中台

自 2015 年 12 月阿里巴巴集团宣布启动中台战略以来,其"大中台,小前台"战略在阿里巴巴体系已经过大量商业实践检验并形成技术体系,淘宝逐渐衍生出了天猫、聚划算、闲鱼、飞猪等业务及应用,之后还成功支撑了这些业务及应用的正常运营和运行。科技普惠企业,阿里巴巴集团成立独立科技公司阿里云,携手合作伙伴向企业输出成功的商业实践和技术。

云徙科技是第一家认同阿里巴巴中台价值的独立软件供应商(ISV),与阿里云一起,四年来已帮助近百家行业头部企业完成数字化转型,践行中台架构。通过与企业共同创新,云徙科技积累并打造出业界领先的云徙数舰数字中台,即大型企业营销数字化平台。

本书主要内容

本书分为三部分。

第一部分(第 1～5 章)是我们服务近百家数智化领先企业

的经验总结与行业研究成果。首先，我们要让大家明白数字中台是如何帮助数智化转型落地的，并理解中台在资源整合、业务创新、数据闭环、应用移植、组织演进5个方面为企业带来的价值；其次，我们会介绍业务中台、数据中台和技术平台这三大平台的建设内容和方法。

在第二部分（第6～10章）中，我们将带领大家走进新地产、新汽车、新直销、新零售和新渠道5个新行业或领域，尝试将数字中台建设的方法论具象化为这5个新行业或领域的数智化转型解决方案，并结合具体案例讲解企业数字中台建设的实际过程，看一下中台如何帮助这些企业实现业务价值。

第三部分（第11章）介绍中台的进化与未来，旨在帮助读者更深入地理解中台并明确未来的行动方向。

本书对于数字中台建设过程中的方法论、目标、方案、路径都给出了兼具深度与广度的建议，为传统企业数智化转型提供了切实可行的落地方案。希望阅读本书的企业管理者和中台实践者都能得到启发和鼓励，与我们一起探索数智化转型的最佳实践之路。

目 录

作者简介

前言

第一部分　数智化转型与中台落地路径

第 1 章　数智化转型

1.1 数字化和智能化浪潮　　2
  1.1.1 数智化领域　　4
  1.1.2 数智化思维　　8
1.2 数智化转型路径　　9
  1.2.1 关键路径　　10
  1.2.2 数字化营销是切入点　　12
1.3 数字中台是企业应用新基建　　13
  1.3.1 什么是数字中台　　14
  1.3.2 数字中台是新基建　　16
1.4 软件定义中台　　17
  1.4.1 软件定义中台的组成　　18
  1.4.2 软件定义中台的 6 大特性　　21

第 2 章 业务和数据深度融合的中台价值

- 2.1 整合企业数字能力　26
  - 2.1.1 企业数字能力快速有效整合　26
  - 2.1.2 企业"共性"数字能力的沉淀、组装和共享　27
  - 2.1.3 企业上下游数字能力全链路拉通和赋能　28
- 2.2 提效企业业务创新　29
  - 2.2.1 助力业务规划　29
  - 2.2.2 提升业务实现效率　30
  - 2.2.3 推动新业务热启动　30
- 2.3 打造企业业务和数据的闭环　31
  - 2.3.1 投入成本大幅度降低　32
  - 2.3.2 业务创新小闭环快速实现　33
  - 2.3.3 推动企业业务、数据、运营体系良性互动　33
- 2.4 快速移植原有应用　34
  - 2.4.1 业务应用高效化移植　34
  - 2.4.2 业务数据无流失迁移　35
  - 2.4.3 业务系统无抖动切换　36
- 2.5 推动企业组织演进　37
  - 2.5.1 组织形式演进　37
  - 2.5.2 组织动能聚变　39
  - 2.5.3 组织专业分工　39

第 3 章 业务中台建设

- 3.1 什么是业务中台　41
  - 3.1.1 业务中台定义　42
  - 3.1.2 业务中台主要建设内容　44
- 3.2 业务中台的架构设计与组成　46
  - 3.2.1 业务中台的核心架构　47
  - 3.2.2 业务中台体系内容　48

3.3 业务中台构建策略 50
   3.3.1 领域驱动设计 50
   3.3.2 需求结构化 57
   3.3.3 能力可配置 58
3.4 业务中台构建五步法 59
   3.4.1 高阶规划 60
   3.4.2 领域分析 61
   3.4.3 中心设计 61
   3.4.4 开发交付 62
   3.4.5 持续运营 63
3.5 业务中台与其他系统的集成 64
   3.5.1 业务驱动集成 64
   3.5.2 集成策略 66
3.6 业务与数据的联动 69

第 4 章 数据中台建设

4.1 什么是数据中台 72
   4.1.1 数据中台定义 72
   4.1.2 数据中台价值 75
4.2 数据中台的架构设计与组成 77
   4.2.1 数据中台功能架构 77
   4.2.2 数据中台技术架构 85
4.3 数据中台构建策略 88
   4.3.1 构建数据中台的挑战 88
   4.3.2 数据中台的构建策略 91
   4.3.3 数据中台构建的三大路径 92
4.4 数据中台构建五步法 94
   4.4.1 高阶规划 95
   4.4.2 系统设计 99
   4.4.3 开发实施 110
   4.4.4 试运行 111

4.4.5 持续运营　112
4.5 用数赋智，建设企业数智大脑　114
　4.5.1 营销域智能　114
　4.5.2 商品域智能　115
　4.5.3 门店域智能　115
　4.5.4 渠道域智能　116
　4.5.5 物流供应链域智能　117
　4.5.6 服务域智能　117

第 5 章 技术平台建设

5.1 什么是技术平台　119
　5.1.1 技术平台的定义　120
　5.1.2 技术平台的 7 大价值　121
5.2 技术平台的架构设计与组成　126
　5.2.1 技术平台概览　126
　5.2.2 研发协作平台　126
　5.2.3 低代码开发平台　131
　5.2.4 移动开发平台　133
　5.2.5 数据开发平台　134
　5.2.6 运维监管平台　137
　5.2.7 多云适配　137
　5.2.8 网关　138
5.3 技术平台构建策略　139
　5.3.1 困难与挑战　139
　5.3.2 技术平台设计原则　139
　5.3.3 技术平台规划演进　141
5.4 技术平台构建方法论　142
　5.4.1 选型　142
　5.4.2 边界确认　142
　5.4.3 平台化集成　143
　5.4.4 数据化支撑　143

第二部分　解决方案与案例

|第 6 章| 新地产行业的中台实践

- 6.1 实现目标　148
  - 6.1.1 降本：以运营效率为核心，加速企业内部打通，构建自上而下的经营战略　148
  - 6.1.2 增效：以转化漏斗为核心，加速线上线下打通，构建持续成长的客户经营体系　149
  - 6.1.3 创新：以生态优势为核心，加速产品与服务打通，构建新的加速引擎　151
- 6.2 解决方案　153
  - 6.2.1 地产数据中台解决方案　153
  - 6.2.2 地产泛会员运营解决方案　164
  - 6.2.3 多业态超级会员运营解决方案　171
- 6.3 实现路径　173
  - 6.3.1 客户中台　176
  - 6.3.2 地产中台　177
  - 6.3.3 企业中台　177
  - 6.3.4 生态平台　178
- 6.4 案例分析：A 公司双中台——智慧交易的发动机　179
  - 6.4.1 项目背景　180
  - 6.4.2 痛点聚焦　180
  - 6.4.3 中台实施　183
  - 6.4.4 项目成果　192
  - 6.4.5 未来展望　194
- 6.5 面临的挑战　195

|第 7 章| 新汽车行业的中台实践

- 7.1 实现目标　198

		7.1.1	汽车行业数智化转型	198
		7.1.2	汽车新零售	200
7.2	解决方案			204
		7.2.1	客户数据洞察解决方案	206
		7.2.2	数字营销解决方案	206
		7.2.3	DMS 4.0 解决方案	208
7.3	实现路径			214
7.4	案例分析 1：爱驰汽车的中台实践与数字化破局			219
		7.4.1	项目背景	220
		7.4.2	痛点聚焦	221
		7.4.3	建设中台	224
		7.4.4	产生价值	231
7.5	案例分析 2：长安福特的双中台实践与数字营销破局			237
		7.5.1	项目背景	238
		7.5.2	痛点聚焦	238
		7.5.3	中台实施	240
		7.5.4	产生价值	248
		7.5.5	最终效果	251
7.6	面临的挑战			256
		7.6.1	新能源车企	256
		7.6.2	传统主机厂	257
		7.6.3	总结	258

第 8 章 新直销行业的中台实践

8.1	实现目标			261
		8.1.1	开源：搭建线上交易平台，线上线下全渠道融合	261
		8.1.2	节流：应用信息技术，打造新工具，改善经营成本	262

8.1.3 转型：面向未来，推动业务模式转型　263
　8.2 解决方案　267
     8.2.1 数智商城解决方案　267
     8.2.2 数智营销解决方案　271
     8.2.3 数智工具解决方案　273
     8.2.4 数智门店解决方案　275
     8.2.5 数智客服解决方案　277
     8.2.6 数智供应链解决方案　279
     8.2.7 数智直播解决方案　281
     8.2.8 数智社交解决方案　284
　8.3 实现路径　286
     8.3.1 直销电商化　288
     8.3.2 电商社交化　289
     8.3.3 直销零售化　290
　8.4 案例分析：直销巨头B公司的数字中台实践　291
     8.4.1 项目背景　291
     8.4.2 痛点聚焦　292
     8.4.3 中台实施　294
     8.4.4 产生价值　303
　8.5 面临的挑战　308
     8.5.1 管理的挑战　308
     8.5.2 商业逻辑的挑战　308
     8.5.3 商业模式融合的挑战　309
     8.5.4 内部组织的挑战　309
     8.5.5 企业日常运营的挑战　310

第9章 新零售的中台实践

　9.1 实现目标　311
     9.1.1 线上线下渠道全覆盖　312
     9.1.2 公域流量和私域流量统一运营　314
     9.1.3 线上线下多场景交互　319

9.2 解决方案 320
    9.2.1 全域消费者运营解决方案 321
    9.2.2 新零售解决方案 323
    9.2.3 智能配补货解决方案 325
    9.2.4 渠道数字化解决方案 327

9.3 实现路径 330
    9.3.1 消费者数字化4大阵地 330
    9.3.2 消费者数字化6个核心能力 332

9.4 案例分析：良品铺子的业务中台实践 338
    9.4.1 公司背景 339
    9.4.2 痛点聚焦 339
    9.4.3 中台实施 343
    9.4.4 产生价值 348

9.5 面临的挑战 359
    9.5.1 思维上的挑战 359
    9.5.2 商业逻辑上的挑战 359
    9.5.3 组织上的挑战 359

第10章 新渠道的中台实践

10.1 实现目标 362
    10.1.1 产品和服务的升级与融合 362
    10.1.2 数字创新能力驱动 363

10.2 解决方案 365
    10.2.1 总体业务蓝图 365
    10.2.2 全域营销触达，连接商户、赋能消费者的数字化运营 367
    10.2.3 线上线下一体化全渠道运营，促进高效转化 372
    10.2.4 智慧供应链服务 377
    10.2.5 数据赋能渠道商户智能化运营 378

10.3 实现路径 381

10.3.1　渠道数字化　　　　　　　　　　381
　　　10.3.2　政策资源数字化　　　　　　　　381
　　　10.3.3　供应链数字化　　　　　　　　　381
　　　10.3.4　消费者运营数字化　　　　　　　382
　10.4　案例分析：C公司的数字化闭环渠道链　382
　　　10.4.1　项目背景　　　　　　　　　　　383
　　　10.4.2　痛点聚焦　　　　　　　　　　　385
　　　10.4.3　中台实施　　　　　　　　　　　386
　　　10.4.4　产生价值　　　　　　　　　　　397
　10.5　面临的挑战　　　　　　　　　　　　　400
　　　10.5.1　业务模式变革的挑战　　　　　　400
　　　10.5.2　运营组织中台化的挑战　　　　　401
　　　10.5.3　数字化运营能力的挑战　　　　　401

第三部分　进化与未来

第11章　中台的进化与未来

　11.1　这些都不是中台　　　　　　　　　　　405
　　　11.1.1　微服务化不是中台　　　　　　　405
　　　11.1.2　数据仓库不是中台　　　　　　　406
　11.2　中台的进化路径　　　　　　　　　　　407
　　　11.2.1　第一阶段：领域微服务化　　　　407
　　　11.2.2　第二阶段：业务中台或数据中台　409
　　　11.2.3　第三阶段：业务中台+数据中台　409
　11.3　中台的未来：软件定义中台　　　　　　410

第一部分
数智化转型与中台落地路径

数智化时代,企业需要以客户为中心,因数而智,赋能商业,降低成本,提高效率,推动企业业务的增长。数字中台为企业触达客户、打通业务、统一数据、连接生态、快速搭建业务应用提供了新一代的平台型基座,是企业进行数智化转型所必需的新型基础设施。

第一部分共包含 5 章,第 1 章介绍什么是数字中台,第 2 章阐明建设数字中台给企业带来的价值,第 3 章和第 4 章分别详细说明如何建设数字中台所包含的业务中台和数据中台,第 5 章引入技术平台的概念,介绍如何建设技术平台来支撑业务中台和数据中台的落地。

第 1 章 CHAPTER

数智化转型

为进一步加速数字经济发展，国家提出通过"新基建"夯实基础，通过"上云用数赋智"推动产业数字化转型与发展。在数字化与智能化浪潮面前，我们认为，数字中台是数字商业的新基建，在此基础上，以客户为中心，打造数字营销闭环，是企业数智化转型的切入点。建设数字中台的新方式是软件定义中台，让中台实现统一运营、集中管控、柔性运行，更好地助力企业数智化转型。

1.1 数字化和智能化浪潮

企业信息化是对企业管理和运营中的流程及数据进行标准化和自动化的过程，是一种规范及管理企业的手段，通过软件技术降低企业运营成本，提高企业管理效率。企业信息化经历了会计电算化、财务业务一体化、集团化管控等阶段。过去几十年，ERP、WMS、CRM 等就是企业信息化落地实践的代表，这些软件使企业的工作协同效率和资源利用效率倍增。但是，信息化并没有让企业的主营业务和商业模式发生根本性变化。

近 20 年来，随着互联网的快速发展，人与人、人与企业、企业与企业之间的信息鸿沟在不断被填平，这使得"客户"在商业价值链上所处的位置越来越关键。数字化，字面意思是通过数字表达物理世界，从而将传统信息转换成可被计算机分析处理的数据。事实上，这就是企业数字化转型的基础过程。比如，通过用户端埋点，收集用户在商城网站上的到站时间、点击和浏览行为等，从而掌握消费者的喜好、购物习惯、商品的受欢迎程度等。再比如，在家庭水表中植入 IoT 传感器，即可获知目标家庭的用水习惯、用量、使用时段等。这些都是数字化。企业数字化所带来的根本变化是企业的所有商业价值活动转向以客户为中心，提升企业的产品和服务能力，从而驱动企业内部流程的优化，这是一个从外向内的过程。而信息化是立足企业内部价值链建设信息系统，以达到降本增效的目的，客户只是整个价值链中的一环。数字化是后信息化时代的必然产物。

智能化则是在数字化的基础上，模拟人的思维和行动，提供"拟人智能"的特性或功能，诸如运算智能、感知智能、认知智能，减少人所需要付出的智力活动。智能化不仅为企业提供运营分析、预测，还进一步结合深度学习、强化学习等算法，通过大数据的训练和学习，提供自动驾驶、无人货架、机器人客服等。在实际落地过程中，数字化与智能化并不是截然分开的，而是因数而智，因此我们将二者合称为"数智化"。

数智化，可以概括为通过连接产生数据，基于数据产生智能，基于智能赋能商业，进而推动企业业务新的增长。连接表现在企业品牌、市场、营销、交易、服务、设计、研发、生产等各环节，比如连接企业客户，连接企业上下游的合作伙伴，连接企业内部员工等。除了人与人的连接，还有物与物的连接、人与物的连接。有些连接是数字化之前即已存在的，但没有被数字化；有些连接是基于数字化视角所产生的新的连接。连接将会产生海量数据，在海量的数据上，可以通过一整套让数据用起来的机制，将企业沉睡的数据变成数据资产，从而让数据为业务服务，活用数据。呈指数级增长的数据为人工智能的应用提供了基础支撑，通过人工智能让数据帮助我们做出决策，从而改造产品设计、升级运营手段等，赋能商业。

1.1.1 数智化领域

打造数智化企业，需要以客户为中心，促进企业产品研发设计、生产加工、销售服务、经营管理等业务数智化，如图 1-1 所示。

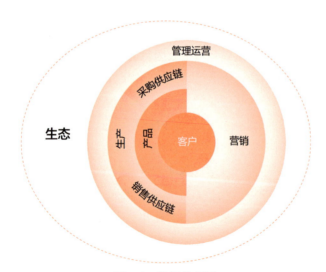

图 1-1 数智化领域

1. 数字化营销

企业与客户的沟通方式在最近十年发生了巨大的变化，沟通方式的改变也带来了营销模式的变化。数字化营销提供前端触点，与客户形成场景驱动的互动，获取、服务并留住客户。

数字化营销是指基于海量的客户数据，包括交易记录、行为数据、个人信息等，通过机器学习、关联分析、客户识别等，进行客户归并和细分，并根据群体甚至个人属性制定差异化的营销策略，实现千人千面的展示，在对的时间给对的人以刺激，从而以低成本提升营销转化率。数字化营销还致力于打造全渠道协同，提供促使客户采取行动、完成交易的情境式的无缝体验，持续满足跨实体和数字触点不断变化的客户期望，创造客户需求。比如通过将 AR 技术融入店内购物旅程，部署扫码购、RFID、电子价签、智能商品感应识别系统和防盗系统、Wi-Fi 探针等，探索和实施智慧门店，甚至是无人零售。

在数字化的加持下，企业还可以发展新的商业模式。比如银行建立直销银行或微贷平台，航空公司建立官网直接售卖机票，而不是仅仅通过渠道代理。航空公司甚至可以再进一步连通酒店、景点等，这样就能更大范围地为客户的出行服务，从而产生新的业务定位。

2. 数字化产品

数字化产品指产品本身的数字化，即利用数字技术，重新定义产品的形态、使用方式、商业模式和竞争规则。比如智能可穿戴设备，包含头部类的智能眼镜、智能头盔，手腕类的智能手表、智能手环，脚类的智能鞋袜，以及智能书包等。再比如智能物联网，包括家庭智能物联网所涵盖的智能音箱、智能电视、智能冰箱、智能空调等，以及用于建设城市智能物联网的智能交通灯、智能路灯、智能摄像头、智能路面，甚至智能井盖等。

具有"超高速率、超低时延、超大连接"技术特点的5G，不仅将为移动终端带来更快的传输速度，进一步提升用户的网络体验，还将满足万物互联的应用需求，赋予万物在线连接的能力。5G不仅是通信技术，更是一项堪比蒸汽机、电力的通用技术。比如，基于5G连接智能设备建设车路、车车、车人等V2X车与万物互联协同体系，将大大提高智能汽车的可行性。开发汽车操作系统，整合驾驶辅助系统、自动驾驶、能源管理、车联网及移动出行服务，并建设汽车云平台，就可以连接车、人和云服务，打造智能汽车，以及建设出行即服务的生态圈。智能汽车的发展，又需要新能源充电桩。充电桩还可对车辆数据、电池数据、充电数据等进行综合采集并分析加工，具备能源的管理能力。综合起来，5G、新能源汽车、充电桩等对于建设智慧城市具有现实意义。

产品数字化还是远程监控、在线运维等新业务创新的必要条件。

3. 数字化供应链

数据智能可以驱动企业精细化运营线上线下渠道，全局优化物流，建设需求驱动的数字化供应链网络。比如在采购环节，建设由采购行为驱动的全流程在线B2B电商化采购；在供应环节，实现原料物料可追溯性、供应商收货付款可视化等；在物流仓储环节，应用RFID技术，实现商品从出库到到达门店的全流程库存管理，从而实时展示全局库存、在途库存等；在销售流通环节，实时了解线上电商、线下门店的库存和动销状况，进行智能配货和补货预测，推进决策智能的应用，支持物流线路优化和运力的高效调拨，优化库存水平，从而构建快速响应的柔性智能化供应链。在实物流上,还可应用机器人、无人机等。另外,还可选用合适的场景试点区块链,比如利用智能合约来管理合同。

4. 数字化生产

数字化生产是指产品生产方式的数字化。比如,借助数字技术在虚拟环境中建立数字化模型,开展产品的功能性验证和仿真实验。再比如,数字化智能装配利用工业视觉系统,包括视觉质量检测系统、视觉定位系统等,推动自动化装备业的快速发展。又如,集成多种传感器,对操作行为进行指导和监控。还有,个性化定制是一种以用户为中心、以数据驱动生产的新制造模式,可有效解决库存和产能问题,实现产销动态平衡。以数字模型文件为基础的 3D 打印技术可快速制造模具,甚至还可用于一些产品的直接制造。

数字化制造将助力柔性化生产,提升产品品质,提高生产效率,并大幅降低能源消耗。

5. 数字化运营

用数字化手段重塑企业自身的运作模式,优化资源配置,可以提升运营效率,降低成本。数字化运营是指收集并存储尽可能多的数据(包括内部数据和外部数据),设定可衡量的指标,尽力让每个想用数据的员工能轻易获取到允许其访问的数据,并融入日常工作中。比如以下情形。

- 重要决策都要以数据和分析为依据。
- 通过员工沟通在线,提高协同效率。
- 实现从销售线索、项目立项、合同、订单至回款的销售回款全流程可视化。
- 使用智能头戴式 AR 设备进行设备的检修与维护,既可观看设备的结构、内部设置、运行数据，又可通过内置的沟通应用与远程服务人员共享视界，大大提升运维效率，从而缩短维护时间和故障时间。
- 线下大商城引入智慧停车系统，包括停车导引、反向寻车，甚至与消费者会员卡绑定，打通会员权益、停车券等，提升停车场通行效率，并与商城内餐饮商户打通移动端排队、下单和结算等，节省消费者在店内消费的时间，提升餐饮类商户的翻台率。
- 金融系统对数量众多的个人客户建立价值评估体系，基于顾客行为和价值分析，有效识别有价值客户，提高竞争力。

6. 数字化生态

数字化生态是指建设开放式的创新平台，将上下游、合作伙伴串联起来，吸引庞大的生态伙伴群落，构建立体式、全方位的生态圈，从而协同创造价值，拓展以开放服务平台为基础的数字业务，实现产品全生命周期和价值链各环节的业务集成发展，以及高附加值服务的有效开展。此外，可以借助大数据、人工智能等技术将各生态伙伴的能力进行有机协同，统筹生态体系的量化运营。比如：创建开发者平台，与伙伴联合创新，使伙伴的创新想法更易实现；提供应用市场，以便伙伴的应用快速入驻和被推广；连接社会化的数字基础设施，如电子支付、电子发票、物流等。

1.1.2 数智化思维

数智化不是简单地进行线上活动和电商交易，不是简单地进行线上线下融合，不只是企业应用上云，不只是搭建一套大数据处理平台。数智化不仅是新技术的应用,更是一种思维方式和经营模式的变革,涉及企业战略、组织、运营、人才等,要全面打造。

要确立数智化的战略思维,将数智化作为企业的长期战略,重构数智化所需的技术、人才、管理体系,并扩大业务战略的宽度,融合构建生态。要打破企业与客户、供需双方、企业组织与外部生态、产业与产业、线上与线下的阻碍,引入开放式的破界融合思维。企业可以与客户、员工共创价值,甚至在更高维度上确立社会化协同思维,进行全产业布局。

要培育和打造数智化领导力,进行数智化的系统思考和顶层设计,制定可操作的行动纲领和可评价的绩效目标。管理层面要从粗放管理向精细管理转变,从经验管理向数据管理升级,靠数据和文化驱动。

在数字化时代,不能形成惯性思维,不能让想象力和创新力受约束。管理学大师彼得·德鲁克曾说:"在动荡的时代,最大的威胁不是动荡本身,而是延续过去的逻辑。"因此,通过自我变革,增强人的价值创造力,持续激发组织活力,才能更好地保障数智化时代的创新。

树立数智化经营意识,建立数智化的经营能力,寻找合适的数智化转型路径,规划和推进全面的、系统化的数智化转型项目,实现数智化运营,才是企业在数字化时代的生存之道。

1.2　数智化转型路径

企业核心竞争力主要体现在两个方面:客户体验和运营效能。客户体验是指客户通过使用企业提供的产品,享受服务旅程而产生的直观感受,决定了客户的满意度和忠诚度。运营效能反映了企业的价值创造与成本耗费间的关系。**数智化转型是指企业利用大数据、人工智能、IoT、5G 等技术，通过改善客户体验、改进产品及提高运营效能等来赢得客户，降低成本，形成并保持企业核心竞争力，推动企业业务的增长。**数智化转型是相对数智化原生企业而言的，这些企业的商业模式天然就是基于数字经济的逻辑而设计的，比如互联网企业。而传统企业，尤其是大型传统企业，其数字化必须通过后天习得，这一过程即数智化转型。

比如一个卖单车的企业依托数字化技术实现单车分时租赁和远程开关锁，发展出共享单车的商业模式。又如，预测消费者黄金购买时间，即消费者购买概率最高的时点，结合品牌活动，有效拉升 ROI，从而帮助企业提升客户体验，优化运营模式，甚至开发智能化的产品和服务，推动企业管理的转型。这都是典型的数智化转型。

数智化转型本质上是企业转型，因此仅仅依靠技术或者方案是难以实现的，还需要理念、业务做法和组织的转变。但**转型不是转行**，转型是指企业仍然做现有业务，只是做法与过去不一样了。数智化转型是助力企业摆脱困境，踏上新台阶的核心引擎。2020 年 4 月，国家发展和改革委员会（以下简称国家发展改革委）表示，未来一段时期，数字经济将成为拉动经济增长的一个重要引擎，各行业各领域数字化转型步伐将大大加快。

1.2.1 关键路径

2020 年 4 月国家发展改革委和中共中央网络安全和信息化委员会办公室联合印发《关于推进"上云用数赋智"行动，培育新经济发展实施方案》。采取云服务普惠推动企业"上云"，更深层次促进大数据的融合运用，即"用数"，加大企业智能化改造，为企业"赋智"。通过"上云""用数""赋智"这几个很简洁的词语，为企业的数智化转型指明了关键路径。

2019年12月，阿里研究院联合四大权威机构发布了《重构增长力量：2019企业数智化转型发展报告》，报告指出："数智化转型的核心理念是以消费者运营为核心，采取实现需求端数据智能、供需协同的全链路数字化和供给端数字基础设施重构的路径，实现可持续增长的目标。其一，需求端全场景的数字化，比如购物、娱乐、旅游、出行、本地生活等，实现全域会员经营、全域获客、全域洞察。其二，在需求端全场景数字化基础上，推动供给端的渠道管理、产品创新、智能制造，从而建设供需协同的全链路数字化，创造端到端的商业价值。其三，供给端数字基础设施需要加速升级和重构，以适应商业系统的快速变化。"此报告更进一步指出，需求侧即新零售数智化转型的"五步曲"是基础设施云化、触点数字化、业务在线化、运营数据化和决策智能化。

可以发现，不管是国家层面的"上云用数赋智"，还是阿里巴巴等提出的"五步曲"，数智化转型的大体步骤其实是一致的。企业可以根据上述提议来选取自身的数智化路径，但在制定数智化转型举措和选择切入点时，每个企业应结合自身所在行业的规律和商业模式进行。转型的核心任务是突破行业痛点，因此，应以本企业或本行业的痛点问题为导向，加以数智化视角的审视，进行创新思考，并结合自身的业务基础和优势，找到合适的数智化切入点。数智化转型不应该追求一步到位，而应小步快跑。不同业务板块也不应等速推进，而需要考虑不同业务板块的成熟度和外部环境的差异性。数智化转型的业务内涵比信息化更丰富，业务影响更深远，因此要确保业务职能与IT职能在组织层面实现充分融合和交互。

数智化转型一方面要转变为以客户需求为导向，形成数据驱动型的价值观；另一方面必须充分考虑自有的IT环境、员工的知识水平及企业变化，尽可能在现有基础上升级优化。

1.2.2 数字化营销是切入点

数字化营销是以数智化手段，通过"技术 + 数据"双驱动的方式，帮助企业构建全域会员、全触点营销、全渠道交易、全链路服务，形成兴趣、交易、服务、关怀的营销闭环（见图 1-2）。任何一个企业所采取的所有战略、技术和手段，其最终目的都是推动业务增长。而要想提高业绩，就必须拥有足够多的客户。因此，大规模客户参与是企业未来发展的基础。数字化营销能直接触达客户，让每个客户充当数智化转型的"神经末梢"，从而感知终端客户的行为，打造成功的客户体验（Customer Experience，CX）创新，解决客户忠诚度、留存增长等问题。由此，数字化营销比起其他数智化领域更接近客户，也更容易为企业带来实际收益，其投入产出效应明显。再者，数字化营销对客户的"商业模式创新"感知更为敏锐，是推进数智化转型的关键一步，可作为企业数智化转型的优先切入点。

图 1-2　数字化营销闭环

首先，基于全域会员，增加品牌与客户的触点和互动，打造全触点营销。因为营销手段所能影响的只是具有潜在需求的人群，所以营销的本质是面向受众群体做一定的宣传引导。由此可知，营销的一个重点是定义合适的受众，了解客户群体的属性及

- 基于中台建设企业统一的数据资产，为业务创新提供更大的可能性和数据支撑。
- 可整合企业上下游、集团内部企业间的业务资源和业务能力，构建企业生态。

数字中台打破了企业按部门或按领域单独建设 IT 系统的传统方式，构建了企业进行应用开发的新一代平台型基座，翻新了 IT 系统的技术底座。同时，数字中台的建设将会驱动企业进行组织变革，建设全公司服务共享部门，让 IT 从单纯技术服务走向业务服务。因此，数字中台是天然的数字应用的新型基础设施，将加深企业的数字化、智能化、平台化和生态化，并正在成为产业数智化转型与产业经济变革的关键步骤和战略安排。数智化企业如果想要拥有持续的业务敏捷性，就需要为现代的企业基础设施投资，致力于长期处于领先地位。

阿里研究院报告[一]指出，数字化双中台是领先行业的共同选择，而从企业数智化转型 24 个分项子指标结果排序来看，分数最低的三项竟然是业务中台、信息化运维投入和数据中台，这正好佐证了我们需要加大对业务中台、数据中台、技术平台的投入。通过数字中台赋能变革，已成为各行业数智化转型的共同选择，但目前绝大多数企业在中台建设方面仍处于起步阶段。

1.4 软件定义中台

前面说数字中台系统是企业应用的新基建，那么数字中台包含哪些部分？又应该具有哪些特性呢？我们创新性地提出需以软件定义中台的方式来建设数字中台。软件定义中台利用分层

[一] 2019 年 12 月，阿里研究院联合四大权威机构发布《重构增长力量：2019 企业数智化转型发展报告》。

的思想，通过分离中台的控制平面（Middle Platform Console，MPC）、运营平面（Business Operations Center，BOC）和执行平面，结合配置项、业务规则和业务流程等可配置机制、动态引擎机制、开放可扩展可编程机制，定义和控制中台的执行逻辑，实现业务场景的灵活定义，以支撑业务的随需而变，助力业务创新。

1.4.1 软件定义中台的组成

软件定义中台的核心思想主要是两大部分。其一，作为企业业务能力和数据共享服务平台，数字中台由技术平台支撑业务中台和数据中台的构建和运行并形成闭环；其二，解耦中台为运营、控制和执行三个平面，以实现中台的统一运营、集中管控和柔性执行（见图1-6）。

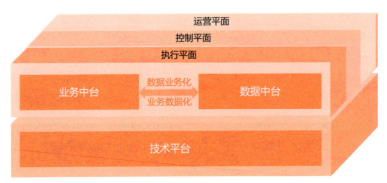

图1-6 软件定义中台

1. 业务中台

业务中台以业务领域划分边界，形成高内聚、低耦合的面向业务领域的能力中心。根据能力中心与所服务的上层应用的业务相关性，业务中台可分为通用能力域和商业能力域。通用能力域包括认证中心、调度中心、通信中心、流程中心等。与客户互动相关的商业能力域包括商品中心、会员中心、营销中心、店铺中心、交易中心、支付中心等，与履约相关的商业能力域包括库存中心、物流中心等。

由于企业的业态和业务模式不同，不同企业建设的业务中台所包含的具体商业能力域也是不完全一致的。因此，业务中台不仅需要关注能力中心这个结果，更需要关注建设商业能力域的方法和机制，即能力中心建设的过程。建设商业能力域的方法和机制包括从业务场景到组件的抽象建模方法、以复用为出发点的组件化开发机制、业务组件的组装和拼接机制，以及基于数字中台快速开发上层应用的模式等。

2. 数据中台

数据中台是一种将企业沉睡的数据变成数据资产，持续使用数据、产生智能、为业务服务，从而实现数据价值变现的系统和机制。通过数据中台提供的方法和运行机制，形成汇聚整合、提纯加工、建模处理、算法学习，并以共享服务的方式将数据提供给业务使用，从而与业务联动。再者，结合业务中台的数据生产能力，最终构建数据生产—消费—再生的闭环。在这个闭环中，首先数据是活的，即数据不断产生及更新，且始终在线、随时可被使用；其次，数据是被灵活使用的，产生增值服务，并形成数据回流。通过数据中台，结合业务中台，让数据成为业务处理的自然组成部分，让机器智能成为业务决策的一环，从而让我们的商业走入智能化的快车道。

数据中台的具体内容如下。

- 大数据处理平台，用来支撑数据汇聚和处理能力，实现企业各业务类别数据的整合和集中化管理。
- 在大数据处理平台之上按照规范化的数据架构构建数据模

型，比如主题域模型、标签模型和算法模型等。在算法模型中，机器学习类算法尤为重要，它包括分类算法、回归算法、预测模型、图算法、知识图谱、深度学习算法等。
- 建设集成的数据资产管理能力，通过开放灵活的数据服务体系、输出数据服务和智能决策能力来参与业务运营。

3. 技术平台

作为数智化时代企业应用的新基座，数字中台在整合和重构企业现有系统时，相比之前，它本身的复杂度及其对相关人员的协作和技能要求都要更高。"工欲善其事，必先利其器。"因此，需要建设与之配套的技术平台，从而加速中台的建设。

技术平台是基于云原生架构体系打造的服务企业数字中台建设的全景化平台基座。它提供了研发服务、大前端、网关、多云适配、混合云管理及开放平台等多个领域的技术能力和工具集。其中的研发服务平台是技术平台的重要组成部分，通过整合开源的工具，形成体系化的工具链，驱动企业研发效能的提升，更好地为业务服务。研发服务平台又可拆解为研发协作平台、低代码开发平台、自动化测试、数据开发平台等。通过技术平台，加速中台的建设，为企业数智化转型提效赋能。

4. 控制平面、运营平面及执行平面

中台是业务数据化和数据业务化的核心引擎，因此，中台不仅需要运行稳定，还需要基于业务随需而变。

控制平面（MPC）关注业务逻辑的配置和编排，执行平面关注通用接口能力的抽象和业务中心的稳定运行，并提供灵活的业务引擎，如交易引擎、促销引擎等，从而使中台变得更灵活、更智能，为业务创新提供更好的基础设施。中台可拆解为分布式的

执行单元，而执行单元是由功能包叠加而成的。分布式的执行单元各自上报自有的能力到统一的管控中心，进行集中管控。经过可视化的编排，产生配置值、业务规则和业务流程等配置信息，通过配置协议下发到各执行单元。这些配置信息就是控制平面与执行平面交换的媒介。然后，执行单元根据统一的机制按需装载合适的配置值、业务规则等，结合引擎，实现系统柔性运行。中台通过运营平面（BOC）达成多个应用的统一入口和应用构建管理，辅助MPC更好地实现企业应用中心化的统一运营。

因此，通过软件定义中台，解耦运营平面、控制平面和执行平面，可以实现中台的统一运营、集中管控和柔性运行。

1.4.2 软件定义中台的6大特性

软件定义中台，解耦中台的控制平面、运营平面和执行平面，通过中台控制平面集中管控分布式的中台系统，既保证系统稳定运行，又实现基于业务随需而变，助力业务创新。通过软件定义中台，实现系统化协同、柔性化运行、可视化编排、动态化扩展、场景化自治和生态化开放，见图1-7。

图1-7 软件定义中台的6大特性

1. 系统化协同

软件定义中台将数字中台作为数字商业的新基建，对中台系统的建设者进行了更细化的专业分工：中台机制设计方、中台能力提供方及中台能力使用方。

中台机制设计方，即中台框架设计者，制定中台的标准和规范，考量的是中台系统的可扩展性机制和可视化机制等通用的平台性机制，并构造中台的框架，以支撑中台的演化。

对于中台能力提供方来说，在中台机制设计方制定的中台框架下，使用技术平台，专注在特定业务领域，加强逻辑思考和抽象提炼能力，将不同业务场景所提出的需求以通用的逻辑，结合个性化的扩展，形成一个个业务能力组件。

中台能力使用方包括中台产品经理、业务应用开发者和业务运营团队等。中台产品经理基于结构化的需求分析进行业务规划，产生中台迭代所需的业务清单，指导中台能力提供方构建中台能力；业务应用开发者关注业务应用的构建和向中台迁移，以及如何使用和集成中台的能力，而不是重复造轮子；而业务运营团队则关注如何提升用户体验，关注面向用户的业务创新。

通过中台控制平面，协同中台机制设计方、中台能力提供方和中台能力使用方，一起推动业务的迭代和创新。

2. 柔性化运行

配置信息的统一控制、下发和隔离、装载机制以及环境隔离，都会让中台随需而变。除此之外，支持动态执行业务规则和业务流程的引擎是实现中台柔性化运行的另一大支撑点，比如交易引擎、促销引擎、流程中心等。以交易引擎为例，各领域上报和提供的能力经由可视化编排，既可实现先付款后发货，也可实现先发货后付款；对于大额订单，还可实现支付环节的自定义，比如上传支付凭证、经过审核完成支付等。通过编排能力来满足具体业务情况，而不是修改代码，大大增强了中台的灵活性和应变能力。

3. 可视化编排

可视化编排使中台更具象化，从而降低中台管控和运营的门槛。比如可自定义的按价值流组装的配置视图，将配置模型以可视化的方式呈现出来。利用营销画布，通过拖曳，即可进行营销活动的设计。利用对话流画布，通过对意图、专有名词、触发节点、函数节点、填槽节点、回复节点的连线和组装，编排AI机器人客服所涉及的对话流，再结合知识库，即可实现丰富的查询、办理、推荐等业务场景。还有可视化的自助分析平台、可视化数据加工、向导性标签生产，以及可视化的运营结果等，这些功能使得中台的核心能力更直观、更易操作，并以更有建设性的方式促进业务思考，从而更好地帮助各角色发挥中台的价值。

4. 动态化扩展

基于组件化的结构设计、横向分层和纵向分割的架构、标准化的接口、动态插件框架、预留适当的扩展点以及提供满足通用业务所需的默认扩展，保证了中台的可成长性，减少了定制的工作量和难度，从而降低了维护成本。中台所包含的分布式执行单元本身并不是一个整体，而是在一个基础功能包之上由多个功能包叠加起来的。将不同的功能拆分为不同的功能包，优点是可以根据实际需要进行组装叠加。比如，一个企业内部有不同的业务板块，如文旅、地产、汽车等，它们对交易分别有各自的个性需求而通过拆分的功能包即可自由组装出各业务板块或各行业所需要的执行单元。在此基础上，结合功能包的叠加机制，各业务应用方再根据实际场景需要添加合适的插件进行扩展，就可完成被管控的中台的迭代演化。

5. 场景化自治

场景化自治通过全局、租户、业务空间和业务身份来多层级共享和细粒度隔离业务的差异性。比如，基于业务空间，隔离各垂直业务的运营。进一步，通过业务身份的定义和识别，更细粒度地执行有差异的业务逻辑，比如基于特定商品或特定等级会员的交易流程，实现业务的自治。将隔离的执行环境和业务代码与隔离的配置信息相结合，既可充分发挥能力的共享，又能降低业务间的相互影响分析和回归验证的难度，从而缩短其所需时长。通过业务自治，保证了各业务相对独立发展自有的业务模式，互不干涉和影响。

6. 生态化开放

能力开放是构建生态的前提。中台提供统一的开放平台，结合组件化的机制、标准化的接口、可视化的能力地图和 API 文档，以及内外部开源市场等，方便企业内外部了解中台并在此基础上接入中台。更进一步，将企业自身的能力赋能给上下游，推动它们的数字化能力建设，促成产业协同。通过开放的平台，发展中台系统的生态体系，拓展企业业务的边界，从而加快企业的数智化转型。

第 2 章 | CHAPTER

业务和数据深度融合的中台价值

数字中台是数智化时代企业的新基建,那么它给企业带来了什么?在回答这个问题之前,我们需要先了解,企业有哪些数字能力,这些数字能力处于什么水平,目前企业业务创新存在哪些问题,企业数据分散在哪些地方,老旧应用要如何处理,以及现有组织架构能否有效提升企业的业务能力和数据能力等。在解答这些疑问的同时,我们将会看到,数字中台能够从资源整合、业务创新、数据闭环、应用移植、组织演进 5 个方面,帮助企业提升价值及核心竞争力,如图 2-1 所示。

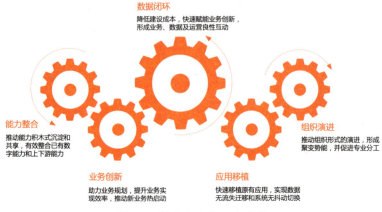

图 2-1　数字中台的 5 大价值

2.1　整合企业数字能力

企业的数字能力包括数字化营销、数字化产品、数字化供应链、数字化生产、数字化运营等。企业的数字能力能否被充分利用，关系到企业能否可持续发展。很多企业的数字能力资源过于分散，无法形成有效的核心竞争力，如何充分发挥这些资源的价值是这些企业长期面临的难题。而数字中台能有效整合企业的这些分散的数字能力，更好地为企业赋能。

2.1.1　企业数字能力快速有效整合

在信息化时代的早期，由于业务较为单一，企业 IT 系统建设的问题并未暴露。但到了中后期，随着企业规模和业务的快速扩张，为了快速支撑业务的管理和运营，各业务部门只能并行开发各自的业务系统。这种做法虽然在当时解决了企业的燃眉之急，但从长远来看，企业的数字能力资源就被隔离在多个独立的 IT 系统内。这些数字能力资源既无法跨系统、跨业务赋能，也无法让所有业务数据实现实时共享和调用。

数字中台作为共享服务平台，把原来重复建设在多个独立的 IT 系统内的数据和能力，以共享的方式提供给各业务部门使用。这样一来，企业就不再受已有系统的影响，而能够重新整合已有的数字能力资源。

我们以会员中心、消息中心、基础数据中心这三个系统模块为例。以往，企业在多个业务系统内都有这三个模块的功能，但这些功能所产生的数据都维护在各自的业务系统里，无法进行整合和使用。而现在，通过中台，我们就可以把会员体系、会员信息、会员忠诚度、会员等级、会员权益、会员积分抽象为会员中心的通用业务能力；把会员类型、会员入会渠道、会员等级分类、会员积分类型等抽象为可配置项；把会员站内信通知、注册会员的短信通知等抽象为消息中心的能力。这样一来，中台便既满足了不同业务系统的需求，又将已有的数字能力资源快速有效地整合起来了。

2.1.2 企业"共性"数字能力的沉淀、组装和共享

企业把全程业务的"共性"业务能力和数据沉淀到中台，形成中台的数据能力，并以"积木式"机制组装、共享给前台业务调用，赋能前台业务"个性"的多端多场景创新。

我们把共享的中台数字能力拆分为三个层级的"能力积木"，分别是原子积木、垂直积木和行业积木。以支付能力为例，其中"原子积木"代表最基础的能力，涵盖支付渠道、支付方式、支付类型、支付类别；"垂直积木"由多个原子积木叠加组合，包括线上付、线下付、信用付、供应链金融等；"行业积木"包括零售类个人消费者支付、渠道类供应商采购支付等。

当前台业务需要中台数字能力时，先匹配它属于哪一层级，

再看这个层级中是否已有合适的能力积木。如果已有能力积木可以满足，直接使用；如果已有类似的能力积木，对它进行兼容扩展；如果没有，新增能力积木。

以"支付方式"这一数字能力为例。假设支付中心现只有密码支付。当有新业务需要用到人脸支付时，发现现有数字能力无法满足，就需要建设人脸支付这个新的数字能力，并将其作为"原子积木"添加为支付中心的一种新的支付方式，丰富现有能力。通过这个过程，中台就可以实现数字能力的"积木式"沉淀和共享。

"积木式"中台数字能力的沉淀、组装和共享机制，高效实现了企业的"共性"业务能力的数据的统一与实时在线。

2.1.3　企业上下游数字能力全链路拉通和赋能

独木难成林。企业能否将自身所处生态链上下游的数字能力打通，关系到其未来能否在数智化建设过程中走得更远。通过中台数字能力的共享和生态化的开放，企业拥有了可有效整合和赋能上下游的机制；而上下游基于自身业务，可快速复用中台的公共服务。

举一个汽车行业的场景。主机厂建设了一个运营平台，各渠道的管理涉及供货商、分销渠道与经销商。上游供货商、主机厂和下游经销商各自都有自己的行政组织。但是，我们可以在主机厂中台提供通用的行政组织层级管理能力，包括不同类型的"管理单元"，如组织、部门、供应商、经销商等，共享给上游和下游使用。

再比如在3C生态链中，某集团子公司是生态链中的营销平台方，集团总部则作为生态链上游，集团的分销商和经销商是此子公司的下游。上游集团总部管理分销商和经销商的档案，以及经销商与分销商的对应关系，即经销商所能进货的分销商和所进货的区域商品范围。上游对经销商分销商关系和可售商品的范围管理，可以通过中台的基础数据中心进行，供上游和下游共同使用。

2.2 提效企业业务创新

数智化时代，围绕以客户为中心的持续规模化业务创新能力，是企业综合竞争力的核心体现。

一方面，企业创新不同于发明创造。独立领域的创新和突破非常艰难，企业创新往往来源于跨领域融合产生的新机会。比如，将面向消费者的线上商城和线下经销商体系打通，实现线上便捷购物与线下娱乐体验的融合，提升用户整体购物体验。另一方面，企业需要快速探索、挖掘用户需求，并且快速响应用户需求，以取得业务先机。由此可见，企业创新是基于企业的现有能力、结合新的业务能力进行业务重组和流程优化所产生的。通过在线的数据能力，不断挖掘用户需求，提升用户体验，实现新的业务增长。

但是，随着企业业务生态越来越复杂，企业业务系统复杂程度呈指数级增长，系统变得越来越不可维护，开发和改造效率极低。由于企业业务调整过快，很多业务系统不得不"重复造轮子"。所以，提升业务协作效率是企业创新的基础。

数字中台的出现，为企业创新提供了基础的技术能力和平台化的业务协作能力，助力业务规划，提升业务实现效率，推动新业务热启动。

2.2.1 助力业务规划

将创新业务场景分解为系统需求后，我们需要实现系统需求，以便让业务尽快上线试错，这就要求我们快速评估现有的企业数字能力，并完成系统的搭建。数字中台通过将中台能力结构化展示，厘清业务规划的思路，并实现需求的映射，助力业务规划快速落地。通过中台控制平面 MPC 的需求结构化分析工具，将原先散落在各地以及需要费时费力地翻看代码才能了解的数字能力，清晰地展现出来，从而将原来需要一到两周的需求评估过程缩短到一至两天，而且整个过程可由业务产品经理独自完成。

2.2.2 提升业务实现效率

完成新业务场景规划后是进行系统开发。与传统模式相比，基于软件定义中台的开发显得相对简单。因为中台沉淀了以往由最佳实践形成的通用能力模型和扩展机制，通过中台的控制平面MPC，可先规划、识别出可配置的部分、可扩展的部分以及需要定制的部分，尽可能地重用中台能力。那么，中台具体是如何提升业务实现效率的呢？

当中台建设完成后，首先，它以"能力地图"的方式对中台能力进行展示，好处是"易查可读"，让业务开发人员能够快速理解中台能力和业务逻辑。其次，中台执行能力与业务控制逻辑是分离的，大部分业务场景可通过配置化实现。结合业务编排和业务规则配置，开发人员可以实现业务的低代码开发，进一步提升业务开发效率。最后，中台还可提供大量的基础组件和功能包，并形成功能包市场。比如，有些基础组件将业务代码和运行环境隔离，提供各种云环境的适配，从而让开发人员聚焦于业务开发而非搭建系统环境。

2.2.3 推动新业务热启动

中台不仅能够沉淀丰富的业务能力，还能沉淀宝贵的数据资产。新业务启动需要大量种子用户来验证业务场景，进行业务裂变增长。那么，在新业务规划时，我们就可利用数据中台的分析，找到与新业务匹配的用户作为种子用户。我们甚至可以让这些用户参与到新业务的场景设计中来，由此解决新业务冷启动的种子用户问题，让业务快速裂变。

2.3 打造企业业务和数据的闭环

数字经济时代，企业的创新需求与日俱增，比如开展直播带货，做一场秒杀抢购活动，上线社区拼团等。如果仅仅将这些创新场景当作业务功能来实现，那么企业不一定能实现预期效果。因为这其中还包括很多问题，比如秒杀抢购是面向企业全体消费者还是只面向优质客户，直播带货前是否需要预热种草，预热种草要面向哪些群体，选择哪些商品，等等。这些问题都需要基于企业已有的用户数据资产提前布局。

因此，要想完美达成创新效果，我们就需要业务与数据的"双轮驱动"。

可能有些人会问：我的直播活动还没开始，秒杀团购业务还没上线，哪里来的数据？现在就建设数据中台是否为时尚早？建设数据中台是否是"杀鸡用牛刀"？

这些疑问，实际上来源于两大问题。第一，对数据中台的理解上的偏差。数据中台集中全企业的所有数据资产，为创新型业务赋能。虽然企业可能还没有直播、秒杀等活动的数据，但只要企业业务不是从零开始，那么系统就一定有大量数据沉淀，例如在天猫、京东等第三方平台上的订单数据、线下门店交易数据等。这些数据都是帮助系统赋能秒杀、团购等活动的最有力的数据资产。

第二，对建设数据中台时机的认知不足。实际上，建设数据中台的整体规划，与城市的线网建设是类似的。试问，是等到强电、广电、光缆、电话线等缠绕在一起，无法有序理清才去改造的代价大呢？还是一开始就进行体系化的规划和治理付出的代价大呢？

因此，企业需要业务中台和数据中台联动建设，打造业务和数据的闭环。双中台联动不仅可以大幅降低企业 IT 建设投入成本，还可以快速实现业务创新的小闭环，推动企业业务、数据和运营体系的良性互动。

2.3.1 投入成本大幅度降低

"中台化"建设企业 IT 系统被业界所推崇的根本原因是，中台可以将能力抽象，形成共享服务。这里所指的能力抽象并不仅仅是业务能力的抽象，还包括数据能力的抽象。因为在完整的企业业务版图中，除了大量的积累数据的业务场景，还需要大量使用数据的数据赋能业务的场景。根据数据使用场景整理抽象出来的数据能力就形成了数据中台的雏形。

传统的业务系统建设一般有以下几个步骤：战略规划、业务论证、蓝图规划、系统实现、业务运营。其中，因为在业务运营过程中往往会暴露数据问题，所以企业通常都是被动建设数据平台。这种流水线式的 IT 建设带来的问题，一是进度极其缓慢，二是会产生大量重复工作。比如业务理解、跨部门沟通、标准制定、供应商选择等，都会产生重复工作。而双中台联动建设是如何大幅度降低企业的 IT 建设成本的呢？

首先，在蓝图规划阶段，中台规划就需要拉通业务部门与数据部门，摒弃以往业务部门"只关注业务如何实现"的旧观念。在规划业务的同时，规划好"数据赋能点"，比如标签圈人、黄金购买时间预测等，联动数据部门进行数据赋能点的实现。需要指出的是，这里的数据赋能点不再仅仅是传统报表类功能，更重要的是与业务联动并促使业务采取行动的发挥数据价值的能力。这个时点，其实是建设数据中台的最恰当机会，最适合站在制高点规划企业的数据中台如何建设，业务需要数据中台赋能哪些场景。如果企业以此为契机，规划好企业的整体数据中台的建设路径，将大大缩短数据中台建设周期。

2.3.2　业务创新小闭环快速实现

建设数据中台，我们不推崇"先建设一个'数据湖'收集企业所有数据，再被动接收业务方的数据应用需求"这种方式。因为系统建设是为业务服务的，如果先期只建设数据湖却无法赋能业务，就不能验证数据的价值。而业务和数据双中台建设却能够围绕业务本身需要实现的业务创新点开展。比如在拼团业务中，通过对 KOL 的分析，系统就能找到优秀的团长；再比如在营销活动中，数据中台的标签计算能力为营销活动提供精准人群。类似这样的数据应用，就像散落在玉盘里的珍珠，数据中台是将这些小珍珠串成项链的能力平台。因此，同步建设业务中台和数据中台，自然就赋能业务快速创新，从而让企业的创新业务更有生命力。

2.3.3　推动企业业务、数据、运营体系良性互动

要想让中台真正成为企业的业务推动引擎，那么一套完善的中台的建设组织必不可少。但很多企业在建设中台的时候，不知道如何搭建中台建设组织。比如一套完善的中台建设组织包含业务、数据、技术等。业务中台建设组织包含按业务领域构建的架构师、开发人员、UED 工程师等，而数据中台建设组织需要有数据委员会、数据平台建设团队、数据产品经理、数据分析师和数据运维团队。中台建设组织还将在 2.5 节深入讨论。

业务与数据的双中台建设，由于有业务作为刚需推动力，各个团队便有了共同的目标。企业就可以实现以业务创新为线索，

推动业务部门、运营部门、数据部门一起来设计和规划中台，最大程度发挥数据价值，与业务联动，更好地实现业务创新。这也正是推动各组织间紧密协作、形成中台组织的契机。

2.4 快速移植原有应用

有些企业在建设中台之前，内部可能已经 IT 系统林立，复杂交错。那么在搭建中台时，原有业务系统是否可以继续使用？答案是肯定的。比如企业原有的商城 App，在切换为中台基座后，对于 C 端用户来说，App 的操作交互与使用体验没有发生任何变化，而对于企业内部用户而言，也没有新系统的学习教育成本。

事实上，企业建设中台基座，可以在保证应用业务延续性的同时，减少客户的使用感知。因为中台能够提供业务应用高效化移植、业务数据无流失迁移、业务系统无抖动切换的机制，以实现用户"无感知迁移"。

2.4.1 业务应用高效化移植

不同业务应用可能会需要根据各自不同的业务场景，自定义对应的中台能力的执行逻辑，以满足本身业务的需求。那么企业在搭建中台的通用共享能力之后，如何让应用高效地移植接入，是企业中台建设过程中一个很值得思考和实践的问题。为此，软件定义的中台除了提供中台执行态的能力，也提供了中台控制态的能力，用于各应用的自定义。

通过 MPC，业务应用开发方可以一览目前中台各领域的场景化能力。MPC 提供领域、场景、能力三个层次的可视化能力地图。通过能力地图可以快速查找中台提供的业务场景及对应的

API。可能有开发者在此会有疑问：假如某个业务下单时有自己的特殊规则，如何评估场景 API 是否满足呢？

其实，这个问题是不用担心的。因为 MPC 的业务配置视图不仅把业务场景及能力以结构化的方式体现出来了，并且在具体的业务场景中，业务能力会关联合适的可配置项。中台用户通过设定和搭配这些配置，可构建出适合当前业务特点的业务规则。当然，如果发现当前已有的可配置的能力但却无法满足需要，业务应用开发方也可以通过编写扩展功能来实现，甚至对中台能力提供方提出具体的改进建议，迭代中台能力。如此一来，业务应用开发方就可以更加快速地了解已有的中台能力，并通过快速配置业务规则和实现扩展功能，满足自身业务应用的开发移植。

2.4.2　业务数据无流失迁移

对于企业而言，数据是企业最宝贵的资产。企业在建设中台时，不仅要让应用接入后的业务数据根据统一标准进行沉淀，也需要继承原有的历史业务数据。也就是说，企业历经多年信息化所积累的业务数据，需要汇集、转换、沉淀到中台。所以，企业在上线中台时，往往都有一个数据迁移的前置环节。但如何保证业务数据的快速、无流失迁移呢？

业务数据迁移主要有两种场景。

在业务整合过程中，各个业务应用可能都需要自身特性的领域对象和属性。这些个性化的属性是在中台抽象合并各业务应用的共性后，遗留下的各应用个性化的部分。那么，中台如何在共性共享的基础上满足业务应用个性扩展及隔离，就是一个重要的课题了。我们在中台迭代过程中，也探索了几种对象属性扩展的模式，例如预留字段、JSON 大字段、行转列属性表等。预留字段的问题是可读性太差，并且可能存在预留字段不足的情况；

JSON 大字段无法满足高性能的精确条件查询；而行转列属性表虽然在字段可读性、查询灵活方面有优势，但很容易出现属性表暴增的情况，从而导致系统性能问题。因此，我们设计了一个更加灵活的数据扩展机制，允许业务应用开发方在开发过程中仅需关注新增的个性化字段，而中台相应的服务 API 及底层数据库查询语句会自动发现新增的字段，从而大大缩减由于个性化字段新增所需要修改的代码范围，且无须中台能力提供方介入，以此来快速满足各应用对领域对象属性新增的场景，保证业务核心数据的高效、无流失迁移。

上述场景是在中台领域设计、开发扩展的数据兼容迁移。但还有一个关键的场景是，如何在上线时，将大量历史数据迁移到当前的中台系统。因此，中台体系化建设中有一项工作就是，提供配套的数据迁移工具 DataOps。DataOps 可以配置具体的数据迁移、映射、转换规则，以配置化的方式提高数据迁移的效率，同时提供数据核对及增量迁移能力，保证数据迁移的无流失。

2.4.3　业务系统无抖动切换

当中台已经搭建完毕、准备上线时，面临的问题是如何尽快进行系统切换与验证。一般而言，企业都希望在切换中台底座时，业务不中断或者中断时间很短。而且如果切换过程中发现有重大影响，还可快速回滚，切换回原有系统。所以系统切换如何做到无抖动，也是系统上线时必须考虑的问题。

我们在服务企业数智化转型的过程中，也做了不少探索和改进，比如基于网关模式的切换。在中台之上增加一个业务网关，此网关不仅可将流量转发到中台，还会作为统一服务入口，支持路由将请求转发到原有的业务应用系统。当然，这样做的前提是，此网关支持原有业务系统的多种服务通信协议。在上线中台的时候，在网关上配置一套中台服务的路由规则，通过开关切换，使应用服务调用中台的能力。如此，既能保证业务切换的快捷性和稳定性，还可根据需要直接切换回原有的应用系统，再通过网关重放机制，让业务数据可以正常回到原有业务系统进行操作，提升切换的稳定性。

2.5 推动企业组织演进

在第1章里，我们对数字中台下的定义是：基于云计算、大数据、人工智能等新一代技术打造的、持续演进的企业级业务能力和数据共享服务平台。但这只是从IT系统的角度对中台的狭义定义，即中台系统。实际上，中台还是一种企业组织管理模式和理念，即建设中台化组织。中台化组织方式是指企业构建统一的协同基座即中台组织，协调和支持各业务部门，并为新业务、新部门提供成长空间。建设中台系统可推动企业建设中台组织，促进专业化分工；而中台组织的确立又能更好地保障中台系统的建设和发展。中台系统与中台组织互相促进，形成良性循环。

2.5.1 组织形式演进

数字化技术革新带来社会的进步与商业创新。企业要利用数字化技术，依托数据资产，围绕数字化运营模式，以客户为中心进行持续创新，促进组织结构由金字塔型向平台化转变，才能最终成为卓越的数字企业，实现降本节费、提质增效的目的。

回顾商业发展历史，宝洁公司用了近180年才使市值达到千亿美元，通用电气公司在迈向千亿市值的道路上花了将近150年，而苹果、谷歌、亚马逊、阿里巴巴等纯数字化企业，实现相同目标仅仅花了传统企业三分之一甚至更短的时间。数字化原生企业成功的原因就在于，构建了与先进生产力相适应的生产关系，以及与业务快速迭代、持续创新相适应的组织架构及运行体系。这些企业都倡导内部创客化的组织文化，打造连接内外部资源的技术平台，构建快速响应市场需求能力的共享服务体制的机制，以及形成大规模社会化协作的产业生态联盟。当下，企业热衷于打造中台组织的根本原因在于，传统金字塔型的科层制组织结构导致企业内部"部门墙"厚重，职能部门各管一段，无法形成对市场和消费者的快速响应能力。如何做好内部资源和能力的协同共享，已经成为企业现实的诉求。而中台组织恰恰承担了这一使命。

阿里是中台化组织的坚定推行者之一。阿里中台的前身是2009年成立的共享业务事业部和数据平台部。为了在共享服务基础上进一步将组织架构和业务机制的关系梳理清晰，拆掉部门之间的隔墙，阿里自2015年提出"大中台，小前台"战略。经过3年多的改造，阿里中台就已经将公共业务和技术组件横向打穿，实现业务数据化和数据业务化，为前台业务提供高效运转和迭代的支撑（见图2-2）。

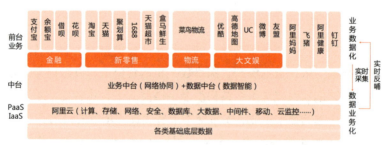

图 2-2 阿里中台，业务数据化和数据业务化

2018年，腾讯调整内部组织，成立了一系列更专注的事业群，力求在"一个腾讯"的大平台上充分发挥整合优势，拥抱产

业互联网。腾讯通过将技术统一标准化，实现能力高效交付，促成更多的内部协作与创新。

同年，京东宣布采用"前台＋中台＋后台"的组织架构，京东将过去十几年所积累的零售板块经验标准化、组件化、平台化、系统化，对前台赋能，并在自营、开放平台和生活服务三种不同供应链形态下，布局相应的能力建设，打造核心竞争壁垒。

在互联网大厂的示范作用下，传统品牌企业的中台化组织也正在萌芽，组织演进大潮将难以阻挡。

2.5.2 组织动能聚变

传统品牌企业搭建中台，一般都会牵扯到部门组织架构调整。良品铺子于2015年进行组织架构调整，将组织架构简化为扁平的三层组织架构——市场经营层、资源能力层与规划策略层，以提高决策效率。此外，该公司在2016年内部试行小组制经营，取消分公司管理层级，直接建立总部和最小经营单元的连接，建立敏捷响应机制。

结合三层组织架构调整，良品铺子于2019年6月发起中台系统建设。良品铺子建设中台系统的主要原因是，资源能力层要满足零食行业SKU持续快速上新、加速产品研发并落地、及时响应客户等需求，以此来破解自身面临的"对外提升用户体验，对内提升企业经营效率"运营瓶颈。

通过组织的中台化变革，良品铺子打造了线上线下全融合、高协同的生态平台，形成了企业聚变势能。数字中台助力良品铺子以用户的个性化需求驱动产品研发和营销活动，驱动业务增长。

2.5.3 组织专业分工

中台组织是整个企业的赋能层，为前台与客户接触的企业业务场景层，提供财务、人力资源和 IT 等方面的共享服务能力及资源。前台的业务场景层是一线作战单元，依托各种业务场景，满足用户需求，为企业直接创造价值。后台则是由其他职能部门组成，提供公共资源维护。贯穿前中后台的则是企业的核心价值链，包括采购、研发、生产、营销、销售等。

  在这里，中台是前台和后台之间的连接器，负责把企业价值链各环节以及组织内部的各种资源整合，为前台赋能。本质上，中台组织就是前台交互作战单元的"航空母舰"，它以聚合的方式帮助前台快速匹配所需的能力及资源，进而实现针对用户快速变化需求的敏捷响应。

  进一步来说，在建设中台系统的组织内部，比如阿里巴巴共享服务体系的技术团队，也需要根据所建设的服务中心，将不同角色（比如架构师、开发人员、UED 工程师等）按领域组织组成团队，而不是按技能组织组成团队。每个领域团队都针对某一能力服务中心（比如商品、交易等）提供持续的服务能力（开发、运维等）。而流水线模式组织结构（比如以架构师团队、开发团队、测试团队等分组建设）的弊端是，不同角色的技术人员很难对某一业务领域有持续的理解和沉淀。所以，应围绕服务能力持续构建独立组织的形态，让整个团队可对该服务领域能力的完善、专业及稳定负责。在这个过程中，团队成员就有了足够的时间和机会对该服务的相关业务领域进行更深入的理解，这也为培养出既懂技术也懂业务的复合型人才创造了良好的条件。

第3章 CHAPTER

业务中台建设

第 2 章我们详细介绍了业务和数据深度融合的中台价值,相信大多数企业深有体会。对企业而言,如何将中台建设融入数智化转型的进程,更好地利用中台解决企业痛点,已是迫在眉睫。本章主要针对数字中台的业务中台部分展开阐述,具体内容包括业务中台定义、业务中台的主要建设内容介绍、业务中台的架构设计、构建策略和构建方法,以及业务中台与其他系统的集成互通。本章将按照步骤详细介绍业务中台建设,旨在帮助企业在建设业务中台的道路上少走弯路,加快数智化转型。

3.1 什么是业务中台

到底什么是业务中台?相信很多人都会有这个疑问。实际上,目前业界对业务中台的解读有很多版本。本节会给出业务中台的定义,并将其与常见的理解误区进行对比,再从业务运行机制和系统开放机制两个维度,展开阐述建设业务中台的主要内容。

3.1.1 业务中台定义

业务中台是以业务领域划分边界,形成高内聚、低耦合的面向业务领域的能力中心,打造持续演进的企业级业务能力共享服务平台。业务中台的直观呈现就是各能力中心,常见的有交易中心、商品中心、库存中心等。它不仅提供丰富的共享服务,还包含体系化建设企业能力域的方法和机制。业务中台不仅是生产上层应用的开发设计平台,也是配置、编排和扩展业务对象、业务能力、业务规则及业务流程,完成企业资源运营管理的平台。它为上层应用系统的稳定运行提供了高并发、高可用的执行环境。

对于业务中台的认知,有以下三点需要明确。

1. 微服务不是业务中台

"微服务"是当今比较流行的一种技术架构,而业务中台的内涵不仅仅是技术架构,还是一种组织层面的业务架构。

首先,中台作为技术架构体现出来的是本书着重介绍的中台系统,但从广义上讲,它还可以是一种企业组织管理模式和理念(见 2.5 节)。中台是在"集中"的基础上建设隔离分权的前台业务,并将这些业务进行联通。

其次,业务中台结合了系统论整体规划的思想,将系统按纵、横两个方向进行拆分。它吸收了微服务"按业务领域"的纵向拆分应用方法,形成"高内聚、低耦合"的能力中心;再在纵向拆分的基础上,横向将业务中台与业务应用进行隔离,造就了中台的共享理念，使其超脱了微服务的范畴。中台内部纵向拆分服务，降低了领域间的耦合度。中台与上层应用横向隔离，促进了业务和数据在各应用间的交叉共享，大大减少了重复建设和重复投资，由此，也造就了可持续沉淀积累和运行的企业资产，中台因此成为企业数智化转型的新基建。

因此，微服务不是业务中台，但微服务与业务中台并不是截然分开的，微服务是在技术层面建设业务中台能力中心的最佳实践。

2. 业务中台不是前台应用

前台应用包含两大部分：前台交互界面和前台应用服务。前台应用服务是指为前台交互界面提供后端服务接口的功能单元集合。业务中台一般不直接面向前台界面，而是面向前台应用服务，为其提供共享的服务接口。前台应用服务提供的功能具有应用局限性和特殊性，它一般是完成某一个特定业务场景所需的功能。相比而言，业务中台完成的则是多个业务场景的通用部分，以及挂载和执行面向特定前台业务的扩展功能。通常来说，前台应用服务会根据前台业务场景的特殊需要，将中台能力进行编排、转换后再提供给前台界面使用。

3. 业务中台是通用业务机制的实现

根据上节的介绍，业务中台共享服务与前台应用服务的一个重要区别是，业务中台实现的是业务场景通用部分的功能。这部分通用功能是结合不同前台业务，通过抽象所形成的通用业务运行机制，解决的是前台业务共性的问题。这种通用的业务运行机制是业务中台的核心内容之一。中台专注于通用机制的抽象和实现，所以中台才具有通用性和包容性。中台再结合可动态修改的配置项,以及可即时扩展的插件,通过业务空间的隔离,解决了业务个性化问题,即以一套通用的机制同时支撑不同业务,从而进一步保证了中台的开放性。业务中台主要就是以这两点来支撑不断变化的业务场景,并确保自己不会频繁地被推倒重建。

3.1.2 业务中台主要建设内容

前文提到,业务中台专注于通用业务运行机制和系统开放机制的实现。在此,我们将业务运行机制拆解为业务四要素——业务对象、业务能力、业务规则和业务流程,并将系统开放机制拆分为业务配置和业务隔离,见图 3-1。

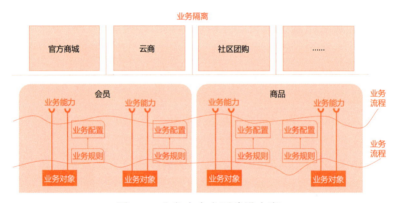

图 3-1 业务中台主要建设内容

1. 业务对象

业务对象包括实体对象和过程对象。实体对象是指具体的企业资源、产品与服务,例如店铺、用户、客户、组织机构、价格政策等一切有形或无形的资源。过程对象主要是指企业在经营活动中对业务动作进行的描述。比如"订单"是对交易活动的描述,"结算单"是对多方利益关系体分利润过程的描述,它们都是过程对象。

2. 业务能力

业务能力是同类业务功能的抽象实现，是对业务对象的操作。业务能力可以改变业务对象的状态，并通过结合业务规则来操作相关的业务数据。一个能力可以支持多个功能。能力的基础是结构和算法。能力是系统内生机制的体现。在不同的业务场景下，业务能力可间接表现为不同的应用功能。比如商家入驻能力，既可以对应商家自主注册的功能，又可以对应电商平台后台主动开通商家账号的功能。

3. 业务规则

业务规则就是业务逻辑，是用来控制或影响业务能力的定义或者约束的描述。中台将业务规则与业务能力独立开来，单独实现。业务规则影响了各能力中心所提供的能力和业务数据的聚合、转换、变化。比如，"商品创建能力"搭配"商品需要审核"的业务规则，就会产生"商品创建后，商品进入待审核状态，需要审核通过后才能发布"的情况。

4. 业务流程

业务流程规定了业务中台系列业务动作执行的顺序，用以完成特定的业务目的。中台针对不同业务需要设计不同的业务引擎，比如交易引擎处理交易相关的逻辑，促销引擎负责促销活动相关的自动化，审批流引擎负责业务单据的审批。业务引擎和流程定义决定了能力中心内部以及能力中心之间如何自动化执行。比如通过可自定义的交易流程，业务系统既可实现先付款后发货，又可实现先发货后付款。这种面对实际场景需要多变的业务不是通过修改代码，而是通过调整业务流程来实现的，从而让中台达到随需而变。

5. 业务配置

业务配置是内嵌在中台业务逻辑中的一些控制点和扩展点。通过可视化的配置视图，用户可以动态控制中台的执行逻辑，让业务柔性运行。比如用户身份认证扩展点，可以配置用户在下单时是否需要进行认证。如果进行认证，是选用滑块认证、人脸认证还是其他认证方式，从而动态控制下单场景中的业务执行逻辑。

6. 业务隔离

业务中台作为共享服务，需支撑多个前台应用。在共享的基础上，需要隔离前台应用，让前台应用既可执行个性化的逻辑，又避免互相干扰，各自独立运营发展。比如，当任何一个前台应用增加功能或者修改执行逻辑时，我们只需对该前台应用进行整体回归测试，而不需要对其他前台应用进行回归测试。

3.2 业务中台的架构设计与组成

对于企业而言，要开展业务中台建设，首先需要进行顶层架构设计。业务中台的核心架构是纵向切分、横向分层的架构风格。中台在纵向维度进行领域划分，形成中台的能力中心；同时在横向维度，根据业务领域与上层应用的关联性，将业务中台领域进行分层。明确了能力中心的层次依赖关系，我们就可针对不同层次的能力中心，采取不同策略进行设计及建设。在确定了业务中台核心架构的基础上，我们再从软件工程角度出发，进一步介绍业务中台在设计态、管理态、运行态三大阶段的关键特征，以指导业务中台的架构设计落地。

3.2.1 业务中台的核心架构

企业业务中台建设是一个系统化工程。中台有自己的架构体系。那么中台的主要架构风格是怎样的呢？总结起来就是：纵向切分，横向分层。

纵向切分是指，中台将企业的业务内容，按照不同领域，以及能否独立运营为标准，进行纵向切割。对切割后的大小各异的、算不上严谨的多个业务领域，中台从技术上再进行一系列的分析、抽象、归类、推演，形成在业务上能独立运营、技术上含有多个微服务的系统。切分之后的各个系统，我们一般称为中台的能力中心。如常见的会员中心、营销中心、交易中心、库存中心、消息中心、认证中心、流程中心、调度中心等（见图3-2）。每个能力中心都支撑着不同的业务领域，它内部所有的领域对象均与业务领域有直接的聚合关系。

图 3-2　业务中台按领域纵向切分

横向分层需要建立在纵向切分的基础上。对于不同的业务领域，中台会根据其管理对象的不同性质，从下向上拆分为业务实体层、业务协作层、业务活动层，见图3-3。注意，这里所说的

"横向分层"强调的是在业务中台内部,而在 3.1.1 节提到的"横向隔离",指的是整个 IT 系统层面的横向隔离,也就是将中台与前台应用隔离。

图 3-3 业务中台横向分层

- **业务实体层**(Biz Entity Layer,BEL):由管理企业静态资源的能力中心构成,居于三层模型的底部,比如商品、会员、用户等。
- **业务协作层**(Biz Collaboration Layer,BCL):由对企业资源使用策略进行管理的能力中心构成,居于三层模型的中间,起到承上启下的作用,比如营销政策中心、价格政策中心等。
- **业务活动层**(Biz Activity Layer,BAL):由管理或实现企业核心业务活动的能力中心构成,居于三层模型的顶部,可实时调用下方两层的业务能力,完成业务活动的执行,比如交易中心、结算中心等。

通过横向分层,中台就确立了不同层次能力中心之间的依赖关系和数据流向关系等。

3.2.2　业务中台体系内容

从软件系统工程的角度看,完整的中台体系由设计态、管理态、运行态三个阶段组成，如图 3-4 所示。

图 3-4 业务中台建设的三个阶段

1. 设计态

设计态的业务中台提供组件平台和能力平台。组件平台的作用是快速搭建应用，能力平台的作用是统一管理和使用中台能力。

组件平台可完成前后端组件的注册、发布及接入指引。这里的组件包括技术类组件和业务类组件两类。技术类组件封装了通用的技术功能；业务类组件不仅封装了特定的业务逻辑，也封装了对中台能力的调用。组件平台为业务应用端到端的建设，从创建应用、描述数据模型到组装页面，提供了组件素材，加快了应用的搭建。

能力平台提供能力的注册、发布及接入指引。通过能力平台，中台系统的使用者（包括中台能力使用方、中台能力提供方和中台机制设计方）不仅可以统一直观地查看中台具备的能力与能力详情，还能汇总统计能力的调用情况等。能力地图即是能力平台的一个体现。

2. 管理态

管理态的中台应包括需求管理、进度管理、质量管理、项目管理、配置管理等多个方面。因为中台建设是由多人多角色共同协作完成，所以需要通过统一的管理平台从中协调推进。我们一般把这些软件生产过程中通用的需求管理、进度管理、质量管理等放在技术平台的研发服务平台上实现，详见 5.2.2 节。在中台建设的推进过程中，建设方还需要加强对各阶段产出物的评审，并通过对评审结果的记录，实现上线内容可追溯。

3. 运行态

运行态的中台包括能力配置、能力编排、能力执行三个方面。可配置和可编排的能力需要统一上报，形成全局的控制中心，即中台控制平面（MPC）。MPC 完成对业务能力的管理和配置，然后通过执行平面实现能力的执行，再结合运营平面（BOC），三个平面共同配合，达到对中台运行内容的柔性控制。

3.3 业务中台构建策略

上一节介绍了业务中台的核心架构与体系。那么围绕核心架构和体系，业务中台应该按照怎样的方式进行构建？

接下来，本节会详细介绍构建业务中台的具体策略：领域驱动、需求结构化和能力可配置。首先，我们通过领域驱动，从整体上划分业务中台的领域，进而划分出业务中台的具体能力中心；其次，对具体的领域进行细化。在这里我们会使用需求结构化和能力可配置两种策略，最终形成易用、灵活的业务能力中心。

3.3.1 领域驱动设计

业务中台的构建，首先需要进行整体规划。对企业而言，中台所涉及的内外部系统交错复杂，而领域驱动设计（Domain-

Driven Design，DDD）是厘清这些错综复杂系统的一种实践策略。借鉴领域驱动设计，我们可以梳理业务应用系统所涉及的各角色的旅程地图，包括运营者、消费者、客服、导购等，然后根据用户旅程地图所涉及的业务对象或实体，剥离差异性，抽取共性，最终形成共享的服务能力。

领域驱动设计最早是由 Eric Evans 提出的，目的是对软件所涉及的领域进行建模，以应对系统规模过大时引起的软件复杂性问题。以领域驱动构建业务中台的过程可以分为战略和战术两大阶段。

1. 战略阶段

业务中台建设的战略阶段的核心目的是划分问题域，确定核心领域，整理出限界上下文。领域按照类型可划分为核心领域、支撑子域和通用子域。实现业务愿景和价值的主要系统功能即是核心域，用来支撑核心域的子域称为支撑子域，而相对通用的则称为通用子域。限界上下文为领域提供上下文语境，确保领域内的术语在其特定的边界范围内具有一个没有二义性的含义。领域驱动的业务中台构建过程中，首先从业务维度出发，开发者与领域专家使用通用语言进行信息的沟通及确定，梳理出业务关键的核心域及支撑核心领域的子域。在过程中，也会浮现一些通用系统需求及出于技术维度方面考虑的场景，这就形成了通用子域。

在领域划分的基础上，我们将中台所涉及的业务领域划分为通用能力域及商业能力域（见图 3-5）。对于一个系统而言，用户管理、登录认证、消息发送、数据字典等通用功能，可以形成通用能力域。而针对客户互动相关的场景（如消费者浏览商品并下单购买，消费者享受会员权益，平台通过各种促销活动促进交易等），所涉及的商品中心、交易中心、库存中心、会员中心、营销中心等促进商业行为的领域，可以形成业务中台的商业能力域。通用能力域主要关注基础功能性能力，为商业能力域提供基础支持；而商业能力域主要关注各类商业领域能力，以进一步支撑前台业务的多样化场景。

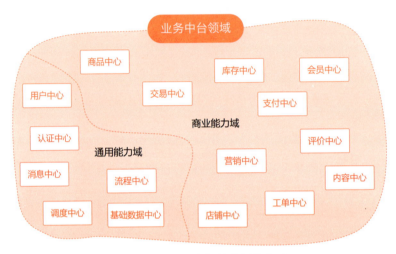

图 3-5　业务中台领域的划分方式

与传统 DDD 不太一样的是，我们不太强调支撑子域。这是因为中台是企业应用的共享服务平台，它将支撑各色各样的业务应用。从不同的业务应用角度区分核心域和支撑子域是有意义的。但从业务中台的角度，就没太大必要分出哪个是核心域，哪个是支撑子域。当然，我们在业务中台的建设过程中，还是会区分核心域和支撑子域，因为业务中台建设是由业务应用驱动的。

2. 战术阶段

在将系统划分为多个能力中心后，中台建设就进入战术阶段。在战术阶段，针对已确定的能力中心，中台要进行具体领域设计。在此阶段，我们会更关注领域内部的要素。我们一般使用领域模型来表达领域知识。常见的领域模型包括实体、值对象、领域服务、领域事件和聚合等。

以交易上下文为例（见图 3-6），在该限界上下文中，关键核心为交易（Transaction）。交易体现的不只是一个订单，还体现了一个交易动作。一个交易会产生很多种单据，如交易订单（TradeOrder）、支付订单（PayOrder）、发货订单（DeliveryOrder）等。一个交易订单会由一条或多条订单商品信息（OrderItem）组成。这些单据包含对应的单据 ID、状态及其他实体属性，它们就是限界上下文的实体。交易上下文中，所有实体、值对象都围绕着交易，而外部需要访问交易上下文，必须从交易开始，所以交易可视作一个交易上下文的聚合根。当一个消费者下单后，首先会创建交易实体，在创建该聚合根实体的过程中，还需要创建对应的多种单据。为了完整构建、初始化交易实体，我们可通过工厂（TransactionFactory）来封装具体的创建逻辑。

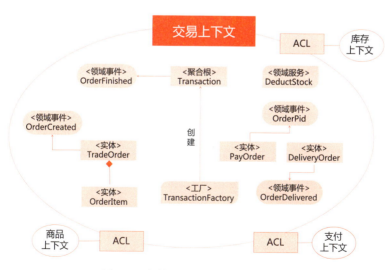

图 3-6　交易上下文的示例领域模型

每个实体均会涉及状态的改变,而这种状态改变的动作可以触发一个领域事件。领域事件一般是"名词+动词过去式"。消费者下单后将产生一个订单已创建(OrderCreated)的领域事件。对于交易订单实体而言,创建订单属于实体的能力。而下单过程中,需要扣减库存(DeductStock),该动作在交易上下文中涉及了其他上下文的领域对象,所以可以通过领域服务进行协调,进而保证不同上下文的一致性。

综上,在领域驱动设计的过程中,我们通过战略、战术两个阶段,从宏观上整体划分领域边界,将业务中台划分为通用能力域及商业能力域,进而针对每个能力中心,不断细化领域对象,形成丰富的领域对象模型,将领域能力构建成具体业务中心的能力。

3. 基于事件风暴的 DDD

不过,对于如何可操作地实施 DDD,业界有很多不同的探索,而其中事件风暴(Event Storming)是一种既经济又高效而且充满乐趣的方法,也被证明是一种可以快速探索复杂业务领域的方法。

事件风暴是一种战术阶段的设计方法,它自下而上地从微观的领域事件推演出战略层宏观的领域模型。它被业界戏称为"糊墙",因为它会在一个房间的四面墙上糊满便利贴。它几乎没有学习曲线,唯一稍微有点高的要求是要有一间足够大的房间,并且有足够多的不同颜色的便利贴。它的核心是协同共创,要求领域专家、业务架构师与技术人员以协同的方式迭代地探索构建出领域模型。

事件风暴的理论基础来自领域事件。如果一个系统能够支持一项业务,那么当该业务开展时,角色在业务上的操作就会导致系统的响应,从而留下一些足迹。这些足迹往往以数据的形式存在于某个地方。留下这种足迹的系统的响应就是领域事件。通过对领域事件足迹的追踪可以推测当时的业务操作。如果把领域事件按照时间排序,就能在时间线上还原一系列业务行为,从而推导出系统所需的能力,并通过技术性的手段转化为系统的空间结构。而系统的空间结构就是系统的领域模型。

图 3-7 所示为一个对商城中同城配送需求进行事件风暴后得到的领域事件流。首先,事件风暴的展开是基于业务场景的。在这个需求中,领域专家识别出了店铺创建、同城配送设置、商品选购、订单确认、接单、配送几个业务场景。然后,展开每个业务场景,从左到右识别出该场景下的领域事件,以及触发该事件的命令和角色。这些事件流是后续建模工作的战术层输入,基于它们就可以逐步推演出领域模型。

经过事件风暴,既可发现与通用模型的重叠之处,也可找出差异点。如此,我们不仅最大程度复用了中台现有能力,也通过增加差异点持续扩展了中台的能力。

对于如何基于事件风暴构建业务中台领域模型,可参考图 3-8 所示流程。

1)业务架构师与领域专家主导,带领团队按照业务场景识别领域事件、命令与角色,并按照时间排序。

2)业务架构师与领域专家带领团队,基于战术层的业务场景与事件流提炼子域。对于中台来说,可以认为子域是能力中心。但这个时候,能力中心还处于问题域空间,没有任何解决方案。

3)技术人员带领团队基于事件流提取业务元素,识别实体、值对象及聚合。

4)技术人员再次带领团队,跨越到战略层,识别出限界上下文及其映射与集成的关系,并验证是否有足够的能力解决能力中心的问题。这个时候,能力中心的问题由限界上下文解决,业务中台架构终于从问题过渡到了解决方案。

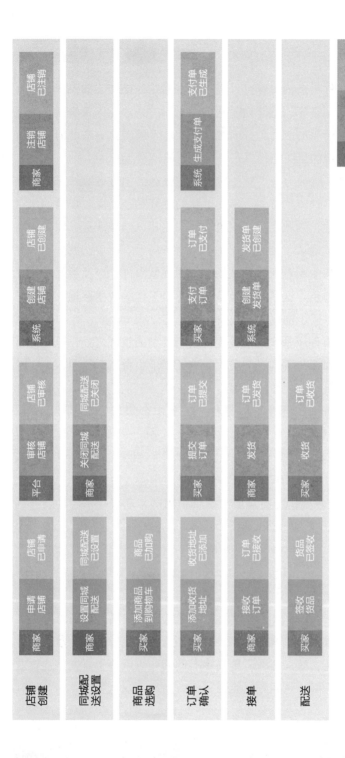

图 3-7 同城配送业务事件风暴

图 3-8 事件风暴基本流程

3.3.2 需求结构化

业务中台的核心价值在于能力的共享。中台能力使用方在接触业务中台时面临的首要问题是：如何了解业务中台有哪些能力？这些能力与实际业务场景的匹配程度如何？因此，业务中台的构建首先需要考虑业务能力的呈现方式。我们以业务场景、业务能力、业务配置的层次来结构化地表达业务需求。需求结构化体现的是一种结构化思维，即在面对需求问题时，采用一种层次结构将需求进行拆解。在未中台能力结构化展现时，想要了解中台所提供的能力，一般是通过 API 列表，而且只局限于开发人员，因为业务人员不易理解 API 列表。但是，需求结构化不仅让我们更易于了解业务中台的共享能力，还扩大了受众人群。

需求结构化，一般可以从两个维度来体现。

- 能力地图：从领域、场景、能力的结构化层次，可视化地体现需求场景和流程中的每个节点。如此一来，中台能力使用方可基于原始需求快速匹配可用的业务领域、场景及能力。而对于不存在的业务场景，能力使用方则形成当前需求的场景能力开发项。
- 配置视图：在同一业务领域，不同的业务场景会导致不同的业务规则。通过配置视图，中台能力使用方可以查看业务中台已有的业务规则，与当前的业务场景规则进行匹配。若规则已存在但与当前所需的规则策略不匹配，则形成规则的扩展实现开发项；如规则为当前业务场景特有，则可以形成定制实现开发项。

综上，通过能力地图、配置视图，我们能够将业务场景、业务规则以系统结构层次的方式串联起来。按照需求结构化方式，针对具体需求，我们首先会整理出需使用的场景、能力、配置，并在现有的系统上梳理出需要新增的开发场景、能力、规则，形成最终需求需要开发和配置的条目。

业务中台不是一蹴而就的。需求结构化的方式一方面可以让中台使用方更易于应用共享能力，验证业务能力；另一方面也能不断沉淀更多的业务能力、业务规则配置及扩展项。这也是业务中台不断自我演进的方式。

3.3.3 能力可配置

因为业务能力之间存在差异性，所以业务规则也不全相同。比如，同样都是下单能力，对普通商品而言，下单动作只需校验基础商品、库存的有效性；但对于热门抢购商品而言，在基础校验完成后，下单前系统还可能增加商品限购的校验。根据不同的使用场景，商品限购校验也会存在多种限购规则和策略，如会员等级限购、会员预约限购等。由此可见，不同场景下同一个下单能力所涉及的业务规则并不完全相同。因此，业务中台作为能力共享的平台，如何针对不同的业务场景、业务对象（如商品、店铺）进行不同业务规则的配置以及配置的隔离，就是一个必须解决的问题。

中台在实现通用业务规则的基础上，将其针对不同业务场景的可变部分提取出来，作为业务的可配置项，并对这些可配置项进行统一管理，就形成了中台能力可配置的特性。业务配置项一般分为两种类型。

- **业务参数**：业务参数是针对既定范围内可变业务规则的业务控制点。以系统登录能力为例，有些业务场景针对同一账号，在同一时间只允许一处登录，而有些业务场景则允许多处登录,并支持可配置具体的多端登录数量。为此,在系统登录能力下,可以挂载一个"是否允许多端同时登录"配置项。我们将这种配置项称为业务参数。通过业务参数,我们可以统一管理系统既定范围内可选的业务规则。如此一来,业务人员只需根据不同的场景设置具体业务参数的值即可。

- 业务扩展点:业务扩展点是在业务参数的基础上,满足不确定候选值业务规则的另一种业务控制点。以全渠道订单同步能力为例,比如某企业既有自营的商城订单,也有第三方平台渠道的商城订单,如天猫、京东、唯品会等,不同渠道有不同的订单同步规则及数据格式。为此,我们可以在订单能力下挂载一个"订单同步渠道"扩展点,将第三方平台渠道的订单进行同步。在业务发展的过程中,企业可能会继续接入拼多多、抖音等渠道,但它们都有不同的业务实现。因此,我们将这种类型的配置项称为业务扩展点。业务扩展点定义了中台统一业务逻辑与业务个性化实现的一个接口契约。只要遵照该契约,根据业务需要,我们就可以随时扩展不同的业务规则逻辑。这也是业务中台所需的另一个很重要的特性——动态化扩展。

业务中台的建设过程是一个不断整理、实现配置项的过程。通过不断丰富业务中台的可配置化能力,不断打磨业务能力,让业务中台成为支撑前端业务快速创新的利器。

3.4 业务中台构建五步法

我们在《中台战略:中台建设与数字商业》一书中,已经阐述过业务中台构建的五步法。业务中台构建五步法是指导我们建设中台的方法论,具体步骤为:业务规划→领域分析→中心设计→中台实现→业务运营。其中,领域分析的过程非常关键,是业务中台区别于以往传统 IT 系统建设的环节。基于我们最近这一年的实践,我们对之前的方法论进行了微调,形成了"业务中台建设五步法 3.0",如图 3-9 所示。

图 3-9　业务中台建设五步法 3.0

3.4.1　高阶规划

高阶规划包括宏观业务规划和宏观技术规划,是一个提纲挈领的过程。

宏观业务规划,就是分析企业的核心业务场景,解剖企业整体及局部存在的问题与痛点,从宏观上规划出业务蓝图及业务解决方案,是一个顶层设计的过程。宏观业务规划无须深入每一个具体业务场景。

宏观技术规划,就是通过对核心业务场景、宏观业务蓝图的理解和分析,推导出宏观的业务领域与业务中心,然后以此为基础,设计出宏观的 0 级架构的过程。宏观技术规划也会输出各中心需要提供的主要业务能力。0 级架构是一个宏观的应用架构,解决的是如何拆解系统才能承接和支撑业务蓝图的问题。它包括能力中心、应用以及需要集成的三方系统及其相互关系。另外,

0级架构还需要体现分层的职责、层间关系以及层内各组成部分的关系。0级架构不仅为中心、应用、三方系统划定了边界，也框定了中台代码工程的创建，还为后续的中台设计工作指明了方向。除0级架构外，宏观技术规划还需要明确系统的设计原则，以指导团队在中台建设过程中思想保持一致。

高阶规划的产物，特别是0级架构，需要进行充分讨论和评审。良好的0级架构需要清晰地描绘出中台包含的内容和组成结构，并应在系统复杂度、建设经济成本、可扩展性等方面达成较好的平衡。

3.4.2 领域分析

领域分析包括以下三个部分。

- 业务场景梳理：根据高阶规划时所划分的业务领域，梳理出各领域的业务场景。结合场景存在的痛点，规划未来的系统功能，进一步设计出对应的系统原型。
- 领域模型推导：首先根据各领域的场景清单，采用事件风暴来梳理和总结出领域模型清单。再根据领域事件，抽象和归纳出领域模型，包括领域活动、领域事件、领域对象、领域规则等。然后以领域模型为基础，按照模型之间的聚合关系，推导出业务子领域。最后分析各子领域的职责与整体目标的相互关系，我们就能推导出能力中心。
- 高阶规划调整：推导出能力中心之后，需要与高阶规划阶段预设的能力中心进行比较，再根据需要对规划的内容以及0级架构进行调整。

3.4.3 中心设计

中心设计包括组件规划、1级架构设计、中心概要设计。

组件规划是指明确根据领域模型规划出的能力中心由哪些业务组件组成。业务组件是业务逻辑的封装单位，包含一个或多个能力，一般用于完成一个具体的业务任务，并可被多个业务场景所复用。业务组件按照逻辑关系聚合为能力中心，能力中心又可以根据逻辑关系分为 BAL、BCL、BEL 三个层。这样就形成了业务中台内"横纵有序、解耦合理"的立体架构。

如果说 0 级架构是中台的骨架，那么 1 级架构就是中台的血液。骨架的作用是稳定和支撑，而血液则需要在身体各部分流动才能维持各项机能的正常运作。1 级架构聚焦的是在具体业务场景下，各中心、各应用如何各司其职、承载所属的数据和业务逻辑，即通过具体业务场景，将各中心的能力和领域事件串联起来。在串联的过程中，我们有可能会发现 0 级架构缺失的能力，甚至需要调整 0 级架构各中心的领域模型分布。1 级架构是从 0 级架构设计到落地开发的关键桥梁，也是中心概要设计的指导方针。

中心概要设计是从系统设计到开发交付的过渡阶段。通过设计数据库概念模型、功能包结构、核心时序图、接口设计等，为中心的详细设计与开发奠定基础。

3.4.4 开发交付

开发交付是将 0 级架构及具体场景下的 1 级架构落实到代码，并实现为可运行系统的过程。开发交付包括中心详细设计、测试用例设计等详细内容的设计输出以及代码开发、持续交付等。中心详细设计包含数据库物理模型设计、具体能力的时序图、类图等。这里需要注意，数据库模型并不等于领域模型。

开发交付是一项复杂的系统工程，需要依托一套对设计态、管理态、运行态统一进行管理的技术平台（详见第 5 章）才能顺利完成。另外，在使用技术平台的过程中，开发团队也要不断吸收先进内容，如管理思想、开源技术、快捷工具等，这样不仅可以更好地帮助团队快速成长，也可以推动技术平台的沉淀和演进。

整个开发交付过程需在技术自治的思想指导下展开，包括迭代规划、需求反讲、持续集成等，并辅之以日清日结的过程管控。日清，帮助团队发现问题；日结，及时总结经验教训。通过总结回顾，先进有效的措施得以发扬，不足和错误则可被及时制止，保证开发活动有效推进。

3.4.5 持续运营

中台需要持续运营才能不断沉淀和发展。持续运营包含以下4个方面。

- 业务运营：利用业务中台的管控能力，结合数据中台的各类分析视图、趋势预测，调整原有的业务运营措施或增加新的业务试错方案（如定义新的营销活动，上架合适的商品），驱动业务发展。
- 内容运营：运营的内容包括产品、销售、服务、企业文化等多个方面。各业务部门可按需准备不同的内容素材，定义不同的内容模板，发布到企业内外部各个渠道。
- 技术运营：通过中台控制平面，快速调整业务配置，灵活调用编排能力，聚合不同内容，以满足业务运营的需要。对于不能动态调整的场景，则需要扩展已有能力或增加新的能力。中台控制平面与执行平面的交易引擎、营销引擎、链路监控等一系列技术结合，组成管控和执行体系，助力技术运营。
- 数据运营：业务需要数据的反馈和指导，同样，中台的能力建设也需要数据的指引。因此，数据运营不仅会帮助企业进行业务的调整和优化，还可以指导中台能力的迭代。

3.5 业务中台与其他系统的集成

企业应用与中台存在哪些关系？

第一，在中台上新建应用，即用新建应用替换原有应用。

第二，部分改造原有应用，将其与中台对接，即使用技术平台提供的工具，从原有应用中剥离出由中台提供的部分，接入中台，比如接入中台的用户、会员、订单等。

第三，企业应用可能是稳态的应用，也可能是当前中台建设阶段所未涉及的应用。中台需要借助这些应用已有的功能或数据，集成这些应用。

除此之外，企业还有外部的上下游、外部平台等系统间的对接要求。因此，中台需要提供合适的集成机制，以"衔接过去，联通未来"。

3.5.1 业务驱动集成

中台建设过程中的应用集成是由业务驱动的，但集成的范围却与企业推动中台建设的阶段、中台与其他系统的边界相关。而且，随着中台建设的发展，中台所能支撑的领域逐步扩张，原有集成边界将会发生改变，甚至完全接替现有被集成系统的功能。

1. 外部平台服务

很多平台公司或专业领域厂商会以 API 的方式提供待接入的服务，比如支付、物流、认证，以及商品、订单等平台服务能力。这些服务一般可称为 API as a Service。将专业能力开放给企业，可减小企业建设 IT 系统的范围，并且降低建设的难度。而平台厂商则希望通过开放服务建设其自有的生态。

业务中台集成的常见外部服务如下。

- 第三方支付：通过对接支付宝、微信等成熟的第三方支付系统或聚合支付的平台，实现业务的在线支付。
- 物流：对接第三方物流系统，实现物品下单、物流跟踪等服务。
- 认证：通过对接微信、微博等常用的第三方认证平台，实现免注册登录，提升用户体验。
- 短信：通过对接第三方短信服务商或电信运营商，实现短信的下发。
- 社交分享：通过各大网站的社交分享功能，实现人与人的信息传递。
- 电子发票：通过对接第三方发票系统，实现发票的在线化。
- 电商平台：通过与天猫、京东等第三方电商平台对接，将商品数据、订单数据、会员数据打通，实现全渠道运营。

2. 企业内部系统

以往企业在信息化阶段会建设众多的内部系统，而第 1 章提到，企业推动数智化转型是以数字营销作为切入点。因此，数字营销作为与客户和生态接触的前沿，需要与内部其他系统对接，才能更好地为客户服务。

现阶段，面向数字营销的业务中台，一般需要集成的企业内部系统如下。

- ERP：通过与 ERP 对接，实现业务从前端营销到企业内部的管理流转。
- WMS：通过与 WMS 对接，实现订单发货与仓库智能管理的联动。
- OA：通过与 OA 对接，实现前端营销和企业管理的一体化协同。

3.5.2 集成策略

在将业务中台与其他系统集成时，需要考虑以下 3 个原则。
- **耦合性**：在不依赖外部系统或在模拟接口的情况下，业务中台中的业务场景能形成完整的流程。需要设计松耦合的架构，来确保业务中台的独立性和完整性。
- **侵入性**：业务中台在与其他系统进行集成时，需要抽象出一套标准的接口，统一实现外部系统的对接，以减少对业务中台的功能代码的改动。
- **可靠性**：系统集成的过程中，需要保证无论是业务中台还是其他系统出现故障，都有完善的容错和重试机制，确保系统恢复正常后业务能够继续开展。

综上，为了保证业务中台的业务独立性、降低对外部系统的依赖、提高集成的效率和系统的容错性，我们需要设计一个中台连接器，来统一实现和管控与第三方系统的对接。连接器一端连接业务中台，对接业务中台的标准接口，另一端根据所集成系统的对接方式进行适配对接（见图 3-10）。中台连接器起到了 DDD 中"防腐层"的作用。对于业务中台来说，中台连接器屏蔽了因其所对接系统的不同而带来的差异。引入中台连接器可很好地解决以下几个问题。

第一，中台连接器能够隔离业务中台与外部系统，避免外部系统的复杂影响业务中台本身的纯粹性。

第二，由中台连接器进行数据统一适配转换，解决各系统数据不一致问题，降低数据维护成本。

第三，当数据有错漏时，中台连接器可以进行数据重试。连接器提供默认重试机制，并且可以手动批量调整数据状态进行重放。

第四，当中台和各系统对接数据场景不一致时，中台连接器备有预留扩展。如果遇到不满足的业务场景，重新开发新的适配器即可。

图 3-10　中台与其他系统的集成

常见的集成方式如下。

- 接口调用：业务中台和其他服务通过常见的 RESTful 或 RPC 等接口协议进行调用。可能是业务中台按照其他系统提供的接口协议进行接口调用，也可能是业务中台按照其他系统提供的接口协议实现接口并供其他系统进行回调，还有可能是中台设计一套接口，由其他系统实现。

- 消息队列：业务中台和其他系统既可以是消息队列的生产者，也可以是消费者。生产者把数据推到消息队列，由消费者订阅合适的消息进行消费。通过消息队列的方式，业务中台可实现与其他系统解耦式的集成。不过，业务中台在某些消息没有被订阅时，需要关闭消息发送开关，避免不必要的消息发送动作和消息在消息队列中堆积。
- 文件传输：文件传输与消息队列集成类似。消息队列交换的是消息，而文件传输交换的是文件，它们都不需要被集成的双方同时在线。业务中台与其他系统可分别作为文件的生产者和消费者，生产者把变化的数据通过文件的方式推到文件服务器上，消费者基于双方约定的规范化的名称获取并解析文件，然后将其写入系统。
- 共享数据库：有些情况下，中台还可能需要以数据库的方式提供数据的共享。数据可以从已有的数据库中直接共享出来，也可以新建一个中间库，供中台和其他系统互相读写。一般来说，我们要避免直接将业务中台的生产数据库直接暴露给其他方，尤其是会产生大量数据读的系统，因为这可能会导致系统性能问题。为避免这种情况，可以以主备的方式实时同步一个只读库，供第三方读取。

表 3-1 给出了以上 4 种不同集成方式的优劣对比和适用场景分析。

表 3-1 集成方式优劣对比和适用场景

	优　　点	缺　　点	适用场景
接口调用	以接口形式实时调用，时效高 接口协议规范	不适用于大数据量的数据传输	适用于对实时要求高、数据传输量不大的实时请求

（续）

	优　点	缺　点	适用场景
消息队列	基于发布订阅模型，对分布式应用进行异步解耦，增加应用的水平扩展能力 削峰填谷。当大促等流量洪流突然来袭时，缓存突发流量，避免下游订阅系统因突发流量崩溃 可提供点对点消息推送、一对多广播式推送	非实时调用，时效比不上接口调用 依赖于中间件，方案受中间件的性能和可靠性等因素影响	解耦的场景：比如交易核心系统只需要与消息队列交互，不需要与下游系统交互；而下游系统是否有问题，不影响交易正常进行 异步的场景：一是交易核心流程可以先完成，不需要等待后续流程全部完成，加快交易完成速度；二是多个消息订阅方可独立并发处理
文件传输	系统通过文件的方式实现系统与系统间的解耦 通过文件能传输大量的数据	需要文件接收方定期主动扫描和解析文件，效率低	适用于网络隔离的情况，比如由于企业管理的需要，网络与网络之间不允许服务的调用，只允许文件传输 适用于大量数据批量传输
共享数据库	无须改造现有系统	需要设计数据更新标识并识别更新数据的机制	适用于老旧系统，系统无法改造、改造代价大或没有接口的情形

最后强调一点，业务中台与其他系统的集成并不是只能选择以上集成方式中的某一种，而是需要从业务出发，全面地考虑集成的范围、模式、策略、代价等要素，根据对接的系统选择合适的方式。

3.6　业务与数据的联动

业务中台与数据中台各自独立，却又相辅相成。业务中台支撑实时在线业务，并产生业务数据；数据中台则通过汇聚整合、提纯加工、建模处理、算法学习，将数据转为数据资产，并以共享服务的方式提供给业务使用，从而与业务联动，并再次产生新的数据。

从数据角度来看，业务中台通过能力的输出，获取了大量的业务数据。这些实时的业务数据是数据中台非常重要的数据来源之一。而且，因为这些数据是实时的，所以就减少了数据中台模型加工的时间延迟。与此同时，数据中台通过模型加工出来的数据结果，可直接推送给业务中台，丰富业务中台的业务内容。比如，数据中台加工产生的客户标签，推送给业务中台后，业务中台就可以展现综合的客户画像，为营销和服务提供高效率和高质量的服务。

从业务协作角度来看，业务中台在支撑业务时，需要数据中台提供的数据服务来对业务能力进行调整。数据中台提供的在线数据服务可以帮助业务能力更有针对性和精准度的执行。比如，营销互动场景下，业务中台的交易能力可以结合数据中台的人物画像服务，完成千人千面的差异化推介。

从系统管理角度来看，业务中台在建设统一业务中心的同时，也起到了统一管理数据源的作用。这为数据中台的数据治理打下了业务、数据统一的基础，并为数据中台提供了高质量的数据。另外，业务中台对业务对象的元数据定义完全可以为数据中台所用，减少数据中台的重复定义、重复管理的工作量。

最终，业务中台与数据中台一起，构建数据"生产—消费—再生"的闭环，双轮驱动企业的数智化转型。第 4 章我们将介绍数据中台的建设。

第 4 章 CHAPTER

数据中台建设

　　数字中台通过业务中台提供的共享业务能力为前台提供了强有力的炮火支撑，但想要了解战场情况、指挥炮火打向哪里，就需要数据中台，通过数据分析，产生智能，形成决策。业务与数据不断交融，才能更好地推动企业进行数智化转型。数据中台与业务中台共同承载着业务数据化与数据业务化的职能。与业务中台建设一样，数据中台建设也是一个非常复杂的系统工程。从广义上来讲，数据中台建设包含组织形态上的中台组织搭建与物理形态上的中台系统建设。本章重点讲述如何进行数据中台系统的建设。

　　首先，站在全局视角谈谈如何定义企业的数据中台，数据中台能为企业带来哪些价值；然后，介绍建设数据中台通常有哪些路径，规划企业的数据中台在策略上需要注意哪些事项；最后，讲述数据中台的规划、建设和持续运营整个生命周期是如何开展的。

需要注意的是，对于本章所讲述的构建策略与建设方法论，企业并不能全盘照搬，而应结合企业自身的信息化现状统筹考量。

4.1 什么是数据中台

要建设数据中台，我们首先需要明确什么是数据中台，以及数据中台能为企业带来什么价值。

4.1.1 数据中台定义

数据中台是一种将企业沉睡的数据变成数据资产，持续使用数据、产生智能、为业务服务，从而实现数据价值变现的系统和机制。通过数据中台提供的方法和运行机制，形成汇聚整合、提纯加工、建模处理、算法学习，并以共享服务的方式将数据提供给业务使用，从而与业务联动。再者，结合业务中台的数据生产能力，最终构建数据生产—消费—再生的闭环。为了更好地理解数据中台，我们将其与数据仓库、数据湖、BI、大数据等相关概念进行对比。

数据仓库是一个面向主题的、集成的、相对稳定的、反映历史变化的数据集合，用于支持管理决策。因此，其重点在于数据的集合。数据仓库可使用维度建模方法论从业务过程中抽象出通用维度与度量，组成数据模型，为决策分析提供通用的数据分析能力。

数据中台与数据仓库相比，至少有四大优势。

第一，数据中台强调数据业务化，让数据用起来，满足企业数据分析和应用的需求。

第二，数据中台梳理的流程比数据仓库建设更加复杂和全面。数据中台增加了以企业的全局视角来梳理数据域的环节，这是数据中台建设中很重要的一环。数据域的梳理正好体现了中台化的能力。举个例子，新零售场景下，企业的交易场景有很多，包括自建商城渠道、第三方电商渠道、外卖订单渠道、线下门店渠道等。建设数据中台时就需要规划出一个交易域，此交易域要抽象出各种渠道的业务流程，并能覆盖线上、线下运营部门在运营时需要考核的维度与度量。因此数据中台建设过程要更多从企业全局出发，从人、货、场多维度打通数据，真正做到无论消费者从哪个渠道进来，都能洞察其与本企业的接触轨迹。而数据仓库的建设则相对单一，专注于维度模型如何设计，如何拆解指标和维度，却很少关注基于人、货、场这些主体进行实体拉通，然后做出全局的画像数据供前端业务调用。

第三，数据中台建设的范畴远远大于数据仓库的建设，除了完成数据仓库的建模，还需要制定完善的数据治理方案，甚至在建设的过程中需要成立专门的数据治理委员会来促成复杂的数据治理工作。最重要的一点是，在数据中台的规划阶段就需要去主动迎合业务，需要全面梳理哪些业务场景需要利用数据的赋能才能形成业务闭环，因此，在建设数据中台的同时就必须着眼于业务场景的赋能。

第四，对于企业来讲，建设数据中台并不只是搭建一个能力平台。正如我们在《中台战略》一书中提到的，建设中台需要中台文化及相匹配的中台组织。因此，从宏观上来讲，数据中台承担着企业重新搭建数据组织的职能，倒逼企业为了运营好数据中台而建设一套能与之匹配的数据中台组织。数据仓库则纯粹注重于系统解决方案，并不涉及组织形态。

因此，简单来说，数据仓库重在建数据，而数据中台则将建、治、管、服放到同样的高度，数据仓库只是数据中台的一个子集。那我们为什么会从数据仓库发展到数据中台呢？因为传统的数据仓库已不能完全满足企业数据分析的需求。企业已从原来的统计分析转变为预测分析并提供标签、推荐等算法，从被动分析转变为主动分析，从非实时分析转变为实时分析，并且从结构化数据转变为结构化、半结构化和非结构化的多元化数据。

与数据中台相关的概念还有数据湖（Data Lake）。数据湖是一种数据存储理念，作为一个集中的存储库，它可以以自然格式存储任意规模的数据，包括来自关系数据库行和列的结构化数据，XML、JSON、日志等半结构化数据，电子邮件、文档等非结构化数据，以及图像、音视频等的二进制数据，从而实现数据的集中式管理。目前 Hadoop 是最常见的实现数据湖概念的技术。比如 HBase 可让数据湖保存海量数据，Spark 可以使得数据湖批量分析数据，而 Flink 等可让数据湖实时接入和处理 IoT 数据等。

BI（商业智能）是分析数据并获取洞察，进而帮助企业做出决策的一系列方法、技术和软件。相比数据仓库，BI 还包含数据挖掘、数据可视化等工具，并可支持用户在一定范围内任意组合维度与指标，从而上升到支持决策的层面，而不只是作为数据仓储。

数据中台也不等于大数据。数据中台是基于大数据、人工智能等技术构建的数据采、存、通、管、用的平台。数据中台需要以 Hadoop、Spark 等为代表的大数据处理技术做支撑，但绝不能将数据中台与大数据划等号。数据中台不只有大数据处理技术，还包括智能算法、与业务联动的特性、数据资产、数据工具等。

可以说数据中台是上述概念和技术的集大成者。

首先，大数据丰富的数据计算和存储技术为数据中台提供了强大的数据处理能力。

其次，数据中台作为企业数据的集结地，其底层也当然承载着数据湖的职能。

再次，数据仓库对数据的分域建模是数据中台的重要部分，它承载着将企业数据治理得井井有条的职能。

最后，基于强大的数据能力，结合业务场景提供实时、智能的服务和应用是数据中台的核心价值体现。

4.1.2 数据中台价值

数据中台不等于大数据平台，数据中台的核心工作也并不是将企业的数据全部收集起来做汇总就够了。数据中台的使命是利用大数据技术、通过全局规划来治理好企业的数据资产，让数据使用者能随时随地获取到可靠的数据。因此，数据中台一旦建成并得以持续运营，其价值将随着时间的推移将呈指数级增长。数据中台的价值众多，下面详述其中的三大价值，见图4-1。

图4-1 数据中台的三大价值

1. 帮助企业建立数据标准

在有数据中台之前，企业基本不会有全局的数据标准，即使有相关的数据标准，由于没有数据中台这个实体形态，数据标准也无从执行。数据中台的建设天然会帮助企业建设数据标准，包括数据建设规范和数据消费规范。数据建设规范有诸如数据接入规范、数据建模规范、数据存储规范和数据安全规范等，数据消费规范包含数据权限规范、数据调用规范以及数据销毁规范等。这些标准都是建设数据中台时必须建立起来并依托数据中台去执行和落地的。

2. 促进中台组织形成

再宏伟的企业战略规划，都离不开一套科学合理的组织去落地执行。数据中台建设将是企业宏观战略规划的一个重要部分，那么在践行数据中台建设的过程中，摆在企业第一位的问题就是如何搭建起一套能稳定护航数据中台建设及运营的数据中台班子。数据中台这种体系化工程将横向拉通企业数据相关方，包括中台建设团队、中台运维团队、数据产品经理团队、数据资产管理团队、数据运营团队等，组成标准的企业数据委员会，从而形成企业真正的中台组织。需要说明的是，中台组织可以是一个横跨各个业务部门的弱矩阵组织，也可以是一个完整的实体组织。这需要因地制宜，因企业不同而异。

3. 全面赋能业务，促使降本增效

数据中台的终极价值是降本增效，无论是建设数据标准还是形成中台组织，其核心目标都是帮助企业达成战略规划。通过数据中台，可以更加合理地布局团队；数据从加工生产到使用的整个时间周期将大大缩短；以中台之力拉通整合企业营销、交易、服务、库存、物流等一方数据，结合二方及三方数据，以全局视

角,形成强大的数据资产,滋养各业务板块。同时有目的性地针对场景,设计出赋能场景的数据应用,帮助其从研、产、销等多个方面缩短产品研发周期,生产未来一段时间畅销的产品,精准找到愿意购买公司产品的群体,以至于增强用户对企业产品及服务的友好体验,提高用户对于企业品牌的忠诚度,降低企业运营过程中的损耗,压缩供应链端的周期等。

这些价值都是企业一直以来孜孜追求的目标。

4.2 数据中台的架构设计与组成

4.1节讲到数据中台的定义和价值,本节将介绍数据中台到底包括什么内容。企业建设数据中台的过程中哪些能力是必选项,哪些是可选的,将在本节一一揭晓。

4.2.1 数据中台功能架构

数据中台建设是一个宏大的工程,涉及整体规划、组织搭建、中台落地与运营等方方面面的工作,本节重点从物理形态上讲述企业的数据中台应该如何搭建。一般来讲,企业的数据中台在物理形态上分为三个大层:工具平台层、数据资产层和数据应用层(见图4-2)。

1. 工具平台层

工具平台层是数据中台的载体,包含大数据处理的基础能力技术,如集数据采集、数据存储、数据计算、数据安全等于一体的大数据平台;还包含建设数据中台的一系列工具,如离线或实时数据研发工具、数据联通工具、标签计算工具、算法平台工具、数据服务工具及自助分析工具。以上工具集基本覆盖了数据中台的数据加工过程。

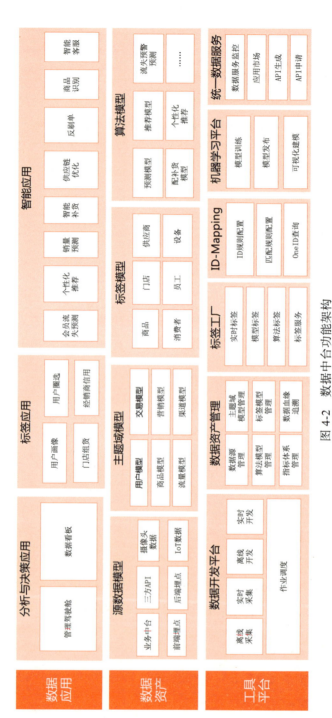

图 4-2 数据中台功能架构

(1)数据开发平台

大数据的 4V 特征㊀决定了数据处理是一个复杂的工程。建设数据中台需要搭建建设数据中台的基建工具,要满足各种结构化、非结构化数据的采集、存储与处理,要根据场景处理离线和实时数据的计算与存储,要将一个个数据处理任务串联起来以保障数据的运转能赋能到业务端。因此首先搭建一个大数据能力平台是非常有必要的。当然,可根据企业实际情况来决定是外采还是自建平台。这部分的架构设计不在这里展开,详细介绍见第 5 章。

(2)数据资产管理

数据中台建设的成功与否,与数据资产是否管理有序有直接关系。前文提到,数据中台是需要持续运营的。随着时间的推移,数据不断涌入数据中台,如果没有一套井然有序的数据资产平台来进行管理,后果将不堪设想。

数据资产管理工具既能帮助企业合理评估、规范和治理信息资产,又可以发挥数据资产价值并促进数据资产持续增值。对于数据资产管理,我们不推荐事后管理,而要与数据研发的过程联动。也就是说,当数据经过数据开发平台加工的链路时,数据资产管理平台就已经无声无息地介入了。数据资产管理的首要任务是管理好进入数据中台的元数据,这里的元数据包括数据源、建设的各种模型、通过模型拆解出来的指标与标签以及调度作业。有序管理这些数据资产的元数据是前提条件,只有做好了这一步,才能继续对数据流向的追溯,才能对指标、标签体系的生命周期进行管理,确定指标的使用频率,决定是否下线。

(3)标签工厂

标签工厂又称标签平台,是数据中台体系内的明星工具类产

㊀ 大数据的 4V 指 Volume(数据量大)、Variety(类型繁多)、Velocity(速度快,效率高)、Value(价值密度低)。

品。标签建设是数据中台走向数据业务化的关键步骤。因此，一个强大的标签工厂是数据中台价值体现的有力保障。严格来说，标签工厂也属于数据开发平台的一部分，为什么我们要把它单独剥离出来讲呢？这是因为标签的使用场景丰富，标签与业务结合得非常紧密；同时，标签数据的存储与分析型数据的存储有一定的差异。

标签工厂致力于屏蔽底层复杂的大数据框架，面向普通开发人员、数据分析师、运营人员提供友好的界面交互配置，完成标签的全生命周期管理；同时，对上层业务系统提供自身API能力，与各业务系统形成数据闭环。

标签工厂按功能一般分为两部分：底层的标签计算引擎与上层的标签配置与管理门户。标签计算引擎一般会采用MapReduce、Spark、Flink等大数据计算框架，而计算后的标签存储可采用Elasticsearch或者HBase，这样存储的好处是便于快速检索。而标签配置与管理门户则支持通过配置标签规则提交到标签计算引擎，就能定时算出所需要的标签。标签配置和管理门户还提供标准的标签服务申请与调用。通过标签工厂，数据中台团队可减少大量的数据开发工作。

（4）ID-Mapping

ID-Mapping又称ID打通工具，是数据中台建设的可选项。可选不代表不重要，在一些多渠道、多触点的新零售企业，离开了这个工具，数据质量将大打折扣。举个例子。消费者在逛街的时候看到一款剃须刀，扫了店内的二维码，正准备下单购买时被朋友的电话中断了。回到家，打开抖音又看到这个剃须刀的广告，便立即打开链接下单购买了。这样的场景在生活中比比皆是，其中隐藏了很多的消费者信息，如果我们不去打通ID，那么可能至少会将同一个用户当作4个用户来处理。实际上可以将扫描二维码记录留下的 OpenID、抖音注册留下的微信号、下单提供的订单手机号码及注册账号等多条信息结合起来，判别是不是同一个人。这样给这个消费者打标签或者推荐商品就会更加精准。

ID-Mapping 功能的建设一般会利用强大的图计算功能，通过两两之间的关系实现互通，自动高效地将关联的身份映射为同一身份即唯一 ID 的数据工具。它能大幅度降低处理成本，提高效率，挖掘更多用户信息，形成更完整的画像，大大利于数字营销的推进。另外，ID-Mapping 工具也可用于企业主数据治理。

（5）机器学习平台

在整个机器学习的工作流中，模型训练的代码开发只是其中一部分。除此之外，数据准备、数据清洗、数据标注、特征提取、超参数的选择与优化、训练任务的监控、模型的发布与集成、日志的回收等，都是流程中不可或缺的部分。机器学习平台支持训练数据的高质量采集与高效标注，内置预训练模型，封装机器学习算法，通过可视化拖曳实现模型训练，支持从数据处理、模型训练、模型部署为在线预测服务，通过 RESTful API 的形式与业务应用集成，实现预测，打通机器学习全链路，帮助企业更好地完成传统机器学习和深度学习的落地。

（6）统一数据服务

统一数据服务旨在为企业搭建统一的数据服务门户，帮助企业提升数据资产的价值，同时保证数据的可靠性、安全性和有效性。统一数据服务支持通过界面配置的方式构建 API 和数据服务接口，以满足不同数据的使用场景，同时降低数据的开发门槛，帮助企业实现数据应用价值最大化。统一数据服务作为唯一的数据服务出口，实现了数据的统一市场化管理，在有效降低数据开放门槛的同时，保障了数据开放的安全。

2. 数据资产层

数据资产层是数据中台的核心层，它依托于工具平台层，那么这一层又有什么内容呢？答案是因企业的业务与行业而异，但总体来讲，可以划分为主题域模型区、标签模型区和算法模型区。

（1）主题域模型

主题域模型是指面向业务分析，将业务过程或维度进行抽象的集合。业务过程可以概括为一个个不可拆分的行为事件，如订单、合同、营销等。为了保障整个体系的生命力，主题域即数据域需要抽象提炼，并且长期维护和更新，但是不轻易变动。在划分数据域时，既要涵盖当前所有业务的需求，又要保证新业务能够无影响地被包含进已有的数据域中或者很容易扩展新的数据域。

数据域划分需要先对业务系统进行充分调研。将业务过程划分到哪个数据域没有绝对的对错，但是会影响报表开发人员定位数据的效率，所以还需要从开发人员定位效率的角度来进行综合划分。

（2）标签模型

标签模型的设计与主题域模型方法大同小异，同样需要结合业务过程进行设计，需要充分理解业务过程。标签一般会涉及企业经营过程中的实体对象，如会员、商品、门店、经销商等。这些主体一般来说都穿插在各个业务流程中，比如会员一般都穿插在关注、注册、浏览、下单、评价、服务等环节。那么在设计标签的时候就需要充分理解这些业务流程，在流程中发现标签的应用点，结合这些应用点来搭建企业的标签体系。

标签模型按计算模式一般分为客观标签和主观标签，客观标签是可以量化的，而主观标签是不可量化的。根据实现方式又可以将标签分为事实标签、模型标签、算法标签等，根据业务场景还可将标签分为基础信息标签、偏好标签、价值标签等。

设计标签模型时非常关键的要素是标签模型一定要具有可扩展性。毕竟标签这种数据资产是需要持续运营的，也是有生命周期的，在运营的过程中随时可能增加新的标签。

（3）算法模型

算法模型更加贴近业务场景。在设计算法模型的时候要反复推演算法模型使用的场景，包括模型的冷启动等问题。整个模型搭建过程包含定场景、数据源准备、特征工程、模型设计、模型训练、正式上线、参数调整7个环节。

以新零售企业为例，常用的机器学习算法有决策树、神经网络、关联规则、聚类、贝叶斯、支持向量机等。这些算法已经非常成熟，可以用来实现商品个性化推荐、销量预测、流失预测、商品组货优化等新零售场景的算法模型。具体算法模型的应用场景见4.5节。

3. 数据应用层

数据应用层严格来说不属于数据中台的范畴，但数据中台的使命就是为业务赋能，几乎所有企业在建设数据中台的同时都已规划好数据应用。数据应用可按数据使用场景来划分为以下多个使用领域。

（1）分析与决策应用

分析与决策应用主要面向企业的领导、运营人员等角色，基于企业的业务背景和数据分析诉求，针对客户拉新、老客运营、销售能力评估等分析场景，通过主题域模型、标签模型和算法模型，为企业提供可视化分析专题。用户在分析与决策应用中快速获取企业现状和问题，同时可对数据进行钻取、联动分析等，深度分析企业问题及其原因，从而辅助企业进行管理和决策，实现精准管理和智能决策。

在分析专题设计的过程中，首先需要根据不同的业务分析场景，采用不同的分析方法进行数据分析的前期规划，搭建清晰的数据分析框架，如在用户行为分析、营销活动等场景下，会采用5W2H分析法和4P营销理论；在复购客户下降、客单价下降等问题诊断分析场景，需要考虑问题与哪些因素有关，则采用逻辑树分析法。在数据分析框架构建完成后，结合用户的分析目的，采用不同的分析思路和呈现方式，包括趋势分析、多维分解、漏斗分析、A/B测试、对比分析和交叉分析等。

（2）标签应用

标签旨在挖掘实体对象（如客户、商品等）的特征，将数据转化成真正对业务有价值的产物并对外提供标签数据服务，多应用于客户圈选、精准营销和个性化推荐等场景，从而实现资产变现，不断扩大资产价值。

标签体系的设计立足于标签使用场景，不同使用场景对标签需求是不同的，譬如在客户个性化推荐场景下，需要客户性别、近期关注商品类型、消费能力和消费习惯等标签。因此，在标签体系设计前，需要先基于业务需求分析标签的使用场景，再详细设计标签体系和规则。在标签的使用过程中，可利用A/B测试等数据分析方式，持续分析标签的使用效果，并优化标签体系和规则。

（3）智能应用

智能应用是数智化的一个典型外在表现。比如在营销领域，不仅可实现千人千面的用户个性化推荐，如猜你喜欢、加购推荐等，还可借助智能营销工具进行高精准度的用户触达，推动首购转化、二购促进、流失挽留等。在供应链领域，可通过数据中台整合用户数据、销售数据、采购数据等优化库存，实现自动配补货、自动定价。除了传统统计分析、机器学习之外，还可以融入深度学习，实现以图搜图并与商城打通，实现拍立购；实现人脸识别，用于地产行业的案场风控；融入自然语言处理，实现智能客服问答机器人等。

总之，以上各层是数据中台的核心内容。需要指出的是，在工具平台层，企业并不需要完全自主建设，可以考虑采用拿来主义，从中台建设厂商采购成熟的产品，而数据资产层与数据应用层是企业数据中台组织需要密切关注的。

4.2.2 数据中台技术架构

随着大数据与人工智能技术的不断迭代以及商业大数据工具产品的推出，数据中台的架构设计大可不必从零开始，可以采购一站式的研发平台产品，或者基于一些开源产品进行组装。企业可根据自身情况进行权衡考虑，但无论采用哪种方案，数据中台的架构设计以满足当前数据处理的全场景为基准。

以开源技术为例，数据中台的技术架构如图 4-3 所示，总体来看一般包含以下几种功能：数据采集、数据计算、数据存储和数据服务；在研发、运维和公共服务方面包括离线开发、实时开发、数据资产、任务调度、数据安全、集群管理。

图 4-3 数据中台技术架构

1. 数据采集层

按数据的实时性，数据采集分为离线采集和实时采集。离线采集使用 DataX 和 Sqoop，实时采集使用 Kafka Connect、Flume、Kafka。

在离线数据采集中，建议使用 DataX 和 Sqoop 相结合。DataX 适合用在数据量较小且采用非关系型数据库的场景，部署方式很简单。Sqoop 适合用在数据量较大且采用关系型数据库的场景。

在实时数据采集中，对于数据库的变更数据，如 MySQL 的 binlog、Oracle 的 OGG，使用 Kafka Connect 进行数据的实时采集。对于其他数据，先将数据实时写成文件，然后采用 Flume 对文件内容进行实时采集。将实时采集后的数据推送到 Kafka，由 Flink 进行数据处理。

2. 数据计算层

数据计算采用 YARN 作为各种计算框架部署的执行调度平台，计算框架有 MapReduce、Spark 及 Spark SQL、Flink、Spark MLlib 等。

MapReduce 是最早开源的大数据计算框架，虽然现在性能相对较差，但它的资源占用比较小，尤其是内存方面。因此在部分数据量过大，而其他计算框架由于硬件资源的限制（主要是内存限制）而无法执行的场景，可以将 MapReduce 作为备选框架。Spark 及 Spark SQL 是在批处理方面拥有出色性能的成熟技术方案，适合大部分的离线处理场景。特别是在离线数据建模方面，建议使用 Spark SQL 进行数据处理，既能保证易用性，又能保证处理的性能。Flink 是实时数据处理方面的首选，在处理的时效性、性能和易用性方面都有很大优势。

而机器学习一般采用 Spark 家族的 Spark MLlib 为技术底座。Spark MLlib 内置了大量的常规算法包，如随机森林、逻辑回归、决策树等，可以满足大部分数据智能应用场景。同时，数据中台不断进化，也逐渐融入 AI 能力。如人脸识别、以图搜图、智能客服等能力的实现就需要 AI 平台。目前较为成熟的 AI 平台有 TensorFlow 及 PyTorch。为实现物体的检测和识别，可使用 SSD、YOLO 和 ResNet 等深度学习模型，而在人脸检测和识别中则主要使用 MTCNN、RetinaNet 和 ResNet，人脸检索可使用 Facebook 开源的针对人脸检索的 Faiss 框架。

3. 数据存储层

数据存储层所有的存储引擎都基于 Hadoop 的 HDFS 分布式存储，从而达到数据多份冗余和充分利用物理层多磁盘的 I/O 性能。在 HDFS 上分别搭建 Hive、HBase 作为存储数据库，在这两个数据库的基础上再搭建 Impala、Phoenix、Presto 引擎。

Hive 为大数据广泛使用的离线数据存储平台，用于存储数据中台的全量数据，在建模阶段可以使用 Hive SQL、Spark SQL 进行数据处理和建模。HBase 为主流的大数据 NoSQL，适合数据的快速实时读写。在实时数据处理时，可将数据实时保存到 HBase 中，并且可以从 HBase 中实时读取数据，从而满足数据的时效性。

Impala 可以对 Hive、HBase 等大数据数据库进行准实时的数据分析，能满足对分析结果速度有一定要求的场景。

Phoenix 是构建在 HBase 上的一个 SQL 层，能让我们用标准的 JDBC API 而不是 HBase 客户端 API 来创建表、插入数据和对 HBase 数据进行查询。

Presto 是一个开源的分布式 SQL 查询引擎，适用于交互式分析查询。Presto 支持 Hive、HBase、MySQL 等多种关系型和大数据数据库的查询，并且支持 join 表。对于对接自助分析和统一数据服务的场景，可以通过 Presto 来统一访问具体存储的数据库，从而达到语法统一和数据源统一。

4. 数据服务层

数据服务层采用的技术与业务应用类似，主要基于开源 Spring Cloud、Spring Boot 等构建，使用统一的服务网关，具体可参见第 5 章。

4.3 数据中台构建策略

构建企业的中台需要站在高屋建瓴的视角，绝不是建设一个应用程序那么简单，或者建设一个报表系统那么直接。构建企业的数据中台也不例外。这是一个系统工程，包括从企业的大数据战略解读、当前所面临的数据痛点及未来几年的业务创新点分析，到技术选型、中台建设模式决策，甚至倒逼不合理的业务系统进行重构等方方面面的工作。

因此，我们建议在构建企业的数据中台时，结合企业当前的组织现状、IT 信息化现状、数据潜在应用等多个方面来考虑建设策略。

4.3.1 构建数据中台的挑战

构建数据中台是一个复杂的系统工程，并且数据中台不像有些系统那样，一次建设，一劳永逸。需要做好充分的持久战准备，组织好运营数据中台的中台团队，为数据中台保驾护航。

因此，在建设数据中台的过程中，各企业可能都会面临诸多挑战，比如：
- 如何真正体现出数据中台对于企业的核心价值？
- 建设企业的数据中台到底应该组建什么样的团队？
- 到底什么样的建设路径更适合你的企业？

下面将围绕这些问题一一探讨。

1. 价值挑战

建设数据中台的意义是什么？数据中台预计能为企业的业务开展和拓展带来哪些收益？

数据中台预计能降低多少企业的支出成本？

这些问题都是我们在决定建设数据中台时首先要考虑的问题。数据中台带来的价值分为三个层面：IT价值、业务价值和战略价值。

IT价值是企业IT部门最为关注的。企业散落在各地的数据无法有序集成与整合，自然就不能有序地对外输出。没有数据中台强大的数据整合能力，那么IT部门就很难创造价值。

但只有IT价值仍然不够，企业的所有IT建设都是为业务服务的。只有满足了各个业务部门业务运营的赋能，才能体现出数据中台的价值。例如，市场推广部门利用数据中台提供的全渠道投放数据进行横向对比，来制定下个月、下个季度、下个年度的推广策略；营销部门利用数据中台收集的消费者画像进行精准营销，使ROI最大化。

战略价值是企业决策者一直孜孜以求的目标。企业的未来该如何走，要不要拓展新业务，什么时候拓展，数据中台能提供什么样的数字资产，这些都是在数据中台建设初期就需要考虑和规划的。

如果没有事先全面考虑这些问题，那么在数据中台建设过程中可能会遇到来自各方面的挑战和阻力。

2. 成本挑战

前面讲到数据中台面对的价值挑战，那么如何做建设数据中台的成本预算呢？需要配置什么样的团队才能确保数据中台正常运转？是否需要请专业的公司来进行规划和建设？这些都需要进行系统的规划。

3. 路径挑战

根据业务开展阶段的不同，企业建设数据中台的路径选择可能也不太一样，总体而言有三种路径：业务中台与数据中台并行；业务中台先行，数据中台跟进；单建数据中台。具体选择哪种路径是没有标准答案的，企业需要根据自身当前的信息化建设情况与业务发展阶段来做决定。具体考量因素见 4.3.3 节。

以上三种建设模式都可能存在一定的挑战。

业务中台与数据中台并行，建设的复杂度是第一挑战。由于需要对在建业务中台的业务进行梳理与规划，尤其是需要做出创新，势必会对目前的流程进行改造，甚至会出现多次反复，这就会给数据中台建设带来很大的挑战。而在业务确定之前，无论是数据应用点还是数据源都存在很大的不确定性，这就进一步增加了数据中台建设的难度。

业务中台先行，数据中台跟进。很多企业会采取这种模式。这种模式吸取了第一种模式下业务不确定给数据中台建设带来多种不确定性的教训。但是，在数字经济时代，在数字化转型战略大行其道的今天，其实业务与数据早已不能完全分割。业务数据化和数据业务化几乎是同时完成的。比如无论是自建商城还是建设一个会员系统，这些业务早已掺杂了大量的数据应用；比如在建设直播电商的同时，运营团队就提出需要在产品上线后通过实时数据来修正业务体验感、运营及时性等能力。

单建数据中台的选择一般是在业务系统已经相对稳定,或者业务中台建设已经对企业的战略转型价值不大时。但是这种模式下也存在挑战。首先,随着业务的野蛮生长,数据散落在各个地方,数据质量已经非常差了,这个时候再进行数据治理,面对的将是一团乱麻,这将是一件非常繁杂和耗时的工作。其次,涉及各个领域的数据回收会带来组织架构的变革和重组,这是建设数据中台至关重要的环节。如果不能有效协调各个领域数据的建设者齐心协力建设数据中台,那么数据中台的建设很难成功。

4.3.2 数据中台的构建策略

前文提到数据中台的建设是企业的系统工程,一定要站在高屋建瓴的视角来统筹规划。那么在规划的时候需要考虑哪些问题呢?需要整理企业的数据建设现状,已存在哪些数据成果,这可以大致分为三个方面:一是估算企业现有数据总量,来推导数据中台底层的硬件配置;二是根据数据体量和数据场景需要规划使用什么技术栈;三是结合实际情况规划数据中台建设路径。

我们建议将数据中台分为三个阶段来建设,如图 4-4 所示。

图 4-4　数据中台构建的三个阶段

第一阶段：定规范，建平台，小闭环试点。以搭平台为主，以某一领域数据应用为切入点，进行小范围试点，快速验证数据中台的价值。

第二阶段：全域建设，夯实数据资产。在第一阶段的基础设施之上全面铺开，可覆盖企业主要数据域进行建设，夯实企业全局数据资产，做好数据资产管理工作，并持续围绕业务痛点进行赋能。

第三阶段：运营数据资产，价值变现。以第二阶段的数据资产建设成果为基础，持续运营数据资产，赋能业务。借助资产监控工具及时下线无用的数据资产，深度运营使用率较高的数据资产。

4.3.3 数据中台构建的三大路径

根据业务开展阶段的不同，企业建设数据中台的路径选择可能不太一样，总体而言有以下三种路径，如图4-5所示。

图4-5 数据中台构建的三大路径

1. 业务中台与数据中台并行

第2章曾提到，在数字经济时代，各行各业追求数字化创新的场景层出不穷，灵活多变的业务场景所依托的信息化建设已根本无法将业务建设与数据建设剥离开。业务数据化和数据业务化的过程就同时完成。从大量的企业数字中台建设经验来看，业务中台与数据中台并行建设是最优实践路径。

可以举一个例子佐证。某高端食品企业已经经营5个年头了，从最初的线下门店业务为主，到后来顺应新零售大趋势，一方面不断扩充门店，一方面入驻天猫、京东等电商平台，同时大力拓展外卖、自建小程序等零售渠道，但IT建设有点跟不上业务的野蛮增长，企业的会员、交易、供应链仍然没有打通。最近直播带货火了，社区拼团也火了。这个时候想要快速实现直播和拼团功能就出现了问题，没有业务中台，要完成以上创新场景周期很长，恐怕等到平台上线早已被竞争对手占领先机。痛定思痛，拉通全渠道，实现全流程的业务中台建设势在必行。但仅仅建设业务中台就够了吗？很显然不够。该企业运营团队已经摩拳擦掌，准备好了各种针对目标群体的精准定位，去触达最忠实的品牌拥趸，引导他们进入直播平台；找到最喜欢参与活动并分享的KOL，并将其发展成为社区团长。这些场景的运营离不开企业长期沉淀下来的数据资产。如果这个时候没有数据中台强大的数据服务能力支撑，那么很难体会到业务与数据联动的巨大威力。

因此，在创新场景随时可能发生的企业，一定要时刻保持业务、数据双中台待命，建议纳入一体化规划、一体化实现。

2. 业务中台先行，数据中台跟进

还有一种情况是业务中台先行，数据中台后续跟进。这里的"后续跟进"也仅仅是慢半个身位。新的创业公司，刚刚开始新的业务，这个时候的确没有任何数据沉淀，那么可以考虑优先实现业务中台建设，尽快让业务线运转起来。但是在进行企业信息化建设规划的时候，一定要将数据中台纳入统一规划和设计。半个身位指的是在业务正常运转后，马上基于之前的数据闭环来开始建设数据中台。

3. 单建数据中台

有些企业认为自身业务复杂度高，对现有的改动工作量大、周期长，而如果选择只建数据中台、不建业务中台，一则相对独立性高，二则不影响现有业务，也是可行的。还有些企业认为自身已建设了基本成型的后台系统，但此前数据却一直被忽略了；或者是按照老旧的系统建设模式，由各业务系统建设各自的数据报表系统或数据仓库，但数据根本没有在企业的统一平台上有序流转，形成企业的数据资产。那么将企业的数据横向拉通，建设数据中台是企业的第一要务。

然而，跳过业务中台，先从数据中台入手，需要整合不同数据源以及不一致、不规整的数据，此工作占据了数据中台建设的大部分工作量。而如果配合业务中台，则因为业务中台天生就规整了数据，并提供规范的数据给数据中台，能大大降低数据中台的建设周期，且不用重复投资。当然，在建设数据中台的过程中，尤其是业务调研环节（在 4.4 节会详细介绍），可能会梳理出一些业务系统建设不合理的地方，会倒逼着业务系统进行改造，推动数据更好地赋能业务运营。

4.4 数据中台构建五步法

系统都是为应用而生的，数据中台也不例外。要构建一套数据中台服务于企业内部和外部运营，需要有成熟的数据中台建设方法论作为指导。企业建设数据中台遵循的方法论就像菜谱，初学者根据菜谱按部就班就可以轻松完成一道道菜肴，高阶玩家根据菜谱可以查漏补缺，使厨艺精进。

数据中台建设方法论可分为高阶规划、系统设计、开发实施、试运行和持续运营 5 个阶段，如图 4-6 所示。

图 4-6　数据中台建设五步法

4.4.1　高阶规划

万丈高楼平地起，规划阶段之于数据中台建设，就相当于构建一座水库前的勘察和分析，了解建水库目标、水源、蓄水、水库下游，为设计图纸提供基础支持。同样建设数据中台也需要对企业的数据源、存储数据的方式、数据服务诉求等信息进行摸查，构建未来的蓝图。对现状和将来了解得越清楚，对数据中台的轮廓就了解得越清楚，数据中台的成功就越有保障。

数据中台规划阶段可细分为业务架构师主导的业务规划和数据架构师主导的数据规划。这两部分内容是相辅相成的，由业务规划进行业务输入，由技术规划对数据现状进行探查，判断业务规划蓝图的可行性，最终形成可行的蓝图规划与应用设计。

1. 业务规划

业务规划分为三个步骤：业务调研、蓝图设计和应用设计。首先通过业务调研对企业进行了解。

（1）业务调研

业务调研主要包括以下两方面。

第一，战略与组织解读。企业战略决定了数据中台的上限，也决定了企业对数据中台的期望与目标。企业战略不仅能折射出企业的数据诉求本质,也能体现出数据中台对企业的价值。因此,通过明确企业战略对企业运营提升的要求,可以抓住企业运营提升的关键环节,对公司管理现状进行诊断,分析数字化能力给企业带来的效率和效益提升,明确企业数字化优化的目标与范围。同时,明确企业的组织架构,熟悉企业的业务模式,了解企业的业务板块,梳理业务部门的业务流程。

第二,调研访谈。调研访谈是通过问卷或针对性访谈的形式,对业务专家进行调研的过程。在调研的过程中可以收集报表、汇报材料、报告、可视化看板、系统建设材料等信息辅助理解业务。调研访谈的目的是通过对业务专家的调研,了解企业与业务,了解业务诉求与痛点,为后续的蓝图设计和应用设计提供业务知识基础和输入。调研前需要对业务背景、行业知识、调研问卷分布做准备,以便达到期望的调研效果。可以将调研问卷提前分发给业务专家,以便业务专家更有针对性地准备问题答复,提高调研效率。调研后需要结合业务场景,对数据进行推导,得出指标需求。推导的过程是现状诉求→需求推导→解决手段→场景推导→指标推导,详见表4-1。

表4-1 数据推导过程

推导过程	说 明
现状诉求	基于现状调研全面总结关注点及痛点诉求
需求推导	根据关注点与痛点诉求推导出数据需求
解决手段	基于数据需求规划数据中台能力
场景推导	通过场景细分,明确基于场景的数据应用点
指标推导	根据数据应用点落地指标与维度

(2)蓝图设计

通过业务调研了解企业,结合数据现状与业务痛点,将企业不同实体的数据进行提炼、抽象，形成数据域，将数据资产按照一定的体系进行规整，再结合业务诉求对数据分析场景进行提炼，最终形成一张囊括企业数据现状与未来的蓝图，为后续数据中台的建设提供宏观与发展路线的指导。

蓝图设计可从以下几个方面进行分析设计：数智化转型的一些考虑和战略、设计方法论、对客户业务的整体解析、数据中台价值化、分析链路梳理、数据域梳理和划分等。数据中台蓝图一般包括三部分：数据源、数据基础能力及数据洞察与智能应用规划。通过数据中台蓝图可以快速了解企业数据中台的范围与价值。

（3）应用设计

衔接蓝图设计，结合数据调研的成果判断数据可行性后，将数据分析场景、智能应用进行系统落地的可视化设计，形成PRD文档和原型进行产品设计与说明，最终促成应用的实现。

2. 技术调研

技术调研是对企业的IT整体现状进行摸查，调研内容包含企业主要业务及核心业务系统、整体网络拓扑现状、信息安全相关要求等。

对企业主要业务和核心业务系统的调研包括业务和技术两个方向。业务上梳理企业的主要业务及核心业务流程，技术上则梳理各业务系统及它们之间的数据流转关系。两者相互印证，输出企业的信息系统现状大图，并基于此确定后续的业务系统调研范围。

整体网络拓扑现状的梳理，有助于厘清企业业务数据的存储分布位置、数据传输的带宽限制等信息，为后续数据集成方案设计提供基础信息输入。

通过信息安全相关的调研了解企业内与信息安全相关的组织部门、规章制度等信息和要求，为后续制定数据处理和使用的流程规范提供依据。

3. 系统和数据调研

系统与数据调研的目的是厘清企业数据资源的种类、分布、存储及管理现状。系统与数据调研是按业务系统进行盘点的。系统盘点的范围来源于技术调研的输出。盘点项包括业务流程、业务动作、数据源、数据表、数据字典。该调研工作一般由技术主导。

业务流程及动作的调研，需要从使用者的角度出发，确认业务系统每个原子操作产生了哪些数据，数据存储在哪些数据表中。这部分的调研需要调研人员通过系统文档资料梳理系统流程，并通过实际操作来验证数据流程，最后结合数据字典将系统流程和数据表进行关联。

数据源盘点需关注数据源种类，如结构化、半结构化和非结构化数据，以及链接地址、账号、密码、可抽取数据的时间段等；数据表级别关注是否为核心表、时间戳字段、数据更新标识、表的总数据量、日增数据量等信息。

系统与数据调研完后，需输出相应的产出物，并与业务系统的相关人员就输出物中的产出项进行沟通和确认。在实际实施中，不同企业的信息系统建设情况也不尽相同，输出物中的内容项可能需要以迭代方式进行补充调研。

4. 总体规划输出

规划阶段包含业务侧和技术侧的调研，两边的调研工作可以并行开展。在业务侧完成调研及需求规划后，技术侧需要结合业务侧的产出进行相关的数据探查事项，主要目的是确认调研产出是否足够支撑业务规划的数据应用建设。

总体规划在最终定稿后，业务侧需输出指标、标签清单、数据应用规划文档等，而技术侧需输出技术和系统调研的相关输出物，以及系统调研阶段的总结性报告。

4.4.2 系统设计

在盘点了企业当前的数据应用需求及数据资产情况，并根据实际情况规划了数据中台的建设路径后，我们就可以进入非常重要的系统设计环节了。系统设计包含总体设计、数据设计及平台设计。

1. 总体设计

第一阶段的规划工作完成后，进入总体的架构设计阶段。此阶段需要回答以下问题：如何构建统一、规范、可共享的数据体系，如何避免数据的冗余和重复建设，如何规避数据烟囱和不一致性等。由阿里巴巴提出的 OneData 的核心思想是统一数据主体、统一数据建模、统一数据服务以及一系列的数据管理体系。在设计阶段，可以从这几个方面进行考虑与架构。这一阶段由技术架构师与模型设计师主导，规划设计出整体的数据架构、平台架构和研发规范，如图 4-7 所示。

图 4-7 总体设计

（1）数据架构

数据中台的数据架构设计是基于需求调研阶段的业务需求、数据情况，完成数据中台概要设计工作。数据架构设计主要包含OneModel数据架构设计、OneID数据架构设计和OneService数据架构设计。

OneModel可分为以下四部分。

- 业务板块：根据业务的特点和需求将相对独立的业务划分成不同的业务板块，不同业务板块之间的指标或业务重叠度较低。
- 数据域：数据域是指面向业务分析，将业务过程或者维度进行抽象的集合。划分数据域前，需要基于数据调研与业务调研，熟悉各业务系统设计文档、数据字典等。归纳与总结出跨源的主题域合并，梳理出整个企业的数据域。数据域划分上，需要从三个方面进行考虑。

    1）全局性：站在企业高度上，保障良好的扩展性和稳定性。

    2）数量适中：根据业务情况，划分的粒度要粗细合适，通常在5～15个。

    3）可理解：站在业务的角度上，确保划分便于理解，不产生歧义。

    在划分数据域时，既要涵盖当前所有业务的需求，也要考虑有新业务时，能够将其包含到已有的数据域中，或者能够很容易地拓展新的数据域。

- 总线矩阵：在进行了充分的业务调研和需求调研后，就要构建总线矩阵了。总线矩阵由业务处理过程和维度组成一个二维表格。在行为不同的业务处理过程（事实）与维度的交叉点上打上标记，表示该业务处理过程与该维度相关。这就是构建一致性维度与一致性事实的过程。维度表和事实表的模型设计以构建出来的总线矩阵为依据。
- 数据分层：数据模型以维度建模理论为基础，建设数据中台的公共数据层。一般将数据模型划分为操作数据层（Operational Data Store，ODS）、通用数据模型层（Common Data Model，CDM）和应用数据层（Application Data Service，ADS）。

OneID 功能包含以下四部分。

- OneID 配置：主要根据具体的业务需求，完成数据源表、ID 映射表、歧义规则表的设置工作。
- OneID 数据处理：主要通过数据源表和 ID 映射表等配置表单完成原始数据的数据拉取和清洗等操作，生成基础数据。
- OneID 规则计算：主要利用图计算框架完成关键连接点的搜索和歧义数据的图连通工作，并根据配置的规则对图数据进行切割，从而唯一确定一个实体的身份信息，生成 OneID。
- OneID 数据存储和展示：主要完成 OneID 图数据存储和展示，以及最后生成的 OneID 清单数据存储等。

统一数据服务 OneService 包括以下功能模块：服务单元设计、API 设计、API 审核和 API 运营。服务单元设计是指将单个或多个物理表配置成一个视图。基于配置好的服务单元，通过简单可视化界面或 SQL 脚本，设计 API 的请求参数和返回参数，以及对应的 API 信息。API 设计好后，将其发布至服务市场供使用者调用。API 在被使用前，需要经过申请审批。被使用的 API 需要运维及监控，包括平均响应时长、调用次数、错误率、掉线百分比等指标的监控，还可以配置 API 的告警及限流措施等。

(2）平台架构

结合前期调研的业务需求和数据现状，从宏观层面规划出数据中台的各个模块、各个功能部件所用到的技术总体架构图。总体架构由数据采集、数据存储、数据流、网络、部署、安全等组成。

- 采集架构：数据采集打通各种数据来源，为数据中台提供待分析和处理的数据，主要分为实时和离线数据采集方案，具体可参见 4.2.2 节。
- 存储架构：整个存储架构包含原始数据源存储技术、数据源接入技术、数据中台数据存储与计算技术、数据服务及数据应用技术。从数据采集、数据加工到最后的数据展现，设计出整个流程中不同数据来源到数据中台的存储。
- 数据流：从业务数据进入数据采集通道，到进入数据中台在各个加工任务中流转，再到数据对外服务的这个过程，需要进行哪些存储、哪些技术处理等，这些步骤需要在设计时就以数据流向用流程图的形式画出。
- 网络架构：数据中台涉及与多方的源系统进行数据交互，而网络设计对于后续数据同步、接口调用等有较大影响，因此需要综合考虑各业务系统与搭建数据中台环境的网络情况。如果涉及上云，业务系统有可能在本地，而数据中台的环境在云上，要考虑是否需要设计专线。同时根据每天要同步的数据量，设计出带宽的容量。
- 部署架构：这部分设计主要涉及数据中台的研发平台与应用软件。需包含整体的部署方案，如 Hadoop 生态圈中所采用各个组件的部署节点，每个角色的功能部署几个节点，在机器资源上如何分布，还包括数据库的主备方案、后端应用的部署等。
- 安全架构：主要包含研发平台的用户角色权限控制方案、

开发与生产环境隔离方案、数据安全方案。考虑在数据抽取、数据加工处理和数据服务的整个数据加工链条中对企业的敏感信息进行加密处理。

（3）数据模型设计规范与标准

良好的数据模型可方便、有效地组织数据中台中存储的企业数据资产，所以数据模型的设计工作有必要遵循一定的规范和约束。团队在明确定义模型设计的相关实施规范及要求后，需要向参加数据中台建设的相关人员明确规范和要求，确保团队内统一标准，以保障和提升数据开发与运维管理的效率，并方便后续的知识移交和数据管理工作。规范应清晰地阐述模型定义与代码开发的相关约束。模型规范要明确数据架构中的分层、分层的命名，定义不同接入频率、不同系统表命名方式。代码研发规范层面应定义好各种不同用途、不同脚本类型的命名规范等。

2. 数据设计

数据设计包括数据集成、模型设计和服务详设，如图4-8所示。

图4-8　数据设计

（1）数据集成

数据集成需要解决不同源系统数据异构性问题。源业务系统的数据类型多种多样，有来源于关系型数据库的结构化数据，也有来源于非关系型数据库的非结构化数据及半结构化数据。

结构化数据一般以二维形式存储在关系型数据库中，对于这种数据类型，数据集成有 3 种方式。

- 直连同步：通过规范的 API（如 JDBC）直接连接业务库。但是业务库直连的方式对源系统的性能影响较大，当执行大批量数据同步时会降低甚至拖垮业务系统的性能。即使业务数据库存在备库，当数据量较大时，此种抽取方式性能也较差，不太建议使用。
- 数据文件同步：通过约定好的文件编码、大小、格式等，直接从源系统生成数据的文件，由专门的文件服务器（如 FTP 服务器）作为中间文件交换，加载到数据中台。但由于要保证数据文件的完整性，通常除数据文件外，还需要上传校验文件，供下游系统校验数据同步的准确性。
- 数据库日志解析同步：这种方式实现了实时与准实时同步，延迟可以控制在毫秒级别，并且对业务系统的性能影响比较小，目前广泛应用于从业务系统到数据中台系统的增量数据同步应用之中。

除了数据读取的方式，还可按数据量来分解数据集成策略。

- 小数据量同步：数据记录小于 10 万条的源表建议每日全量更新，写入全量分区表。全量分区表可按天创建。可根据业务需要设置数据的生命周期，并定时清理。
- 大数据量同步：数据记录大于 10 万条的源表通过时间戳抽取增量数据到增量分区表。增量分区表可设置长周期，根据需要设置冷、温、热数据区。

非结构化数据一般没有固定的结构，各种文档、图片、视频、音频等都属于非结构化数据。对于这类数据,数据集成策略通常是直接整体存储,而且一般存储为二进制的数据格式。

除了结构化数据和非结构化数据,还有半结构化数据。半结构化数据的应用越来越广泛。半结构化数据带有用来分隔语义元素和数据记录的标记,具有自描述特性,常见的数据格式有JSON和XML。对于半结构化数据,数据集成策略同样可以是直接整体存储。但随着数据技术的发展,NoSQL数据库已经可以很好地支持半结构化数据的存储。NoSQL在逻辑表现形式上相当灵活,主要有4种模型。

- 键值模型:键值模型在表现形式上比较单一,但却有很强的扩展性。
- 列式模型:由于每列可以动态扩展,列式模型相比键值模型能够支持的数据更为复杂。
- 文档模型:文档模型对于复杂数据的支持和在扩展性上都有很大优势。
- 图模型:使用场景通常基于图数据结构,如社交网络、推荐等。

在半结构化数据集成方面,建议使用NoSQL数据库。

(2)模型设计

数据模型可以分为主题域模型、标签模型和算法模型。其中主题域模型是基础,是对数据标准化、规范化的过程。标签模型基于主题域模型将对象的各种标识打通归一,将跨业务板块、跨数据域的对象组织起来。算法模型基于主题域模型,将各对象的历史行为、属性等数据作为输入,利用算法能力分析和预测对象的行为。下面来详细介绍这三种数据模型的设计。

首先来看主题域模型设计。主题域模型也就是大家常说的数仓模型。数仓模型的设计方法论已经非常成熟,最权威的数仓模型设计是 Kimball 的维度建模。阿里巴巴在维度建模的基础上进行了升华，沉淀了 OneModel 方法论，将数据从业务板块到业务域、业务流程、指标和维度，一层层梳理，构建出企业的指标体系并形成数仓模型。OneModel 方法论强调从业务过程出发，站在数据应用与分析的角度，梳理出业务过程中涉及的维度及度量，并对业务过程中的度量进行规范化定义，统一指标口径，消除指标二义性，形成统一的指标体系；同时，构建一致性维度及事实矩阵，并据此进行维度及事实模型设计。

主题域模型可分为以下三层。

- 操作数据层（Operational Data Store，ODS）：主要将业务系统、日志等结构化和半结构化数据引入数据中台，保留业务系统原始数据。ODS 分为缓冲区和数据服务区。缓冲区设计主要保持与数据源的一致性，保证 ODS 能原样引入所接入的源数据，不进行任何类型转换和数据加工处理。数据服务区包括全量明细数据，该数据是对缓冲区数据进行类型转换或增量合并处理后得到的，数据服务区为通用数据模型层和应用数据层提供数据服务。引入缓冲区是考虑到数据引入后可能会有一些特殊的处理需求，比如埋点数据采集后一般为 JSON 格式数据，这类需要在解析后再引入；或者有一部分实时采集的数据需要与当前存量数据进行合并处理，以获取当前最新状态的数据。缓冲区能起到很好的追溯作用，方便后续追查与核对问题，为后续的数据分层建模提供良好的数据基础。

- 通用数据模型层（Common Data Model，CDM）：包含整个数据中台的大部分数据，是数据中台的基础，因此保证该层数据的健壮性是重中之重。CDM 主要完成公共数据加工与整合，建立一致性的维度，构建可复用、面向分析和统计的明细事实表及汇总事实表。
- 应用数据层（Application Data Service，ADS）：提供直接面向业务或应用的数据，主要对个性化指标数据进行加工处理；同时为方便满足数据应用、数据消费的诉求，进行面向应用逻辑的数据组装，比如大宽表集市、横表转纵表、趋势指标串等。

其次介绍标签模型设计。实体标签模型是数据中台建设中的另一类重要模型，这类模型对于企业数据治理、业务输出都具有举足轻重的作用。企业的重要数据资产，如客户、商品、门店、供应商、员工等实体的标签模型都是数据中台加工的重点。比如，先获取商品的生产、采购、定价、销售、退货等历史行为数据，然后按照业务场景需要来制定商品所涉及的商品标签，形成商品标签模型。

最后来讲解算法模型设计。数据中台整合全域的数据，需要通过AI算法将宝贵的数据形成有价值的数据资产。算法模型是数据中台中最难设计的模型，但又是最能将企业的数据资产发挥出几何倍数价值的模型。例如，凭借商品个性化推荐模型，淘宝的"千人千面"场景帮助用户极大提升了体验感，缩短了用户的交易链条，提升了用户的转化率。算法模型与上两种模型的不同之处在于，在建模的过程中需要充分聚焦算法所服务的场景。比如对于商品推荐算法模型，建模时需要充分理解涉及商品推荐的相关场景。商品个性化推荐一般有首页推荐商品列表、猜你喜欢专栏、购物车推荐专栏等场景。我们要充分梳理这些场景的需求点，然后制定实现推荐模型的场景，如图4-9所示。在通过场景梳理编排出算法实现逻辑后再开始设计算法模型及实现逻辑。

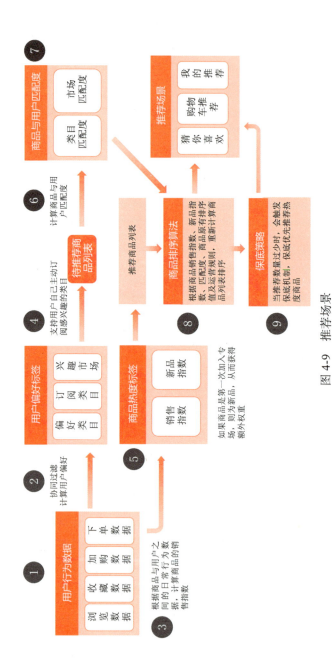

图 4-9 推荐场景

(3）服务详设

数据服务按数据内容可分为主题分析类数据服务、标签类数据服务和算法类数据服务。

主题分析类数据服务可通过整合数据分析场景，分专题设计通用的数据汇总宽表，通过数据宽表拼写不同的 SQL，支撑相应的数据报表，避免数据的冗余建设。

标签类数据服务的设计却有所不同，切忌按照标签使用场景逐个进行数据服务设计。因为运营可能会随时增加标签，迫使在设计标签服务时考虑通用性和扩展性。一般建议以底层的标签宽表为出发点，设计标签通用的增加、修改和查询功能。

与业务联动紧密的算法类数据服务则需要注意可能直接面对低延迟、高并发的调用场景，比如推荐场景，包括搜索推荐、猜你喜欢、加购推荐等，一定要做好服务接口的性能压测，以满足业务实时交易级的性能要求。

除了考虑服务的通用性和性能，还需要考虑服务开放的数据安全性。

3. 平台设计

平台设计指的是大数据运行平台在资源规划、技术选型、部署方案等方面的设计，是根据总体架构中的平台架构展开的。平台能力具有通用性、扩展性和前瞻性是数据中台成功建设的基础。平台设计阶段将以客户现有数据体量及可预测的业务增长情况作为考量因素，对平台建设所需的资源进行预估和规划，产出平台及数据应用部署所需的资源清单、部署方案及相关人员在平台上的账号和权限的设计等。

- **资源规划**：需要对支撑大数据平台所需的资源进行估算。一般可考虑未来 3 年企业的数据量，可借鉴的存储空间资源估算公式如下：

$$磁盘空间预估 = 当前企业数据存量（TB）\times 3 + 数据日增量（TB）\times 3（副本数）\times 365 \times 3$$

- **技术选型**：大数据技术选型的原则是考虑当前及未来一段时间可能使用的场景，根据场景来推导技术的选择。一般会从数据的采集、存储、计算、管理、运维等多方面考虑需要选择的技术或成熟产品来搭建大数据平台。比如，文件采集使用 Flume 到 HDFS，数据库采集使用 DataX 到 HDFS，计算与加工基于 Hive 存储、离线使用 Spark SQL 处理、实时采用 Flink 等。

4.4.3 开发实施

开发实施阶段可分为环境搭建、数据集成、代码研发三个层面。

1. 环境搭建

平台层面的环境搭建，包括大数据集群、数据研发平台、智能数据应用产品等相关工具的部署。平台的搭建按设计阶段输出的资源规划和平台部署方案实施即可。在平台环境、工具组件部署后，需要对平台环境进行测试，同时在产品工具层面，需要对企业进行相关产品的使用培训，并通过企业的验收。

2. 数据集成

数据集成方案从宏观上设计和规范了数据源级别的数据集成流程和同步策略。在当前阶段，需要对各数据源制定表级别的集成策略，形成数据同步清单，包括上云数据存量、日增量、分区字段、数据更新频率、存储周期、上云时间等相关信息，供具体实施时使用。数据集成工作实施后，还需要逐一对数据源表进行数据监控及验证，以确保集成的数据无问题。

3. 代码研发

代码研发阶段包括数据研发与验证、应用研发与测试、性能测试三部分。数据研发与验证主要包括数据模型的业务代码开发、数据监控代码开发、数据准确性验证。从模型数据开发、数据监控开发到数据验证，再到模型上线，需要一整套开发流程来保障数据的产出。应用研发与测试主要包括数据应用层面的开发和测试工作，如数据服务、数据应用前端开发。性能测试包括数据产出时间、数据接口服务性能、数据应用访问性能等方面的测试。

4.4.4 试运行

数据中台上线之后，分析专题的指标口径、数据应用效果等多方面的数据准确性都需要通过真实的运行数据去验证。在这个时间段还不太适合全面对外发布，也不宜对外开放数据能力。通常我们需要进行一段时间的试运行。

1. 中台试运行

为保障生产环境数据的准确性，需要先在测试环境基于企业全量的数据进行一段时间的试运行，这主要包含以下几步。

1）数据迁移：增量模型涉及的存量数据需进行一次全量的数据迁移，以保证数据的完整性，全量模型则直接按频度进行抽取即可。迁移前，需制定详细的迁移方案及步骤；迁移时，需记录各个环节的关键数据，如迁移耗时、资源消耗情况等；迁移后，需总结并输出迁移报告。

2）数据跑批：完整运行数据中台的全流程任务，包括数据抽取、加工、服务提供及应用展现，分析各层级模型任务的运行耗时以及对应时间段的资源情况，并不断优化、调整运行任务的启动和依赖关系，以达到最佳的配置。

3）数据验证：筛选核心关键指标、标签，进行数据准确性的验证，例如存量指标可与系统现有指标进行对比，增量指标则与模型设计内容逐层对比。

4）应用验证：对于对外服务接口类应用，联系应用方进行接口及数据的验证，并完成应用全流程的拉通，优化调用的频次及时间点；对于报表及专题分析类应用，验证报表数据与数据中台侧数据的一致性，以及测试前端页面、展现数据的性能。

2. 历史数据重跑和测试

在试运行过程中，数据中台的指标或标签可能会因为业务侧的口径变更而进行历史数据的重刷动作。在这种情况下，要保证数据准确且可逆，有如下几点注意事项。

- 影响评估：评估业务变动涉及的模型，并形成清单列表。
- 数据备份：数据处理前，先备份当前状态下的数据。
- 口径调整：确认业务口径调整涉及的技术口径调整内容，并体现在模型设计文档的版本控制中。
- 数据验证：调整后，严格按照设计内容进行数据的验证和测试，并与业务侧达成一致，在测试环境中进行确认。

4.4.5 持续运营

数据中台不是一锤子买卖，是需要持续经营的。在数据中台正式上线后，随着企业业务的不断拓展，会接入更越来越多的数据源，数据的分析也将越来越精细，数据应用场景会更加丰富多样。同时，某些数据应用会因为企业业务方向的调整而废弃，这些已经过时的应用就需要及时清理。作为数据中台的建设者，不仅需要定期与数据使用者主动沟通，了解数据使用情况，了解这些数据到底带来了什么价值，还要通过系统查看指标、标签、专题、应用 API 这些资产的被调用情况，以此来判断是否需要优化等。

1. 正式上线

试运行稳定执行一段时间后，可按模块和迭代申请生产环境的正式上线动作，以交付阶段性的工作成果。在正式上线时，分以下两步进行。

1）割接方案。如果数据中台存在替换现有其他系统的情况，就需要制定详细的割接方案，以保障数据中台能够覆盖旧系统的数据能力。

2）上线预演。在正式上线前，需进行割接或上线的演练操作，尽可能多地暴露数据、环境、资源等各方面的问题，并逐步进行优化和调整。

系统上线后，制定相关的检查规则及告警机制，以保障数据中台的正常运行。检查规则可大致分为如下两类。

- 数据规则：数据一致性，主键唯一性，数据完整性。
- 资源规则：服务器资源，如 CPU、I/O 等；存储告警规则。

检查规则执行完成后，根据检查结果制定告警策略，如异常告警阻断、异常告警不阻断。同时，通过短信、邮件等方式将检查的结果进行告知，并制定告警升级机制。

2. 运营保障

系统上线以后，跟进系统的运行、使用情况，综合分析以提炼新的需求点，创造更大的价值点，持续运营。数据中台的运营策略可从产品、应用、数据三方面进行。
- 产品侧：收集直接使用方的产品体验状况，根据反馈内容进行优化，提高产品的易用性，增强使用方对产品的黏性。
- 应用侧：分析应用对象的重点关注模块，并阶段性地形成分析报告。中台建设者可根据报告内容，对接应用相关人员，持续挖掘新的需求内容，持续耕耘以创造更大的价值。
- 数据侧：通过数据链路跟踪的结果，总结阶段性重点关注的数据内容。结合自上而下和自下而上两种途径，分析整个系统数据层面的缺口，并制定汇聚、扩建的计划，提高中台数据支撑的力度。

4.5 用数赋智，建设企业数智大脑

根据第1章的介绍，数智化可概括为通过连接产生数据，基于数据产生智能，基于智能赋能商业，从而推动企业业务新的增长。那么如何在数据上产生智能，并让智能赋能商业呢？

通过数据中台，将在线化数据转化为智能化数据，激活数据商业价值。通过持续的数据完善补充和训练学习，做出更加智能的决策，形成良性学习与反馈闭环，最终帮助企业实现数智升级转型。

以下按领域列举了一些智能应用。

4.5.1 营销域智能

智能营销的一般流程是基于运营目标定场景、定商品或服务、找人群、制定具体营销执行方案，其中最关键的因素是精准的消费者洞察。以下为几个营销域智能应用的例子。

- 黄金购买时间：基于大数据算法精准预测顾客购买时间，有效提升活动 ROI。
- 会员健康模型：基于多维数据，结合大数据算法，精准洞察会员所处生命阶段及流失概率，助益品牌掌握整体会员健康结构的动态变化，并针对不同阶段人群采用对应的运营策略，以最大化会员终生价值。
- DMP 精准营销：融合多源外部三方数据进行精准广告策略投放，促进公域向私域的有效转化。

4.5.2　商品域智能

当下消费者呈现出需求个性化、碎片化的特点，他们在消费商品或服务时更关注内容创新、服务体验，因此，如何让商品在满足消费者需求的同时提升动销、降低库存，成为摆在品牌方面前的首要问题。我们可以在选品组货、关联分析、个性化推荐上做一些尝试。

- 选品组货：基于人—货关系匹配辅助门店选品铺货策略，优化门店商品结构，为零售商提供精细化的品类管理能力，有效提升商品动销。
- 关联分析：通过关联分析发现群体购买习惯的内在共性，支持品牌商品促销组合、商品优惠组合搭售策略，提升客单连带率。
- 个性化推荐：基于用户订单交易及行为数据洞察，通过深度学习算法构建用户与商品的"千人千面"个性化推荐，提升用户体验及销售转化。

4.5.3　门店域智能

门店域智能围绕门店运营、销售、管理等业务环节为不同角色提供数据决策能力,从而提升门店的运营管理效率。以下为几个门店域智能应用的例子。

- 门店销量预测:基于门店相关数据,结合销量预测算法模型,对门店未来销量进行预测,从而指导品牌开关店策略及补货策略,提升门店销售管理效能。
- 标杆门店画像:多维度构建门店效能评估指标体系,并进一步通过算法模型建立标杆门店群体,进行针对性运营目标管理,达到系统性地优化门店运营管理。
- 门店智能导购:赋能门店运营管理,提供员工赋能、商品运营、社群运营、员工激励、数据运营等能力,实现对门店导购的数据化、智能化管理及赋能,提升门店的运营效率。

4.5.4 渠道域智能

渠道域智能是面向渠道经销商客户的洞察决策。通过数据赋能,为经销商改善生意,从而提升品牌的影响力,同时提升品牌商对经销商的风控识别及合作能力,实现双赢。以下为几个渠道域智能应用的例子。

- 经销商生意参谋:面向经销商生意经营管理的全过程,通过生意参谋提供汇总全盘生意标准化、规范化的多维度经营数据,提升品牌商管理营销策略及进行精细化管理的能力,帮扶经销商改善各项生意指标,实现营销政策落地。
- 经销商画像:全面多维度对经销商能力进行直观的画像洞察与对比,基于经销商画像体系构建信用评估能力,提升对经销商履约信用风险及价值的识别能力。
- 经销商生命周期运营:围绕与经销商的合作过程划分不

同生命阶段，并为不同阶段提供针对性的业务运营，提升经销商活跃度及贡献度，实现价值最大化。

4.5.5　物流供应链域智能

物流供应链域智能主要从成本和效率两大目标出发，优化供应链各环节的响应效率，保障终端渠道的现货供应，降低缺货率。同时，将供应链各环节库存控制在适量水平，进而加快资金周转。以下为几个物流供应链域智能应用的例子。

- 智能配补调：基于大数据算法，结合全局库存和动态库存控制，支撑全渠道业务运营，智能预测商品销量，指导后端供应链各环节的配货、补货、调拨，保障终端渠道商品的销量运转。
- 订单执行监控预警：实时监控订单从下单到交付的全生命周期执行过程，预警异常，并推送给指派的人，由其跟进处理。避免因供应链执行不到位而出现渠道或门店断货，进而导致销售损失。
- 供应链物流能力指标体系：建构从人、财、物、企多维度的供应链物流能力指标体系，并与监控预警形成闭环，提高执行效率，确保销量收入，降低供应成本。

4.5.6　服务域智能

服务域智能主要围绕客户服务中的问答、质检、舆情和预测等业务场景，通过大数据、AI、IoT等先进技术，转变服务方式，实现客户服务的降本增效。以下为几个服务域智能应用的例子。

- 问答机器人：基于自然语言处理（NLP）相关技术，机器人可理解用户意图、需求及情感，利用多轮对话及智能化任务处理能力，为用户提供智能化客户服务及创新体验，提升企业客户服务效率，降低客户服务成本。

- 智能质检：根据语音、文本、图片、表情和视频等相关会话数据，通过智能质检模型和算法，可实现全量会话数据质检，监测客服服务质量和水平，提升质检效率，告别2%～5%人工抽检的传统质检模式。
- 服务舆情：通过会话数据、评价数据、服务调研数据和服务互动数据挖掘分析，借助服务舆情模型为企业提供品牌口碑监测、产品质量监测、服务质量监测和新客户需求挖掘，促进企业客户服务水平提升、产品生产调优，并为企业开展相关创新提供决策支持。
- 服务预测：智能客户服务与IoT相关技术和场景融合，帮助企业为客户提供基于产品生命周期的产品性能监测、产品故障预警等智能客户服务预测，并提供服务解决方案，将客户服务由被动服务变为主动服务，从而提升企业客户服务满意度和品牌美誉度。

第 5 章 CHAPTER

技术平台建设

前两章分别介绍了业务中台和数据中台双中台的建设实践。我们知道,数字中台是基于云原生、大数据、人工智能等新一代技术打造的共享服务平台。业务中台和数据中台的建设带来了更高的架构设计要求、更高的技能要求和更全面的系统特性要求,由此促使企业同时搭建与之相匹配的技术平台,以支撑业务中台和数据中台更好地发展。

本章将从技术平台的定义展开,阐述技术平台的价值,并简要介绍技术平台整体的架构和功能组成,最后总结应该如何构建技术平台,即策略和方法论。

5.1 什么是技术平台

技术平台作为底层基座平台,是支撑业务中台和数据中台发展的基石。那么,技术平台的准确含义是什么?它能为企业客户带来哪些价值呢?

本节将会从技术平台的定义和价值分析两个方面来阐述以上问题。

5.1.1 技术平台的定义

技术平台是基于云原生架构体系打造的服务企业数字中台建设的全景化平台基座。它提供研发服务、大前端、网关、多云适配、混合云管理及开放平台等多个领域的技术能力和工具集,为企业数智化转型提效赋能。

1. 技术平台不等于技术中台

技术平台是一个平台体系,它包含能够支撑业务中台、数据中台及其上层业务系统和应用开发、运行等的整套工具及环境。因此,技术平台既是用于生产业务中台、数据中台和应用系统的工具集,范围覆盖敏捷开发流程管理、测试管理、DevOps流水线、大前端开发等,又为中台和应用系统提供了良好的运行环境及监控管理等。而根据目前业界的提法,技术中台局限于提供常见的互联网技术中间件服务,包含消息队列、分布式缓存等,它只涉及数字中台的运行环境,并且还只是运行环境的一部分。可见,技术平台比技术中台覆盖范围更广,含义更深远,是能更好地支撑业务中台和数据中台发展的工具平台体系。因此,我们将技术平台而不是技术中台,作为数字中台的一个重要组成部分。

2. 技术平台没有统一标准

企业需要利用先进且多样的技术构建各类能力中心和中台体系。因此需要根据企业业务属性的要求,采用不同的技术栈、不同的软件系统及不同的规范和标准，为中台建设相应的技术平台。技术平台涉及的范围很广，它既可以看作一个工具集，也可以看作一套整体技术解决方案。技术平台强调资源的整合和能力的沉淀，进而提升建设中台的效率。因此，技术平台的构建需要根据中台的建设要求来选择，提供技术赋能；同时，技术平台的构建也需要组织层面架构调整的配合，否则技术平台的支撑力会显得薄弱很多。因此对于不同的企业，技术平台的建设标准是不一致的，也不能一致。

3. 技术平台是中台支撑基座

技术的核心价值是什么？在数智化转型过程中，企业需要解决的是业务复杂度的问题，而良好的技术能够带来的最直接效果是提效、降本。不同业务方向的最终交付物所需要的技术体系是不同的。无论是业务中台还是数据中台的建设，都必须依赖对应的技术体系以及相关的技术工具进行支撑。技术平台可以看作整个企业中台建设的底层基座，稳定先进的基座非常有助于上层业务数据应用的快速搭建。从价值体现上来讲，数字中台建设采用的技术是对业务及数据整合治理的理解和实现，可以看作传递价值的桥梁。技术平台提供的是广而全且先进的工具和流程，无论什么团队和角色成员都能方便地使用技术平台，进而支撑整个企业中台的建设。

5.1.2 技术平台的 7 大价值

技术平台作为支撑数字中台建设的基座，它到底给企业带来了什么价值？技术平台通过体系化的工具链，协同研发各角色，进行需求全生命周期跟踪，提供低代码开发平台、全平台构建等能力，实现多维度应用管理（见图 5-1），从而规范研发过程，加速软件生产，全面提升研发效率，助力企业数智化转型。

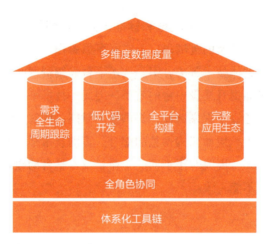

图 5-1 技术平台的价值

1. 体系化工具链

技术平台包含多个基础底层子系统,这些子系统所采用的技术工具的集合可以看作一个大资源池,里面集中了各种各样的技术工具和零散系统。技术平台根据业务场景或支撑体系要求,集成软件研发生产各环节上的工具,串联研发流程,避免割裂式研发,使得数字中台的规划、开发、部署、测试、运营监控成为一个有机整体,从而打造研发的高速通路,构建体系化、规范化、层次化的工具链,助力企业业务快速创新。由此,基于统一的技术平台,参与数字中台建设的各角色能够快速找到所需工具并无门槛使用。

2. 全角色协同

无论是业务中台能力中心的维护,还是上层应用的构建,都需要一个团队共同配合来推动协同。一个完整的团队包含多种角色的人员，如项目经理、业务架构师、后端开发、大前端开发、大数据开发等。每一种角色的人员有自身特质和侧重关注的领域，采用适用于各角色相关的工具可以帮助他们提升工作效率。技术平台通过整体拉通，让所有角色人员协同，在统一平台上进行相应角色的业务操作，辅以即时通信、消息告警、邮件、周期报表等方法，并允许查阅协同的工作内容和任务进程，从而提高团队成员的协作效率，降低团队管理成本，优化业务流程，提升整体效率，加速数字中台的建设。

3. 需求全生命周期跟踪

需求通常可以分为非功能类需求和功能类需求。哪些需求是真实需求？哪些需求是合理需求？需求在每个阶段的进展是怎样的？需求的完成度如何？诸如此类的疑问会伴随整个项目迭代推进过程。技术平台将宏观的业务设计分解为微观的需求问题，以需求为核心，跟踪需求收集，将需求分解为史诗和用户故事。需求最终会经过需求申请、评审、创建、任务分配、分支开发、冲刺迭代、部署验证、发布上线、需求验收等一系列的需求进度跟踪功能，形成需求闭环（见图5-2）。通过跟踪与回溯，了解需求的实时状态，明确业务可开展的时间节点，进一步提升业务可见性，以确保合理、正确的需求在中台敏捷落地，保障业务需求转化为商业价值。

4. 低代码开发

业务的不断变更和创新带来的是需求的不断增多，开发人员面临的交付压力也越来越大。传统的开发方式需要开发人员编写大量的代码，这样不仅开发周期很长，而且会产生大量重复代码，软件质量差、开发效率低。引入数据驱动式的开发，构建元数据编程引擎，辅以可视化的组件，可以实现编码过程的自动化。结合创新性的代码数据化开发理念，即将开发产出物作为数据看待，从而将原来的代码脚本等转换为可任意存储且可追溯的数据，再结合组件化、微前端、可视化的页面编辑、无服务器的开发调试，将代码开发转换为创造性设计，随时创建新的页面和应用，从而大大提升开发效率，更好地支撑业务创意快速落地。

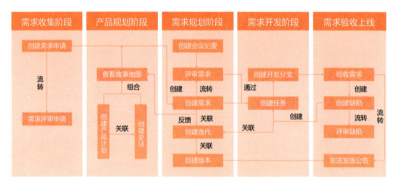

图 5-2　需求全生命周期跟踪

5. 全平台构建

技术是在不断发展和演进的。企业原有系统有的采用较早期的技术，虽旧但稳定，而最近建设的新系统则可能采用当下最新的技术体系来构建。因此对于研发团队来说，技术很可能是百花齐放的。技术平台打通了不同架构、不同语言、不同平台、不同技术栈的持续构建流程，支持丰富的应用构建模式。比如使用前端统一框架，适配多端应用；使用微服务统一框架，适配多种微服务实现机制。通过统一的平台，解决企业多团队、多技术栈以及各种复杂技术场景的归一问题，降低多平台研发、调试的成本，实现多平台尤其是不同云服务厂商的切换和迁移能力，支撑企业应用多样化演进。

6. 应用生态完整

技术平台提供以应用为核心的视角，围绕应用来拓展功能（见图5-3），包含应用制品管理、应用分类管理、应用运行态多运行时管理和应用生命周期管理等。应用制品管理从细到粗，包含代码、软件包和镜像，以多个维度的制品形态提供服务。应用分类管理提供自建、共享以及标准第三方等类型应用，为企业研发人员提供多样化选择，帮助团队快速构建目标应用。围绕应用完整的生命周期，提供快捷可视化操作，方便研发、测试及运维人员对应进行全方位的状态跟踪。同时提供主机、Docker和Kubernetes的多种应用部署运行方式，也为企业在数智化转型中的平滑过渡提供了更多的选择，在保证业务稳定的同时助力创新。

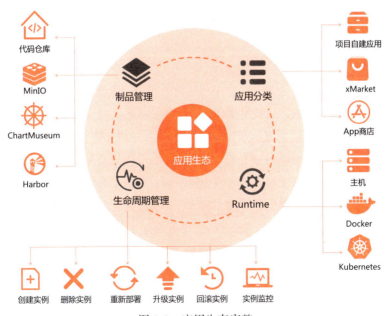

图5-3 应用生态完整

7. 多维度数据度量

技术平台提供独立的数据运营监控模块，从项目过程、开发过程、测试过程、运行情况等多个维度和视角展现数字中台开发的进展和最终运行情况。数据是过程度量，有了数据的支撑，研发过程才可以持续改进，不断提效，并且所有环节的信息可追溯；数据是指引，有了明确的数据指标，软件架构设计会更灵活、更健壮；数据也是结果，每一个数据报表的呈现，从不同维度展现研发的结果，为决策提供指导。

5.2 技术平台的架构设计与组成

在了解了技术平台的定义和价值后，接下来看一下技术平台具体应该建设哪些内容。本节将详细分享我们建设技术平台的实践，包括整体的技术架构与各个子系统平台。

5.2.1 技术平台概览

技术平台作为加速企业中台建设的利器，应该由多种多样的技术体系组合而成。从技术平台分层来看，从底层技术直到应用层系统，包含多云适配层、研发服务平台、网关和大前端（见图 5-4）。研发服务平台可以再分为研发协作平台、低代码开发平台、移动开发平台、数据开发平台和运维监管平台，覆盖了双中台建设过程可能涉及的业务、数据、开发、测试、运维、运营及协同等领域。大前端统一了 PC、App、H5、小程序等前端的开发。技术平台所集成的体系化的工具集从不同的维度和领域助力企业数智化转型。

5.2.2 研发协作平台

企业在进行数字化应用建设的过程中，是以团队和项目交付的方式来推动系统平台建设的。将所有相关人员协调统一起来，并通过工具化的手段辅助应用的开发、测试和上线，这是企业技术团队需要思考的平台建设策略之一。构建研发协作平台是条解决之道，能有效提升软件系统的协同研发效率，辅助项目的快速交付。

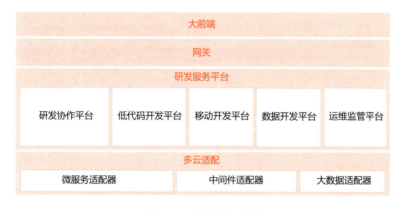

图 5-4　技术平台概览

研发协作平台可以利用云原生的架构理念，以分层建设的方式构建。从上往下，研发协作平台可划分为业务功能层、基础服务层、基础组件层和基础资源层（见图 5-5）。从研发业务场景考虑，它会覆盖软件生产的全流程领域，建议归类抽象出敏捷过程管理、项目应用管理、开发测试部署管理等细分功能模块。采用微服务的架构模式推进平台建设，有助于上层研发业务功能的快速扩展和构建，因此在基础服务层，可以使用包括注册中心在内的相关基础服务，构建权限中心这样的能力中心。同时，为了保证平台系统的运行，也需要相关的基础组件，如数据库、消息队列等。再者，为应用部署提供环境支撑还需要基础资源层的支撑。

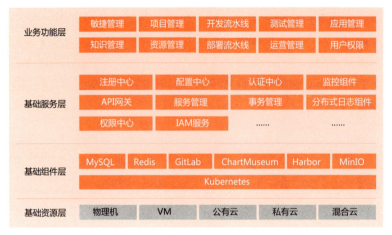

图 5-5　研发协作平台分层架构

对于应用软件的生产流程（见图 5-6）而言，业务核心主流程包含敏捷过程管理、开发流水线管理、部署流水线管理及测试管理四部分。此外，作为一个平台，研发协作平台还应当有平台本身的一些通用管理模块，因此下文将从平台管理、敏捷过程管理、开发管理、部署管理、测试管理五个主要领域模块，介绍研发协作平台的具体功能和建设实践。

1. 平台管理

研发协作平台需要提供一个平台管理的功能子模块，来对基础信息进行设置和管控，如提供用户角色权限管理、消息通知设置等功能。另外，对于运行应用系统的物理资源、开发过程中的产物等也需要进行统一管控。因此，这个平台也应当包含主机资源管理、集群管理、镜像管理、代码仓库管理等功能模块。此外，平台管理部分还可以提供一些相对独立的、层次更高的扩展功能，例如第三方渠道对接、中间件市场、脏数据清理等模块。通过这些扩展功能来扩大平台功能的可用覆盖范围，完善并提升平台的能力布局。

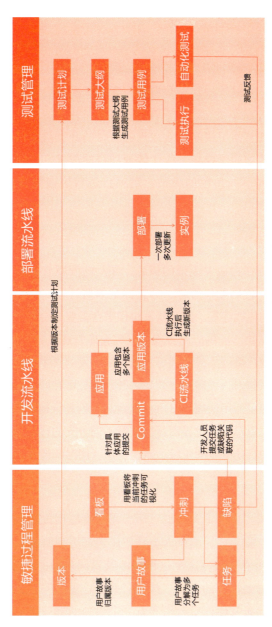

图 5-6 研发协作平台主流程

2. 敏捷过程管理

软件研发是一个包括设计、开发、测试、部署等的长流程，因此需要提供相应的功能来帮助团队更好地管理研发流程。在研发过程中，可以使用知识管理模块为研发团队提供方便的项目协作和资料内容管理，集中管理产品内容、共享信息以及各类过程文档。此外，为了快速高效地推进项目的开发与交付，可建设敏捷过程管理功能子模块，用于管理项目的需求、计划和执行过程，通过协同不同角色的人员，对项目进行敏捷化管控和过程展示。

3. 开发流水线

开发过程作为研发流程的核心，涉及的问题有很多，例如应用如何管理、代码如何管理、分支标记如何管理、代码质量如何管理、应用如何构建等。因此研发协作平台需要整合一个开发流水线的子功能模块，提供应用管理、代码仓库管理、分支策略管理、代码质量管理、持续集成管理等功能，将开发的整个阶段通过可视化的操作串联起来，提高管控效率。开发人员可在开发控制台查看全局情况，并可使用快捷入口可视化地对代码进行相关操作。平台内置持续集成引擎，通过界面可以查看不同分支的持续集成过程和最终结果，如具体分步的阶段、错误提示、用时统计等。

4. 部署流水线

开发人员完成本地开发调试后，需要将应用包部署到相关的开发环境去自验。之后测试人员将应用包部署到测试环境，进行更为全面的功能测试。这个过程会涉及不同环境的创建和管理，包括将包部署到特定的环境、部署后升级、出现问题后重新部署等操作。因此研发协作平台需要有一个单独的部署流水线功能子模块，该子模块重点关注环境管理和持续交付领域。环境管理支持自定义创建环境，并自动生成一条环境流水线，可以拖曳调整环境顺序，同时支持对主机环境进行端口的预分配划分，避免应用主机模式部署因端口冲突而失败。持续交付部分则重点关注应用部署和实例管理，通过按步骤且可视化的提示，支持灵活的应用部署和流水线操作。此外，还需提供全局的实例视图，方便使用者清晰地查看整体项目应用的运行情况。实例作为应用的实际运行载体，除了创建，还需要其他生命周期操作的支持，如停止、重新部署、升级、回滚等。另外，在线日志的集成也会方便开发测试运维人员及时掌握应用实例的运行状态，准确定位实例的异常。

5. 测试管理

研发协作平台在带来开发侧高效协同的同时，也应当提供敏捷的测试管理功能。可视化的测试用例管理、测试大纲管理、测试计划和执行管理等子模块，可以有效提高软件测试的效率和质量，规范测试人员的操作流程，提高测试的灵活性，从而减少测试工作量和时间，最终让测试跟上开发生命周期的步伐。此外，除了部分手工用例外，还需要提供更智能的自动化测试，例如接口自动化、Mock 服务、数据银行、UI 自动化等细分功能。自动化的研发协作平台，可大大减少测试人员的重复手工操作，从而提升整体测试效率，全面保障系统质量。

5.2.3 低代码开发平台

为了减轻开发人员的压力，提升交付效率及应用标准化程度，技术平台会采用对应的工具集平台来支撑开发侧的创新和提效。前文提到，技术平台提供的一个很重要的价值是低代码开发，这个价值是由低代码开发平台来承载和实现的。低代码开发平台旨在让使用人员只需要开发很少的代码甚至不用开发就能生成业务所需要的页面或应用系统。它加快了开发过程，统一了页面标准，减少了人为误差，且自动化程度高，上手成本低，可复用程度高。它还可以扩大从事开发的人员范围，不再限于专业的开发人员，相关的业务人员也可以上手按需调整业务系统。

那么如何实现编程过程自动化呢？在大前端整合的基础框架上，抽取出数据模型、表单、API等的描述信息即元数据，提供组件库、组件可拖曳等能力，通过对采集的元数据进行管理和分类，在可视化界面上拖曳组件，聚合元数据，自动生成代码和界面。此外，开发人员可以在应用初始化阶段，利用平台提供的一套可扩展的代码模板框架快速构建代码工程。

在开发过程中，前后端经常会出现所提供的数据模型与所需的数据模型不一致、导致双方联调的工作量大大增加的情况。因此，可以在前后端请求和响应之间增加一个前后端数据模型映射器（Request-Response Model Mapping，R2M2）。通过数据模型映射的方式，让前后端的数据根据需要动态转换，无须在前端或后端更改逻辑代码。数据模型映射可以将接口的字段和数据结构转成前端需要的格式，也可以将前端产生的数据转为后端接口需要的格式。通过这种方式，前后端无须接触即可完成联调工作，不用再频繁地沟通到底要用什么样的数据结构和字段名。通过一个简单的映射即可让前后端开发解耦，为开发和测试人员提供优雅的服务。

低代码开发平台还有一个重要的价值点是可视化，它能帮助开发人员简单快捷地生成页面。页面引擎将前端的开发工作分解为若干功能块，形成组件库，再基于一种以矩阵编码的协同体系形成统一的样式风格主题。开发者只需根据需求，组合拼装并配置出页面，并将所产生的页面数据交由渲染引擎渲染，即可得到效果页面，所见即所得。可视化的开发方式大大降低了开发成本，让业务类应用无须投入大量人力进行开发和维护，而且代码标准化使得开发人员可随时变更需求页面形态，及时应对所支撑业务的变化。

5.2.4 移动开发平台

企业数智化建设会引发强烈的移动端应用建设需求。无线流量的不断增加，在为企业业务带来增长的同时，也提高了对应用开发人员的要求。作为中台整体支撑基座的技术平台，也需要提供移动开发相关的技术体系平台来整体管控移动应用的开发，这个平台可以称为移动开发平台。移动开发平台需要包含移动开发套件及相关研发支撑体系，涉及开发框架及组件体系，依托研发协作平台，支撑移动端应用研发生命周期流程管理，助力移动端的研发效率提升，规范移动应用的产出流程。

移动开发套件是移动开发平台的核心，它涵盖框架层、组件层、安全加固层、代码层等模块，利用统一的前端技术栈体系，打通 H5、小程序、App 等移动端应用的开发。移动端系统同样需要有研发协同体系来保障应用的快速交付上线，依托于研发协作平台提供的能力，规范移动应用产出物、标准化构建过程、管理测试真机，以此提升整体研发效率。由于移动应用的特殊性，研发协作体系还应当包含发布渠道管理、热更新、证书管理、运营分析等相对特殊的功能模块。

除了基础的技术架构以及对应的研发协同体系之外，移动开发平台还可以通过内置丰富的组件来加速业务类需求的快速实现和适配，例如标准开源框架，UI 控件、路由、媒体、图表等通用开发组件，分享、推送、支付等功能集成组件，以及商品详情、购物车等业务类组件等。

5.2.5 数据开发平台

在数据中台发展的早期，数据中台的建设主要是通过编写大量的 ETL 和 SQL 脚本以及代码进行开发，而数据模型则通过文档的方式记录。这带来了诸多问题，比如可维护性很差、无法响应业务的变化、文档和实际的代码很难保持一致、数据中台建设的成果很难直观呈现等，而且还需要专业的大数据研发工程师参与其中，人力成本居高不下。

为了解决以上问题，我们尝试使用了一些开源的或商业的大数据研发工具。不过，这样虽然解决了一些问题，但又带来了新的问题。

- **工具间互不兼容，打通难**：建设数据中台的目的是基于 OneData 理念将企业所有的数据统一存储、统一管理、统一使用，然而现有工具偏向于解决特定领域的问题，需要多种工具组合使用，但工具的开放性不够，无法互通。
- **工具与企业原有的系统兼容难**：企业在建设数据中台前一般都已进行过数据方面的建设，大多有一套或多套数据仓库平台。"我们的大数据集群有一定的规模，我们也投入了很多的费用，因此我们希望在现有集群的基础上进行，而不是重新开发一套。"很多企业在第一次与我们交流时，都会提出类似诉求。已有的数据研发工具一般只支持特定的大数据环境，所以无法很好地兼容企业原有的系统。
- **工具难以扩展**：这些工具无法满足数据中台面对的所有业务场景，因此往往需要对工具本身进行扩展。但在扩展过程中，由于工具没有很好地屏蔽底层多种多样的大数据技术和开发语言，导致扩展困难。

基于以上考虑，能更好地助力数据中台建设的开发平台架构应当如图 5-7 所示。

图 5-7 数据开发平台

（1）打造统一的数据研发门户

首先构建统一的数据研发门户，包含数据开发 IDE、数据资产管理、数据服务以及一些工具，如标签工厂、ID-Mapping、自助分析等。建设统一的上层应用平台，看似解决的是代码和开发方式的问题，但其实更重要的是解决了前文提到的"各类数据工具打通难"的问题，将数据的存储、开发、加工、使用都集中在统一的平台上。数据开发平台形成统一的数据研发门户，进行一站式的数据开发和流程编辑，大大简化了数据开发人员的工作，也无须关心底层的引擎和组件的使用。

（2）构建组件接入层

数据中台需要丰富多样的存储引擎、计算框架、组件或中间件作为底层的计算存储层。这一层经常会有版本更新或者衍生发行版本的变动。下层的变动会导致上层应用的代码随之修改，并且进行大量的兼容性和稳定性测试。因此，在底层的计算存储层之上加入组件接入层，可带来两点好处。

- 环境适配：当底层组件层的版本发生变化时，只需要在组件接入层进行适配修改即可，上层的应用不需要进行任何的代码修改。这能解决前文提到的"与企业原有系统兼容难"的问题。

- 简化研发工具平台与底层引擎之间的关系：上层的研发工具平台不再需要各自直接调用众多底层的组件，将原来多对多的调用关系变为多对一和一对多，大大降低了系统的复杂性。由此，上层的工具平台开发者和工具平台的使用者只需关注提供的具体功能和对应的业务逻辑即可，难点问题交由组件接入层统一处理。这也回答了"如何解决工具难以扩展"的问题。

5.2.6 运维监管平台

应用软件的生产是一个过程，并且是有时间要求的，它需要多维度的数据以及相关的配套设施来保障，比如物理资源的使用情况、应用开发的过程情况、微服务间的调用关系等。因此技术平台需要建立一套针对此类需求的运维监管平台，聚焦在底层监控、应用开发监控、日志管理及报表展示等功能范畴。

运维监管平台提供基础设施监控，包括实时监控主机与容器集群节点CPU、内存、磁盘及网络等基础性能指标，还可以提供自定义的告警设置，预警资源风险。同时针对微服务应用开发提供应用调用链路监控，业务代码无侵入。采用收集器度量数据，并对数据进行分析和聚合，最终存储统一管理。支持从多个来源、以多种格式收集数据，最终将结果可视化。此外，运维监管平台还可以提供微服务监控，对平台本身运行的微服务组件，通过底层系统进行数据采集汇总后在界面上展示运行情况。

一方面，应用运行会产生大量的运行日志，运维监控平台可以通过集成开源的分布式日志采集方案，对平台日志、应用运行日志进行统一的收集管理和查看。另一方面，可以通过多维度的报表展示研发过程数据，并支撑研发过程的不断改进。根据研发管理流程业务的不同要求，可以将报表集合分为敏捷、DevOps、测试等多种类型。

5.2.7 多云适配

随着云服务的发展，将数字中台与云计算融合，成为越来越多企业的选择。数字中台在开发、测试、生产等不同阶段会有很多不同的需求，比如开发时使用本地搭建的开源环境，生产时使用公有云服务等。无论企业在不同阶段使用不同运行环境是基于更好的性能、更低的成本还是更高的可靠性考虑，数字中台都需要一套与具体环境无关的环境抽象层。这就需要在技术平台建设时，在底层引入对应的适配机制，降低数字中台在复杂云环境中的部署成本，实现无缝切换运行环境，而无须更改业务代码。

那么这个环境抽象层应该包含哪些内容呢？结合服务众多行业头部客户的实战经验，我们发现有以下常见的内容。

- 微服务框架，比如开源的 Spring Cloud、Dubbo、阿里云的 EDAS、华为云的 ServiceComb 等。
- 中间件服务，比如服务注册发现机制、应用配置、消息队列、对象存储、定时调度、搜索、分布式锁、缓存等。
- 大数据运行环境。

在此基础上建设多云适配层，隔离具体能力提供者与业务代码，既便于企业根据自身的技术特点和运行环境要求灵活地选择，也方便后期升级和维护。

5.2.8 网关

中台建设时会贯彻分布式架构理念，原本单一的系统拆分成众多独立的微服务。当中台外部的应用访问中台时，都会遇到这样的情况：中台系统要判断它们的权限；如果传输协议不一致，需要转换协议；如果调用水平扩展的服务，需要做负载均衡；一旦请求流量超出系统承受的范围，需要进行限流；业务流量进来以后，如何更合理地被导到合适的服务中；等等。

因此，微服务化之后的中台系统需要统一的出入口，这就是网关。网关作为中台与外界的联通门户，很好地解决了调用、路由、协议适配及统一接入的问题。网关将对外访问控制由网络层面转换成了运维层面，减少变更的流程和错误成本，减少客户端与服务的耦合，服务可以独立发展。网关系统一般包含的功能模块有认证、鉴权、安全防护、流量管控、缓存、服务路由、协议转换、服务编排、熔断、灰度发布、监控报警等。有了网关之后，所有外部请求通过入口统一管控，并对外部和内部进行了隔离，保障了中台服务的安全性。

5.3 技术平台构建策略

在技术平台构建时会遇到很多具体的困难，需要采取一定的策略，设定一些技术平台搭建的原则。

5.3.1 困难与挑战

技术平台因涉及的范围很广，在整个平台的构建中会遇到非常多的挑战，比如工具种类多、需要解决的问题点分散等。如何将独立的小系统、小平台、小工具整合串联在一起是第一个挑战。每一个流程都有一个或多个工具可以满足业务要求，具体选择哪一个或哪几个则是另一个挑战。中台的建设离不开技术平台的支撑，而业务中台和数据中台都有具体的应用场景，因此对于技术平台整合工具链的选择，需要根据中台的建设需要，结合众多的行业经验和实践来确定。此外，技术平台怎样才能更好地助力企业数智化转型，从哪些方面提升应用系统生产的效率，如何提升，这些都是在开始构建技术平台时就需要充分调研和考虑的，因为它们会影响到整体平台架构的设计。

5.3.2 技术平台设计原则

一个具备市场竞争力和可持续发展的技术平台，应当是基于稳健的架构搭建的，能灵活支撑业务的发展，而不会随着业务需求的变更发生很大的变动。在遵循传统软件设计原则的前提下，我们总结了一些技术平台设计原则，包括通用性、先进性、易用性和可扩展性等。

1. 通用性

数字中台服务于各行各业，如新零售、地产、汽车、文旅、大健康等行业。每个行业有其独特的专业性，应用软件的某些业务功能也是其他行业所不具备的。但是作为辅助建设数智化转型中台系统的体系化工具平台，技术平台需要从各行业中提取出共性，而忽略各行业的个性或将其以可挂载的方式建设。因此，在构建技术平台时，首先要遵循的原则是通用性。适配覆盖全景的研发技术场景，支撑更广泛的业务使用场景，满足不同类型企业的研发团队的要求，这些是考量技术平台的关键指标。

2. 先进性

在设计架构的时候，技术平台应当采用较为先进和流行的软件工程方法，选择能够满足业务支撑需求的较为流行的技术体系。先进且流行的技术，通常也是经过时间的检验和多方验证的，是能够支撑业务不断发展的，是成熟的。技术平台的设计之初就应当遵循先进性的原则。例如，采用云原生架构构建的平台体系可以有效提高对资源的利用率，并能与生产出来的中台系统更好地融合，提高整体软件研发的效能，从而为采用最新技术的中台体系提供更好的衔接和服务。我们有时会看到，业务系统本身的架构与时俱进，但与之配套的技术平台却相对落后，导致技术平台的理念跟不上业务系统的理念，从而无法与业务系统更好地配合。

3. 可扩展性

市场千变万化，企业业务会随着时代的发展变得越来越复杂，这就要求技术平台也能够不断进步和扩展，适应和支持企业的业务创新和快速变更。因此，技术平台还需要考虑可扩展性。可扩展性指的是技术架构稳定，平台应用之间低耦合、高内聚，可以对平台本身的需求进行较为快速的响应。例如微服务化的架构、分布式框架、分布式消息队列、分布式存储等技术的使用，都能够使技术平台具备良好的可扩展性。

4. 易用性

技术平台因覆盖面较大，涉及技术较多，对于使用者来说存在一定的门槛。因此，平台是否好用、是否方便、是否操作简单，即易用性，是非常重要的设计原则之一。例如，采用可视化界面，友好、直观、形象地展现具体功能模块，有通俗易懂的指导步骤，操作顺畅不卡顿等，都是易用性的良好表现。站在不同角色使用者的角度考虑需求，设计平台产品功能，以用户为中心，并且通过不断收集多方反馈，这样才能构建出具备高易用性的技术平台。

5.3.3 技术平台规划演进

我们在过去 4 年服务企业数智化转型的过程中，实践和摸索了技术平台构建和演进路线。从支撑小规模的内部研发团队，到支撑数百人的产品开发和项目交付团队，再到服务于各行业头部企业的中台建设，我们在不同阶段所采用的技术平台是在发展变化的。从最初的脚本化工具，到搭建简单的开源系统支撑项目交付，到中期初步体系化的分领域构建研发服务平台，到现在构建统一的技术平台体系支撑内部协同和外部交付，并将其作为软件定义中台的一个组成部分，逐渐形成以业务和数据中台为核心、以技术平台为基座的完善的数字商业新基建。

5.4 技术平台构建方法论

针对企业构建如何自己的技术平台，我们总结出了四步法：选型确认具体方向和技术，划分领域边界来定义支撑范畴，平台化集成，由数据来支撑整个技术平台建设。

5.4.1 选型

选型是整个技术平台建设的根基，它确定了平台的发展方向。技术平台作为辅助企业数智化建设的平台，为了满足不断变更的业务场景需求，需要结合当前科技发展的趋势，选择最合理的技术体系。

选型需要考虑技术满足度、业务属性要求和成本来确认最终的技术体系。基础技术选型包括开发技术栈选择（如前后端开发语言）、开发框架选择（如微服务框架）、技术架构选择及技术中间件选择（如数据库、消息队列、通信方式等）。考核指标包括可靠性、性能、跨平台、多语言、迁移成本等要求。业务属性有行业规范、开源或商业、特殊安全规范等。此外，技术选型也要考虑团队成员的接受度和学习成本。这样，通过多方面的拉通，经过权衡，从候选的工具集和技术栈中选择适合企业技术平台建设的技术体系。

5.4.2 边界确认

企业在进行中台建设的时候，从业务到数据，从底层 IaaS 到上层应用 SaaS，涉及的技术多且杂，将技术归纳为若干个集中的技术业务集合，有助于在构建技术平台的时候，避免零散且无重心，避免建设重复的技术功能模块。因此，技术平台建设的边界也需要重视。边界确认包括确认平台的领域划分、定义平台所涉及的实施领域对象以及子系统的对接要求和规范等。

可以从不同的角度和方向来划分边界，用不同的角色来定义系统。有了边界就有了范围，继而有了建设的目标。确认单一子系统的功能模块，系统内的逐步推进实现，系统外的交互接口，同时也要确认子系统内的输入输出关系。此外，每个划分功能边界后的系统都应该是一个可以独立部署和运行的系统。例如，将管控研发过程的流程类功能模块归纳为研发协作平台，将提升开发效率相关的功能归纳为低代码开发平台，将侧重于大数据领域的功能独立成数据开发平台，适配多种云环境的能力衍生出多云适配，而统一入口则衍生出网关等。

5.4.3 平台化集成

有了边界之后，就需要将各个相对独立的子系统整合为统一的平台。平台化是所有应用系统的发展方向，特别是技术平台。平台化的推进过程一定要注重差异化与通用化的平衡，从平台的开放性、移植能力、安全能力、伸缩能力及交互能力等特性全方位考量。对于零散独立的工具子系统，如代码仓库、镜像仓库等，通过构建一个包含统一用户权限管理体系的平台，可以将这些工具子系统串联在一起，进而流程化管理研发过程，告别数据孤岛，推进协同共建。并且，将分散的技术系统整合为统一的技术平台，会发挥 1+1>2 的综合效应，能更好地支撑上层企业业务中台和数据中台的建设。

5.4.4 数据化支撑

数据通常作为精细化运营的核心被广泛应用，也是构建技术平台时极其重要的方法论依据之一，无论是在研发过程的管控、项目推进的实施还是交付结果的论证等方面，数据都是依据，都是关键。正确合理的数据有助于企业对研发过程的改进和提效。

　　我们认为数据化支撑应该包含与数据相关的功能和数据评价部分，基于此，技术平台应当建设报表管理、基础设施监控、日志数据分析等与数据相关的功能模块，而数据评价部分则可以包含平台内置的组件种类、组件数量、平台高可用度、提效百分比等度量指标。有了这样的数据化支撑，技术平台的发展也就有了更有力的抓手，从而使技术平台能够得到更好的建设和完善。

第二部分

解决方案与案例

数字中台源自阿里巴巴等互联网企业,正在向传统企业延伸。越来越多的传统企业开始探索数字中台的具体落地方案,目前主要是地产、汽车、食品、酒饮、日化、3C、家电、烟草等消费类的大中型企业。这类企业拥有庞大的业务体量和多年的数据沉淀,依托数字中台,它们将原有的业务数据资产化,使数据充分流通,整体提升企业的数据能力,以此强化和统一消费者的触达体系,快速洞察消费者并迅速做出反应,实现"线上 + 线下"的一体化经营,最终提升消费者体验,形成新的营销生态。

本部分将详细讲解新地产、新汽车、新直销、新零售、新渠道5个新行业或领域如何通过数字中台实现数字化转型。首先,我们会给出每个行业建设数字中台的目标、解决方案以及实现路径,然后会通过一个真实的综合案例,详细讲解数字中台的落地思路和方法,以及给企业带来的具体价值。

第 6 章 | CHAPTER

新地产行业的中台实践

地产行业经过十几年的跨越式发展,逐渐进入一个相对稳定的阶段,这个阶段体现出如下 3 个核心变化。

(1)宏观:封顶封底,零和游戏

宏观层面,在"房住不炒"的核心指导方针下,房企开始调整自己的经营思路。首先是从"黄金十年"进入"白银十年",开始精细化运营;其次是新的资本化运作,如 REITs、CBMS、运营收益权 ABS(资产证券化)、物业费 ABS、购房尾款 ABS 等。未来几年,新房市场预计会稳定在 15 万亿元左右的规模,整个行业的天花板已经形成。过去是进入这个行业就能赢,现在是只有资深行家才能赢,接下来的竞争主要体现在"盘中餐"的争夺上。

（2）中观：纵横发展，规模为王

中观层面，房企的布局主要体现在两点上：横向的业态扩张和纵向的区域化深耕。不少房企近几年纷纷改名，都在去"地产"标签，长租公寓、零售、商业地产等是头部企业横向扩张的方向。另外，在区域布局上，房企也在逐步加强区域的高密度部署，经历了从布"点"到造"村"，再到造"新城"的转变。当然，以上两种扩张模式与新土地政策密不可分。

（3）微观：布点布局，步步为营

微观层面，一方面地产行业正处于新的地产周期，另一方面地产行业也遭受着新冠疫情等诸多不确定因素的影响，但是中国的地产行业依然在浓厚的互联网氛围中快速发展。地产的本质是连接和资本运作，与互联网有很多类似的地方。所以，众多房企在线上进行点状推进，不断地尝试与探索。尤其是数字化营销方面，直播卖房、线上购房已成为房企标配。而在互联网广告方面，房企的广告投放成为各大广告平台的新增长点，房企与腾讯、阿里、字节跳动等大型互联网企业的深度合作也屡屡可见。从结果上来看，地产业的数字化营销（线上流量红利）、跨界合作，逐步变成大家的共识。

从宏观角度看，房企要适应这些新的变化，数字化转型迫在眉睫。对于数字化转型而言，信息打通和实时反馈是核心诉求。某权威调研机构2019年的一份调研报告显示，近100%的房企高层都反馈企业内部的信息没有打通，无法真实反映经营状况。从中观角度看，多板块的经营跟踪、各层级的个性化经营和业务支撑会变得越来越重要，这对数字化转型的整体规划和未来的可拓展性提出了很大的挑战。从微观角度看，房企的数字化营销要进入深水区，新场景、新增长点、新KPI、新业务流程、新架构会成为大家最关心的内容。

6.1 实现目标

地产业的数字化转型有 3 个关键步骤。
第一，从宏观到微观的战略目标制定；
第二，IT 规划变为行动计划；
第三，用工具或技术实现业务价值。

本节将从快速见效的角度，浅析在新周期下如何利用新技术为房企实现以下价值。

- 降本：以运营效率为核心，加速企业内部打通，构建自上而下的经营战略。
- 增效：以转化漏斗为核心，加速线上线下打通，构建持续成长的客户经营体系。
- 创新：以生态优势为核心，加速产品与服务打通，构建新的加速引擎。

6.1.1　降本：以运营效率为核心，加速企业内部打通，构建自上而下的经营战略

地产行业有自己的行业特性，房企在经营效率（更准确地说是资金的使用效率）方面有高精准、高时效、高质量的"三高"要求。早期的信息化主要是把业务从线下搬到线上，随着企业的业务扩张和多元化发展，越来越多的问题暴露出来，大致可以归纳为以下 3 类。

第一，以业务方为主体构建信息化系统时，存在"没有"数据的问题。

因为不同的部门之间存在"部门墙"，所以业务发起方会以满足业务顺畅度为最高标准。由于企业内部存在大量数据孤岛，因此构建信息化系统时，需要将这些数据孤岛打通，需要花很大

的精力去梳理业务流向和数据流向。但是，由于大多数遗留系统存在架构差、数据标准不规范、开发迭代不可追溯、开发团队人员变动等问题，因此大多数企业会选择重构原来的系统。

第二，以财务方为主体构建信息化系统时，存在财务语言与业务语言不一致的问题。

在项目建设过程中，往往会以财务管控为第一优先级。对于地产业务而言，财务数据滞后严重，对于业务管控的参考意义不大。此外，由于财务的要求比较严谨，而业务管控则更多关注的是底线管理且抓大放小，因此在诸多环节实际上是业务与财务"两层皮"。即便是现在大家谈得比较多的业务和财务一体化，也没有真正解决语言不一致的问题。

第三，以IT规划为主体构建信息化系统时，存在没有快速见效点、多部门配合意愿差的问题。

随着地产行业对数字化转型越来越重视，很多企业引入了副总裁级别的数字化方面的专家，他们遇到的问题是业务变化快，无法按照顶层设计的IT蓝图来一一建设。CIO或CDO要想得到各个业务部门的主管的支持，必须为他们带来业务价值，但是以数据规划、平台规划为代表的基础能力建设是一个漫长过程，很难在短期内产生颠覆性的业务价值。因此，双方会冲突不断，加之信息化的投入有限，最终的结果就是IT规划严重"走形"，慢慢退回到以业务方或财务方为主导的局面。

基于以上问题，企业在进行内部信息打通时，要实现业务顺畅、语言统一、规划落地，快速适应变化就成为核心能力。

6.1.2 增效：以转化漏斗为核心，加速线上线下打通，构建持续成长的客户经营体系

新冠疫情给房地产的市场营销带来了新的变化，很多原来看

似不可能的事情在疫情的催化下都成为现实。大家开始慢慢接受线上直播卖房、线上24小时售楼处、线上直接认购等新方式。

房企开始主动探索线上营销，但是地产属于高价值商品，营销难度大并且成交链路较长，需要多方参与到交易流程中，如购房者、渠道方、开发商等。此外，交易过程也会涉及线上和线下多个交叉环节，比如，先是客户对线上广告感兴趣，然后在线预约，最后到线下看样板房等。房企在构建新的营销体系的过程中，通常会存在以下3类问题。

第一，以工具思维构建线上营销体系（构建开展营销业务的应用系统）时，缺乏线上营销的外部运营属性。

互联网企业之所以能够在线上完成交易，除了消费者决策门槛低之外，还有一个关键要素是面向消费者的互联网运营。消费者只有在特定的时间、特定的场景下才会完成特定商品的交易。企业要掌握时间、场景等变量，就需要有行为数据的支撑，所以企业需要构建自身的私域流量池来洞察消费者的需求。对于房企而言，因为成交链路较长，所以核心工作是将线上流量导入线下。房企应该构建一个能支撑流量导入、沉淀私域流量的运营体系，同时还要能在保持用户黏性的同时提供好的用户体验。

第二，以管控思维构建线上营销体系（构建管理营销部门KPI的应用系统）时，缺乏线上营销的内部运营属性。

对于互联网企业而言，营销体系的构建是线上和线下逐步进行的，但这个过程的核心要素不是管控，而是打通。当分销渠道强的时候，要加强自营渠道的运营力度；当自营渠道初具规模的时候，又要考虑通过分销渠道增加稳定的业务收入，加强分销渠道的运营力度。目前，房企的核心问题在于对分销渠道的依赖越来越严重，在可预见的"白银周期"内，分销渠道会反向控制房企的营销节奏，不断提升渠道费用。所以，建立线上营销体系时要考虑企业的内部运营属性，要大胆设计、小心求证，放下原来的管控思路，根据企业的现状，将原来的管控中心变成运营中心。

第三，以采购思维构建线上营销体系（通过采购成熟软件来构建线上营销体系）时，缺乏线上营销的互联网的迭代属性。

互联网企业有很强的迭代能力，会根据业务的需求对平台进行迭代与优化，这要求企业有较强的业务理解能力和技术支撑能力，这就意味着需要有庞大的团队来支撑。对于地产行业而言，即便是有上百人的IT团队支撑的企业，仍然在技术开发和业务理解上存在很大挑战。技术开发方面，主要是技术平台缺乏好的选择，一定要选择具备自主可控技术的平台，而且平台要符合目前主流互联网团队的技术规范；业务理解方面，主要是企业内部缺乏行业输入，一定要与具备行业创新经验的合作伙伴共同成长。

基于以上问题，企业在构建对外的线上和线下能力时，打造直销和分销体系、进行线上和线下的全渠道营销、打造先进的技术平台、建设线上运营体系就成为核心目标。

6.1.3　创新：以生态优势为核心，加速产品与服务打通，构建新的加速引擎

近几年，以万科为首的龙头房企纷纷提出"活下去"的口号。继万科之后，千亿级及以上规模的房企纷纷提出更加聚焦的发展战略。这里的"聚焦"有两层含义：

第一层，聚焦主业，即聚拢资金，回归地产主业投资；

第二层，聚焦地产的上下游，围绕自身的产业优势逐步扩大投资，剔除比较边缘的试验性投资。

该发展战略在商业上的具体体现为：首先，各个业态都需要有清晰的业务主线；其次，各个业态的布局要能够为未来的品牌做贡献，要能够为业主带来持久价值，并以此为基础创造更大的

商业想象空间。当然，创新业务的数字化建设会遇到很多困难，通常会存在以下 4 类问题。

第一，以工具思维构建创新业务（构建解决创新业务相关问题的应用系统）时，缺乏顶层设计。

工具在构建业务的过程中所起的作用往往是解决数据统计和业务流转等方面的问题。在早期阶段，由于无法判断业务的未来发展，往往会采取短期的、局部的方式，缺乏长远规划，建设过程中不断"打补丁"，因此会逐步形成错综复杂的业务关系。比如，某大型地产公司拥有 5 套商城系统，这些系统基于不同的业务形态和部署类型，而且不是同时建的。业务部门苦不堪言，不仅工作量大，而且每套商城系统的效果都不是很好，给企业的数字化建设树立了很多"人工"壁垒。本质原因是由工具思维带来的"系统墙""代码墙""业务墙"等，企业采购的应用系统是本行业或其他行业的最佳实践，而非企业当下真正需要的。

第二，以投入产出比为主导构建创新业务时，会出现客户体验不佳、无法建立数据资产等问题。

按传统的考核方式，如果要上一套新的应用系统，就要立刻看到投入的产出效果，这导致新业务基本靠传统方式管理或者通过采购套装软件来管理，而且面向客户的应用基本没有打磨，根本无法提供令客户满意的使用体验。决策者往往倾向于等业务做大了再进行优化，但创新的应用大多都需要先有流量才能做大，而有流量的基础是用户体验足够好。当然，还有一种方式，即借助大厂商的 SaaS 平台，但是房企基本无法获得流量，同时数据也会沉淀在 SaaS 厂商的数据库中，无法把客户的数据沉淀为企业自己的数据资产。

第三，以 IT 规划为主导构建创新业务时，会出现利益交叉、各部门利益分配不均等问题。

很多房企在早期的规模化发展阶段从信息化中获益颇丰，因而在新业务上也舍得投入，并且会以 IT 规划为主导来推进整体的工作。然而，问题显而易见，拉通需要的是运营思维，而非系统构建思维。因此，在业务上需要由一个负责顶层设计的部门来牵头，这也是很多互联网公司都会设立平台型部门的原因。房企的不同业务板块的成长阶段不一样，都需要用互联网指标来考核和衡量，需要将决策逻辑迁移到用户与触点的接触过程中，用趋势去判断是否投入，是投入产品还是投入服务。

第四，以内部资源为主导构建创新业务时，会出现忽略外部资源的情况。

以内部资源为主导来构建创新的产品或服务时，企业往往能很好地利用内部资源，但是容易忽略外部的资源，比如地方商家联盟、异业联盟等都是非常有效的手段。外部资源需要以平台的方式去对接，尤其是一些高端资源，需要很强的运营思路。

基于以上问题，企业在构建创新业务时，首先要在基础设施上进行良性投入，其次是需要高质量的前端，最后是打通组织内部以及对接好外部资源。

6.2 解决方案

接下来，我们会从地产数据中台解决方案、地产泛会员运营解决方案、多业态超级会员运营解决方案 3 个方面来讲解地产数字中台的落地方法。

6.2.1 地产数据中台解决方案

我们接触和服务过大量的房企，这些企业几乎无一例外地存在着数据孤岛,数据打通是个大难题。数据打通并不是简单的系统间的数据交互,也不是通过某类数据系统实现技术上的打通,而是业务层面的打通,即打通地产业务内外部的生态体系,通过上游资源的整合反哺下游客户,形成"连接共生,生态共赢"的商业模式。

外部数据的打通有两个维度:

首先是整合合作伙伴的业务形态,以数字化的形式进行呈现、分析、评估,构建一站式的、协同的、一体化的共享平台,在这个平台上可积累大量的供应商信息。这些信息包括供应商的类型、信誉度、产品价格、历史合作订单等,可以帮助采购人员快速判断供应商的可靠性,并在其做采购决策时提供可靠的数据支持。同时,还可以借助第二方、第三方的数据,对供应商的资质和能力进行全方位、多角度的核验,以防范招标采购风险。

其次是外部客户数据的打通。房企的多业态经营模式离不开对客户全生命周期的运营。在业态内,客户信息需要跨系统打通;在各业态之间,客户信息需要进行有效共享,这样才能为企业带来最大收益。企业的收益不仅包括客户本身带来的直接收益,还包括亲友推荐、品牌传播、口碑传播等带来的间接收益。做好客户的深度运营、精细化营销,在现有客户的基础上进一步扩大客户规模,并以高质量的服务维系好客户,已经成为房企安身立命的根本。房企要做好以上几点,关键在于建立数字化的客户运营体系。首先需要从多方面收集客户的基本信息、行为信息、轨迹信息;然后将这些信息数字化,加以整合、分析、洞察,从而判断客户的特征、偏好、需求、价值;最后以数据为出发点,通过科学的方法论为客户提供个性化服务,获得客户的认可与信赖。

内部数据打通是将跨部门、跨系统的数据进行融合，基于房企的核心指标——ROI（投资回报率）、IRR（内部收益率）自上而下建立企业的经营指标管理体系，通过对指标变化的深度洞察来为战略执行、经营管理、运营手段、风险防范提供科学的决策支持。经营指标管理体系的搭建不是简单做做报表展现和数据可视化大屏等，而是要能够在决策需要时给予关键的数据支撑。

举个简单的例子，企业主管在审批某位员工的报销单时，批准或驳回的决策依据是什么？假如你就是这位主管，你可能会考虑如下 3 个问题：

这位员工的历史报销情况怎么样，这次的报销金额与以往相比是多了还是少了？

同职位做同样工作的其他员工的报销金额比他多还是少？

其他公司做类似工作的员工的报销额度是多少？

如果你在做审批决策时能获得关于这 3 个问题的数据，相信你一定能做出正确的决策。这个例子只是一个简单的决策模型，真实业务中的决策模型往往更加复杂多变，这就要求企业构建的指标体系更加精准，计算逻辑更加合理。

有数据支撑的决策和无数据支撑的决策哪个更高效、更科学，答案是显而易见的。我们相信在不久的将来，随着房企数字化转型的不断推进，企业经营的指标管理体系也会日趋完善与成熟，越来越多的指标和数据会被用于各种各样的决策。很可能有一天，以大数据为载体的数据中台能给出决策结果的预演，甚至直接给出科学的决策结果。

基于上述内容和我们在地产行业建设数据中台的实践经验，我们绘制出了地产行业的数据中台的全景视图（见图 6-1）。

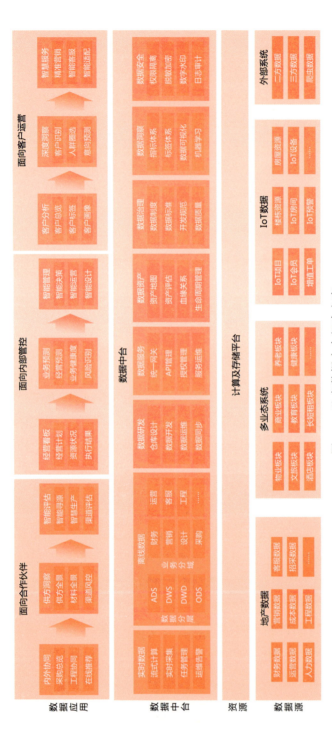

图 6-1 地产数据中台解决方案

1. 面向合作伙伴的数据赋能

企业在与合作伙伴进行业务交圈的同时，需要进一步强化内外部的数据交圈和数据在线，通过打通内外部生态的数据孤岛，实现跨产业资源的整合，与合作伙伴共同构建一站式的、协同的资源共享平台。具体的实践场景可分为内外协同、供方洞察、智能评估3大阶段。

第一阶段：内外协同，实现已有数据的内外交互和过程数据的在线沉淀。

房企的进、产、销三大业务板块对应的核心合作伙伴是材料供应商、施工方和渠道商。内外协同的核心是打通内外部生态的数据孤岛，要解决的重点问题是房企与材料供应商、施工方、渠道商之间的数据交圈协同和数据在线协同。

对于房企而言，材料的采购具备高频、多种类、产品非标、单价低、总价高等特点。材料的高频采购决定了采购协同的必要性。通常，房企与材料供应商间的协同会依托两种方式：第一，通过第三方采购平台进行寻源和招标，但是第三方采购平台最大的问题是"有量无质"，因此很少有优质供应商在第三方采购平台上寻找项目；第二，通过搭建统一的采购平台在线上进行阳光招投标，实现内外部协同和数据在线。采购平台有效实现了采购过程的数据沉淀，为采购大数据的分析打下了数据基础。但是，现阶段大部分房企搭建的采购平台都是烟囱式的，没有大数据平台的支持，无法有效实现数据的协同和交互。

数据中台一方面要拉通房企内部各产业公司、各区域公司的供应商数据，构建在数据逻辑上统一、在业务管控和运营上独立的集团供应商数据库。因此，各子公司在构建各自的采购平台时，要确保供应商的数据统一，避免出现同一供应商在集团下的多个子公司重复入库的问题，以及因为信息需要在多个平台申请修改而导致信息重复或不一致等问题。不仅要确保集团内各个子公司或多业态的独立自主经营，而且要实现数据共享，促进业务协作。同时，数据中台也可以通过接入外部数据来实现内外部数据的交互和数据沉淀，比如通过外部供应商系统的标准 API 接入供方数据或通过与第三方公司（如天眼查、企查查等）合作接入第三方数据。

房企与施工方的交互，核心是要实现施工过程中的数据协同和数据在线。目前，多数房企已经实现了施工过程中与钱相关的数据的交互，包括变更管理、产值申报、付款申请等。但是，与施工方的协同存在两个问题：

第一，多数房企使用外部的 SaaS 产品，虽然数据在线了，但是没有将数据沉淀到自己的数据库里，无法支撑企业现阶段和未来的数据应用诉求（这也是近几年很多头部房企开始去 SaaS 化的一个重要原因）；

第二，常见的工程协同主要以成本管控为核心思路，没有真正实现工程全过程的甲乙方协同。

因此，在工程协同层面，头部房企未来一定会通过双中台的底座构建完全自有的全过程工程协同，通过让更多触点的数据在线，沉淀施工过程数据，并通过数据中台对沉淀的施工过程数据进行建模分析，逐步优化施工标准和工艺。

在地产营销竞争白热化的今天，渠道商对房企扩大流量管道和实现销售业绩的影响越来越大。地产营销需要全面在线，连接并聚合渠道商和经纪人，实现客户推荐、客户看房、客户交易的全面在线化。

因此，渠道商与房企的数据交互需要更加紧密，通过数据中台拉通企业内部的产品和客户数据、汇集渠道商和客户的特征数据，以数据的交互来有效支持推盘信息的快速触达、库存物业的精准销售、交易过程的联合跟进等场景。

第二阶段：供方洞察，实现数据的全景式应用，全面洞察合作伙伴。

业务中台将沉淀全面的供方数据，并通过数据中台的一系列大数据建模，对材料供应商、施工方、渠道商等合作伙伴构建供方全景、材料全景、渠道风控的场景应用。

供方全景基于集团拉通后的统一的供应商数据，通过全业态、内外部、多系统的相关数据（包括基础信息、变更情况、风险情况（企业本身及关联主体的法律风险、舆情监控等）、投标情况、合作情况、口碑、履约情况、质量情况（关联承接查验和交楼数据、报事报修数据等）、年度评估等多维度数据），构建供方的360°视图，帮助开发商洞察供方数据，有效识别供方的合作风险。

材料全景基于标准统一的材料数据，拉通全业态、全地域、全时段的采购、建造、销售、交付、售后等多个环节的数据（包括品类、价格、质量、客户满意度等），构建材料的360°视图，帮助开发商高效、低成本、低风险地找到高质量和高标准的材料，以实现在提高采购和建造环节的效率的同时降低成本。

渠道风控在地产行业的应用已经比较广泛，其核心业务逻辑是通过人脸识别抓拍并辨别可能会内场飞单的风险单。数据拉通以后，数据中台通过多种数据模型，在传统的渠道风控的基础上可以实现两大创新：

第一，通盘通客，打破传统的渠道风控只能做项目级风控的限制，实现跨项目的客户识别，避免内单外飞到同城市的其他项目；

第二，分析模型的创新，如引入已有客户池的客户关系模型，挖掘内单外飞后由客户家人购买的风险单（通过对多业态客户数据的拉通和客户 OneID 的识别，建立客户间的关系模型）。

第三阶段：智能评估，基于人工智能评估供方。

随着企业规模的扩张，企业与合作伙伴的合作频次会快速增加。因此，企业会在进、产、销三大业务板块沉淀大量的数据，这些数据会成为辅助业务发展的重要支撑。企业可以通过数据的积累来培育针对供方数据的智慧大脑，智能化地支持进、产、销过程中对合作伙伴的评估，以及对智慧寻源、智慧生产、渠道的评估等。

智慧寻源以提升招采效率、管控招采风险为核心，通过企业内部采购需求的标准化和标签化以及供方的标准化和标签化，为需求精准匹配合适的供应商。通过对标签数据、匹配数据、签约数据、招采员评价数据等的分析，可以自动修正和优化算法模型，逐步提升匹配精准度。

智慧生产以施工过程监控、施工安全预警为核心，通过人工智能手段对施工安全进行实时预警，监控并暴露施工过程中的问题，最后输出优化建议。

渠道评估的核心是要打破渠道商"业务为王"的评估导向，从客户质量、费效比、合规情况等多个角度全面评估渠道商，实现地产商和渠道商的持续健康合作。

2. 面向企业内控的数据赋能

在过去，房企内部的信息化系统主要实现的是部分业务过程的数据化，完成的是部门业务数据的沉淀。在未来，房企内部的管控数据生态圈的建设要以企业经营为核心，由上至下分解和构建数据应用，并以业务中台和数据中台为基石，按照"业务分析→业务洞察→业务智能"的路径逐步演进。

- 业务分析：数据决策代替主观臆断，业务过程数据化，通过对业务数据的分析来做决策。
- 业务洞察：数据分析代替经验分析，分析黑盒化，通过大数据分析直接输出业务洞察预测结果。
- 业务智能：数据决策代替人工决策，数据驱动业务，机器的智能化决策取代人工决策。

在具体落地方面，业务分析的核心是以企业经营分析为重点，构建全方位的企业经营看板；业务洞察的核心是实现对重点业务的预测；业务智能的核心是实现企业内部的智能化管理。

（1）经营看板：构建统一的企业经营数据看板

经营看板主要包括利润分析和现金流分析两大核心经营指标板块，用来解决企业经营结果数据的快速输出问题，包括：

- 经营计划的展示、分解、变化跟踪；
- 投、产、供、销、存资源状况的变化和匹配分析；
- 经营指标和资金现状的执行结果分析等。

经营数据指标体系是通过采集业务系统中的数据形成的企业数据指标库。数据中台主要解决的是基础数据的统一和核心数据的拉通，通过规范化维度模型构建标准化、可复用的数据宽表，并通过大数据手段解决数据输出和展示的效率问题。

（2）业务预测：全方位地对核心业务进行洞察和预测

业务预测主要是对企业的经营结果进行预测，解决经营层面的未知问题，包括：

- 经营预测，对经营结果的预测；
- 业务健康度，对业务运营健康度的评估；
- 风险识别，对关键业务风险的识别。

经营结果除了受企业内部的管理因素的影响外，还受外部环境因素（政策环境、经济环境、市场环境等）的影响。要实现对业务的有效预测，除了拉通企业内部的高价值密度的数据外，还必须接入低价值密度但数量极大的外部数据。这些外部数据具备数据类型多（包括结构化数据、半结构化数据、非结构化数据）、数据量大的特点，必须通过数据中台来承载、处理和分析。

（3）智能管理：实现智能化的数据决策

智能管理期望通过构建智慧决策大脑来辅助企业做管理决策，并在部分高容错场景配合业务系统实现自动决策预警与强控。智能管理包括以下3个方面。

- 智能决策：融合决策因素并加以分析，辅助企业内部管理决策。
- 智能运营：实现企业内部产销匹配、供销匹配、资金调配，做到运营利益最大化。
- 智慧设计：评估市场客户需求，设计与客户需求匹配度高的产品。

3. 面向客户运营的数据赋能

客户运营的两个核心是拉新和留存。房屋作为大额商品，从客户首次案场到访到认购、认筹的周期为1～2个月，行业属性决定了其拉新的周期非常长。与消费品行业相比，其复购率也要低得多。在客户黏性方面，房屋交付之后，客户几乎不会再与房企联系，一般只有物业为业主提供服务时才有互动。另外，房屋交易都是线上报备、线下交易，房企能够获取的客户信息非常有限。因此，常规的客户运营策略在地产行业几乎无效，客户信息的获取成了决定地产业数字化运营成本高低的关键。

房企一般可通过以下4种方式获取客户的标签化数据。

1）在客户案场到访期间，置业顾问会对客户进行简要的访谈，从而获取客户的购房意向、价格区间、购房用途以及少量的客户信息。这些信息大多以标准化的提炼为客户特征标签，并通过置业顾问上报标签平台，用手工方式对标签进行统一管理。

2）跟进、签约、交付到物业服务的整个过程中，置业顾问会收集到客户的少量信息，可通过计算判断出客户的特征标签，比如可通过购房的价格区间大致判断出客户的年收入范围。

3）通过房企运营的 App、小程序、公众号以及其他营销工具开展的活动和内容互动来判断客户的偏好，实现客户偏好的标签化。

4）通过其他业态的运营，获取客户在其他业态的相关信息（基本信息、行为信息等）。

有了上述数据就可以搭建客户的标签体系，并且通过标签平台维护整个体系的客户数据。有了标签体系，业务人员就可以对单个客户进行画像分析，画像会展示客户的基本信息、客户标签、客户去过哪些案场、客户的购房意向、在各大业态的全生命周期旅程等。客户画像的主要目的是发掘客户的需求和偏好，进而为客户推荐合适的商品。当然，客户的敏感信息（如电话号码、身份证号、住址等）是加密的。展示主要以标签化的文字描述为主，在数字化运营的过程中既保证了数据的价值，也避免了客户隐私的泄露。

客户运营也包含对客户群体的洞察和分析。首先，对大量历史成交客户的购房地理位置、籍贯、收入和购房意向等因素进行相关性分析；接着，基于分析的结果，再结合客户标签体系所给出的客户特征进行客户群的圈选；最后，由相关的销售人员或者通过有针对性的广告投放对圈选出的客户进行精准营销。通过这些洞察和分析，能够有效降低营销的成本，提升客户的命中率和转化率。

在地产行业，房屋销售的精准营销只占客户运营的一部分，还有多业态交叉销售的精准营销。比如，某地产公司以地产、养老和物业经营为主，可以通过物业系统识别出家中有老人的客户，以及老人的大概年龄和身体状况，再通过一些数据分析和协同手段实现养老产品的精准营销。再比如，某地产公司以地产和酒店经营为主，假期临近，可以向客户推送一些旅游攻略，其中推荐的旅游目的地的酒店正好是该公司经营的业态，当客户对旅游攻略产生阅读、评论、转发或点赞等行为时，可向客户发放酒店的优惠券，以提升入住的概率。

当前，客户的数字化运营仅仅解决了一些简单场景的精准化营销问题；未来，随着数据的不断丰富和运营体系的不断完善，一定能实现更加智慧化的场景营销。以客户案场到访为例，数据中台可以结合预先收集到的客户特征及置业顾问的性格特征，为不同的客户匹配合适的置业顾问，同时为客户推荐符合其要求的地产项目，从而缩短客户的购买周期，提升交易的转化率。

6.2.2 地产泛会员运营解决方案

过去，地产行业的客户营销侧重于线下体验和服务，随着移动互联网和数字化营销时代的来临，客户与企业的产品和服务的接触呈现多元化趋势。多渠道、多场景的触客方式，意味着我们需要打破传统物理空间的限制，培养基于互联网的新营销能力，重构人、货、场关系，实现线上和线下营销的融合。

地产泛会员的运营解决方案围绕客户的全生命旅程展开，重点关注"人""商品和交易""促进转化"3个方面的数字化运营效果，如图6-2所示。

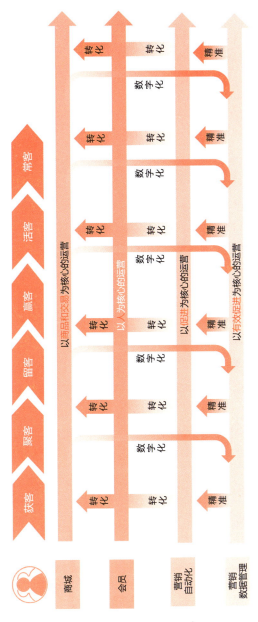

图 6-2 地产泛会员运营解决方案

1. 客户前端的建设

鉴于用户连接渠道的多样性和上下游协同角色的复杂性，房企应以数字化营销平台为核心，为整个数字化营销闭环涉及的所有角色（包括消费者、中介机构、经纪人、行销团队、老业主、租客等）有针对性地打造数字化应用，满足不同角色的诉求，提供适用于不同应用场景的产品和服务，如图 6-3 所示。

在线上运营方面，要加强自有渠道与生态内合作伙伴的协作，实现私域流量的导入和运营。应线上运营和线下运营拉通，通过数字化平台解决两者之间的业务协同和数据共享等复杂问题。同时，考虑向企业内部的用户流量入口（如社区）进行拓展，通过低成本营销手段促使业主产生推荐和复购行为。

2. 客户洞察

通过对端的改造来优化客户体验，同时实现全渠道（线上和线下）、全场景采集客户信息和行为数据，从而形成统一的客户标签与画像，沉淀企业的客户数据资产（见图 6-4）。在为业务赋能的过程中，通过人群分组和圈选，从海量客户中找出真正有价值的目标客户群，为后续有针对性的营销策略打好坚实的数据基础。

3. 会员运营

在传统的地产运营思维中，只有产生交易的客户才能成为会员。如今，我们需要借鉴互联网的用户运营思维——接触者即会员，通过降低会员准入门槛，设定差异化的会员等级和权益，吸引更多客户参与。

第 6 章 新地产行业的中台实践

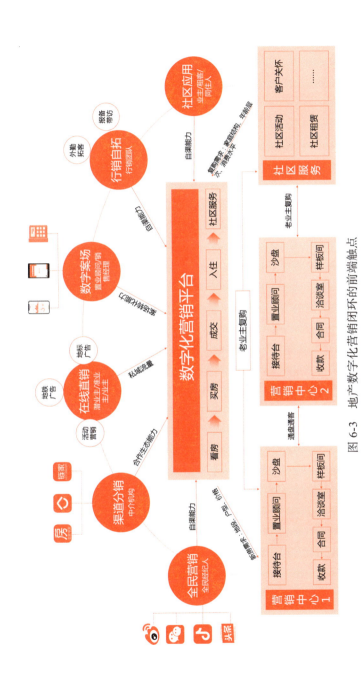

图 6-3 地产数字化营销闭环的前端触点

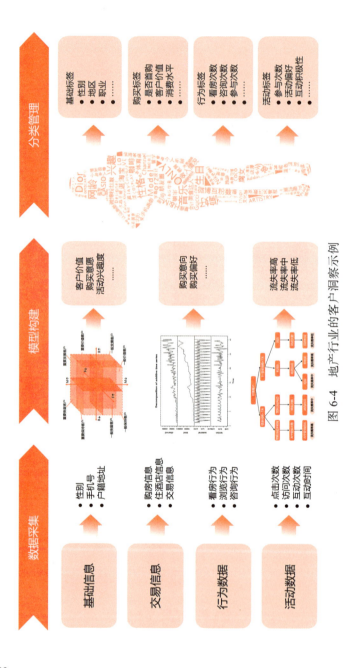

图 6-4 地产行业的客户洞察示例

基于不同用户角色（如潜客、业主、员工和独立经纪人等）的不同需求偏好，实行分轨制运营。

针对潜客，可以考虑通过在线看房、VR看房、电子沙盘、直播看房和购房优惠券等低成本的运营方式，帮助客户全面了解楼盘及企业品牌，提高其对品牌的忠诚度，最终达成交易转化。

针对独立经纪人，重点是他们的活跃度运营，将其定位为企业品牌的推广大使。通过领取营销任务、海报分享、游戏互动、活动红包、积分兑换、快速结佣等激励手段，将独立经纪人变成帮助企业裂变和传播的核心KOC资源。

针对员工（员工是很多企业容易忽视的群体），通过建立员工特惠折扣通道，为员工制作精美的朋友圈分享素材、AI名片等，让员工在自己的社交人脉中获得被尊重的感受，从而乐意主动分享。

4. 整合营销

由于客户接触的渠道和场景具有多元化的特点，加上对接客户的业务部门有不同的职能划分，因此营销触点、活动方式、业务场景都呈碎片化。所以，整合营销的定位在于：对外聚合复杂而碎片化的营销生态，以满足企业碎片化的营销场景需求；对内聚合隔离的职能，以提供一致的客户旅程。整合营销需要构建集客户数据、内容交互、客户体验、沟通执行、分析迭代于一体的闭环体系。

整合营销贯穿客户培养、转化、分享、成交的全生命周期，如图6-5所示。

图 6-5 整合营销的全生命周期

6.2.3 多业态超级会员运营解决方案

随着地产行业由过去的土地开发模式转型为产城融合模式，房企纷纷开始多元化经营，地产行业的竞争进入下半场。此时，战略资源的定义也在发生根本性变化，从土地转变为客户及对客户的洞见。以客户经营为核心，依托特定的运营场景，实现资产增值，其中最应该关注的是客户价值的变现，最大化客户的生命周期价值（单个客户的全生命周期价值 × 客户数量），并以此来指导业务场景的布局与运营。

应基于全新的客户视角，从资产布局转变为客户经营布局，围绕客户生命周期价值进行不同类型业务的组合设计，明确哪些是获客的入口业务，哪些是锁定客户并提高客户黏性的业务，哪些是帮助客户实现价值变现的业务，如图 6-6 所示。

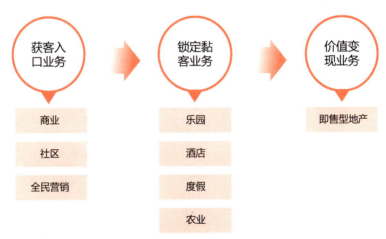

图 6-6　围绕客户全生命周期价值的业务组合

各业态应以客户为中心搭建整体客户运营体系，持续提升业务能力和推动业务变革，驱动各业态协同与融合，如图 6-7 所示。

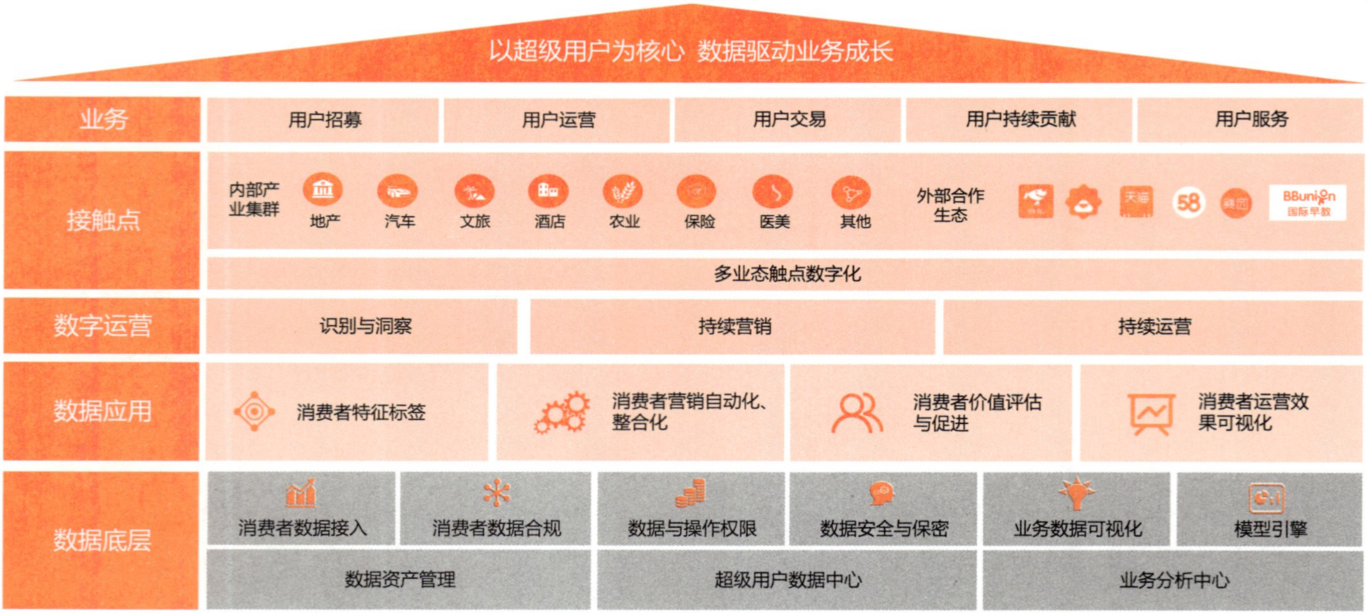
以超级用户为核心 数据驱动业务成长
业务
用户招募
用户运营
用户交易
用户持续贡献
用户服务
接触点
内部产业集群
地产
汽车
文旅
酒店
农业
保险
医美
其他
外部合作生态
天猫
58
BBunion 国际早教
多业态触点数字化
数字运营
识别与洞察
持续营销
持续运营
数据应用
消费者特征标签
消费者营销自动化、整合化
消费者价值评估与促进
消费者运营效果可视化
数据底层
消费者数据接入
消费者数据合规
数据与操作权限
数据安全与保密
业务数据可视化
模型引擎
数据资产管理
超级用户数据中心
业务分析中心

图 6-7 超级会员运营

超级会员运营的目标和价值如下所述。

- 支撑消费者持续经营战略的落地，沉淀企业核心数据资产。通过多业态全面触达客户，全面采集客户行为数据，从而全面洞察客户，最终实现全站服务以客户为导向，实现企业私域流量池的运营效果，逐步沉淀客户数据资产。真正顺应土地资源转变为客户资源的行业趋势，根据数字化资产重新评估企业价值，支撑企业业绩增长。
- 以消费者持续经营为核心，推动多业态协同发展。改变以往的客户运营呈点状和线状的松散型结构，整合企业内外部的产品与服务，形成围绕客户全生命周期的价值网络。基于对客户的全面洞察，实现千人千面的精准营销，拉通业态并实现交叉营销导流，从而提升各业态的业务价值。
- 围绕消费者持续经营，构建组织能力和组织心智。围绕整体的客户经营思路做顶层设计，反向推动各业态的数字化建设，统一建设目标、建设规划、建设标准、管理动作和运营组织保障。沉淀企业核心共享能力，快速赋能前端应用，实现集约化建设，解决IT建设的效率和效果问题。

6.3 实现路径

行业趋势的变化以及企业多元化经营的战略思维升级，要求我们的数字化建设必须跟上企业转型的步伐，但同时也要注意避免追求"大而全"，短时间内铺得太开会导致在有限的资源下精力过于分散，会给项目带来不可预知的风险。

在数字化转型进程中，可以采用整体战略规划、分步实施策略。我们建议从主营业务切入，优先解决核心问题，在企业内部先建立起标杆示范效应，在分步实施过程中沉淀成功经验，以便在未来向新业态进行复制和拓展时能够游刃有余。

数字化转型进程可分为四大阶段，如图 6-8 所示。具体介绍如下。

数字化建设的核心思路是围绕客户全生命周期构建数字化消费场景和用户体验，同时拉通全流程上下游的协同角色，包括员工、管理者、渠道和合作伙伴等，达到赋能客户、赋能员工、赋能伙伴和赋能管理的目标。

因此，在实施路径上可优先选择从客户领域切入，将客户数据作为企业核心数字资产，从而建立统一的客户经营平台（客户中台），实现全渠道触达客户、全域客户识别、全场景精准营销、全天候服务在线、全量客户行为分析。

只有打好客户中台这个基础，我们才能更好地从客户领域转战业务领域，充分发挥客户运营价值，以赋能地产主营业务为目标（地产中台），围绕客户"触达→兴趣→咨询→接待→交易→入住服务→传播"的全旅程，构建营销和服务场景，同时拉通整个业务上下游的协同角色，构建完整的数字化业务闭环。

地产中台的建设成功后，我们可将其经验复制拓展到企业的各个成长和创新业态中，如文旅、酒店、养老和教育等。同时，基于"小前端+厚中台"思路，各业态的数字化建设可以借鉴和遵循地产中台的建设目标、规划思路、技术规范和组织保障。各业态聚焦自身个性化业务发展，并不断沉淀与建设中台共用能力，形成集约化发展的良性循环，最终建立真正意义上的企业中台。

最后，为支撑企业城市配套服务运营商的定位，积极参与智慧城市建设。通过输出企业技术服务能力，与外部互联网平台、AIoT 等技术服务商协作，打造商用解决方案，满足消费者全方位生活需求。

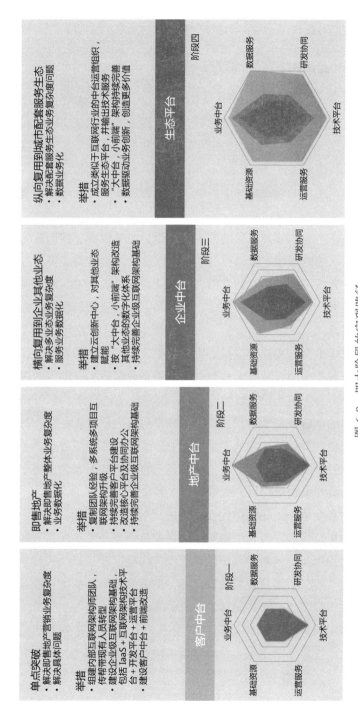

图 6-8 四大阶段的实现路径

6.3.1 客户中台

前期大量的企业调研和反馈表明，由于以往忽略了客户经营，客户数据碎片化、完整度低、准确性差。也就是说，我们数字化建设的根基薄弱。而如果客户问题没有解决好，其他上层建筑就无从谈起。

客户中台的建设是一个系统工程，要从几个方面通盘思考和实施。

经营思路：客户经营的核心依然是为业务服务，我们首先要自上而下梳理整个客户经营的思路，保证顶层设计与底层业务执行的一致性。在顶层设计方面，我们从业务目标出发，思考目标人群是谁，他们拥有什么属性、特征和偏好，从而勾勒出目标人群的画像。

搭建平台：聚焦企业核心客户数字资产的持续经营问题，拉通整合各业态的碎片化客户数据，构建企业客户 OneID，并围绕客户全生命周期实现全域触达、统一洞察、全站服务。

端的改造：基于客户经营思路和平台接入标准，各业态对客应用端的建设思路，应从满足自身业务要求转变为服务于企业整体客户经营，基于自身业务特点，在与客业务互动的过程中尽可能采集和识别用户行为数据，建立客户画像标签。

业务变革：应用端的优化与改造只是客户经营的一部分，更重要的是整体客户经营思路落实到企业每个业务板块所带来的业务变化和创新，组织和人员的日常业务执行也要从以往成交导向转变为"成交 + 客户经营"双目标，业务变革的转变需要业务抓手和管理制度两方面共同发力才能实现。

组织保障：在组织方面由高层牵头，拉通各业务条线负责人，成立业务变革小组，共同推动解决客户中台实施过程中遇到的组织变革和管理变革等核心问题。

6.3.2 地产中台

在客户中台成功落地后，可开始着手推动上层业务数字化变革进程，我们建议从地产主营业务切入，以解决目前碰到的核心业务问题为目标，这样其成功经验和价值产出会更具代表性。

地产中台的实施要解决即售型地产业务在数字化营销领域的"引流—促活—留存—交易—传播"全流程中的问题，为客户旅程及上下游协同角色提供相应的数字化应用，如在线直销、全民营销、智慧案场、渠道风控、智慧交易、智慧服务等数字化应用，赋能各角色在所处业务场景的应用。底层通过数字中台实现业务协同和数据复用，从而解决业务协同的复杂性问题。

在建设过程中，遵循"小前端＋厚中台"的理念，既要注重对客应用端的创新与用户体验提升，也要注重企业核心能力的沉淀，如用户、产品、营销、交易、支付、工单和评价等能力作为企业核心能力由中台统一支撑，以快速响应业务的变化与应用的创新。

在组织保障方面，可沿用业务变革组织的模式，横向拉通职能部门，纵向推动区域和项目的应用与推广落实。

在总部层面，基于业务数据化的理念，关注数字化应用及客户运营产生的实际业务价值，不断总结与迭代。

6.3.3 企业中台

多元化经营的企业战略思维升级后，房企定位为城市配套服务运营商，很多房企，尤其是头部房企，纷纷进军文旅、酒店、养老、教育和零售等新兴产业板块，围绕客户全方位生活需求打造消费服务场景。此时地产中台在地产数字化营销方面的成功经验可快速复制到企业的多业态数字化转型中。

各业态板块的数字化建设路径不必再重走以往主营业务的建设道路，不必再从头到尾搭建全套完整的 ERP、CRM 和 CRS 等系统，而可以充分利用前面阶段沉淀的企业核心能力与数据资产，快速赋能自身业务的数字化建设。

在建设思路方面，各业态板块需要遵循企业整体客户经营目标，在建设之初即要思考服务企业客户经营思路的落地，从而细化各阶段数字化建设目标和规划思路。

在落地执行方面，基于"小前端＋厚中台"的企业整体 IT 架构，业态的前端应用接入中台，需要遵循中台技术标准和规范，以便快速调用中台共享服务能力，不必重复造轮子，而将精力聚焦于本板块的个性化业务发展上，这种良性的分工与协作模式能够支撑业态快速响应市场和用户的变化。

在组织保障方面，可成立独立的数字化运营组织，该组织具备业务创新、客户运营、技术研发和运维的核心能力。

我们这里所定义的企业中台，除了对企业共用能力的沉淀，以及对前端应用快速支撑外，更是融合企业各生态资源统一对客实现整合经营的平台。因此，平台运营的思路依然是盘活目标客户群体，为业务目标服务，设计和规划用户触达营销和服务的场景，聚焦用户黏性，以客户容量评估平台的核心价值，通过软硬件结合，获得客户跨业态交叉导流复购的机会，实现多业态协同发展。

6.3.4　生态平台

生态平台以企业中台为核心持续延展，以更广阔的视角思考用户需求和消费场景，充分利用和整合业界成熟的资源与技术服务，提升对外输出产品服务及技术的能力，并不断进行产品组合创新以满足用户多样化的需求。

很多企业在这个领域积极探索和尝试。例如融合天猫、京东等产品资源，无限扩大企业数字化商城产品系列，充分激活自身庞大的用户群体；借助 AI 人脸识别技术赋能销售案场、商场、写字楼、社区运营风险管理和用户身份识别场景；在新冠肺炎疫情下，借助直播实现在线看房、在线验房场景；集成滴滴打车功能，实现预约看房过程中的出行服务；利用企业微信、钉钉用户流量入口，实现一对一营销和服务管理等。这类借助外部生态能力共创共建、服务用户的场景，如雨后春笋般不断涌现。

随着用户触达群体的逐渐扩大，个性化、偏好性场景越来越多，这对平台的开放性、扩展性、可用性和稳定性提出了更高的要求，平台要以"搭积木"的方式整合各项能力，快速构建创新用户场景，响应市场和用户的变化。

最终，企业沉淀的能力能够面向市场输出解决方案和产品服务，以符合城市运营服务商的战略定位。

6.4 案例分析：A 公司双中台——智慧交易的发动机

2020 年新冠肺炎疫情暴发，疫情防控导致群众无法随意出行，线下售楼处关闭，销售压力陡增。诸多房企纷纷推出在线售楼方案，快速锁定意向客户，开启抢客大战。A 公司在 7 天内火速上线安心购和案场通这两款分别面向消费者和置业顾问的小程序，实现全面线上售房，在线下售楼停摆的几个月内仍然实现了可观的交易额。此外，A 公司在疫情期间也赶上了网络直播购物的潮流，在一次明星网上卖房互动中，共计吸引超过 1000 万粉丝线上围观和互动，小程序点击量超 100 万次，小程序注册量超 10 万，且活动全程零卡顿。

A 公司能够在疫情期间快速拥抱互联网玩法，响应海量消费者需求，要归功于它在 2018 年 9 月开启的双中台驱动的智慧交易项目。

6.4.1 项目背景

A 公司成立于 1994 年，总部位于广州。经过 20 余年的高速发展，A 公司已成为以房地产开发为主营业务，同时在酒店发展、商业运营、文体旅游、互联网产贸、医养健康、物业服务、设计建造及创新服务平台等领域多元发展的综合性集团。

作为一家成熟企业，随着行业的发展和市场的变化，A 公司在寻求改变。首先，从业务发展角度看，尽管多年来 A 公司实现了营销额上升、净利润大增、千亿合约销售、积极拓展土储和完成酒店收购等目标，但随着市场环境、运营模式、业务版图和客户服务模式的变革，实施企业数字化创新战略势在必行，必须通过科技赋能、数据驱动助力公司发展。其次，从信息化支撑角度看，A 公司现有 IT 系统以流程自动化为中心，存在技术架构不统一、烟囱式建设、业务响应周期长等问题，无法快速、高效支撑企业数字化创新战略。

6.4.2 痛点聚焦

从外部环境来看，地产行业面临巨大的变化和挑战，而与此同时，A 公司内部也存在诸多问题。

1. 房地产行业的变化

近年来随着国家政策的改变，地产行业的发展趋势发生了明显变化。

第一，土地管理越来越严格，开发商拿地成本高，盈利空间减小，导致行业整合趋势加大——做大才有可能活得好，小开发商难以应对不断增高的拿地成本和建设风险。

第二，行业的利润获取方式发生重大转变，整个行业呈现去地产化趋势，利润来源由原来的"开发"转变为"开发＋运营"。

其主要原因是 2017 年以后国家明确了房地产行业发展的基调是"房住不炒",建立"多主体供给、多渠道保障、租购并举的住房制度"。行业趋势要求开发商通过发展地产相关的其他业态来获得利润,走向存量市场,如二手房租赁、物业、家装等。对于存量市场运营来说,客户资产至关重要,如何将各个业态中存留的客户资产数据整合成一份客户数据进行联合营销,并准确挖掘客户在全业态的需求,是如今地产商的重要关注点之一。

第三,行业内开发商和渠道销售间的关系正在不断发生改变。渠道的人力和租金成本不断增加,导致开发商的渠道费用不断增加。当成本接近开发商的承受限度时,开发商就会倾向于自己开发销售渠道,以降低成本。

2. 客户的新诉求

地产行业不同于快消品行业,极致的客户体验一直都是其追求的目标,只有尽最大努力满足客户的需求,才能在重资产、容易形成头部聚集的地产行业中生存并发展。

随着生活节奏的加快,大多数上班族没有太多空闲时间看房、选房,他们希望能够随时随地看房,而现在线下售楼处的弊端是,等客户能够看房时售楼处已经下班了,导致潜在客户流失。因此,搭建线上售楼系统是满足当今客户诉求的必要手段,它能够保证客户随时随地看房,不再受时间、地理位置等的限制。

3. 企业困境

虽然整个行业处在无量无价的"横盘时代",但是 A 公司的行业排名很不理想。2007 年,A 公司曾在全国房企中位列第四。然而,在 2018 年中国房企销售排行榜中,A 公司仅排在第 19 位。在行业整合效应不断凸显的趋势下,这个排名与行业头部企业有较大差距。此外，A公司近些年较为大胆的战略决策受到经济下行压力大、融资环境不佳等宏观环境的影响，使其面临较为严重的现金流不足问题。

地产业务仍是A公司的主要盈利来源，是其生产经营造血机制的核心环节，公司对地产业务寄予厚望。A公司权益土地储备丰富，但其去化率仍存在较大的提升空间，因此A公司将提升销售额、抓回款作为近年的业务重点，以将手中的土地资源迅速变现，从而摆脱现金短缺的困境。

4. IT困境

地产行业的销售重度依赖线下，且地产行业产品的个性化程度极高，因此整体的信息化水平相对落后。A公司的信息化也存在着行业内普遍存在的问题：采用传统ERP架构，且建设了多个系统平台，无法实现统筹。这种传统单体架构扩展不方便、代码冗余无法复用、API无法提供给第三方系统使用，导致应对外部变化时不够灵活。此外，系统数据容量不够、无法及时拓展、无法存储和处理海量的消费者数据，也是A公司IT系统存在的问题。

5. 业务困境

地产行业的信息化水平相对较弱，影响到了企业的经营业绩。具体而言，A公司当前面临以下业务问题：

- 无法监控热点房源，无法为定价决策提供参考；
- 存在认筹号重复现象，人工对账耗时耗力；
- 客户对楼盘认知不够，无法了解楼盘户型、价格等，存在信息不对称现象；
- 传统纸质置业计划书浪费资源，排版、数据统计比较麻烦；

- 客户经常找不到置业顾问的联系方式，接触顾问与项目的渠道比较单一；
- 传统PC相对固定，无法突破空间的限制实现移动开展业务；
- 开盘需要手工签到、贴标签、重新录入信息，无法一码解决所有问题。

这些问题严重限制了A公司的业务发展，成为A公司亟待解决的业务难题。

6.4.3 中台实施

前文提到，A公司面临现金流短缺困境，因此提升地产业务的销量、快速收回款是其摆脱困境的重要手段，而提升整体营销能力又是实现销量提升的最直接手段。因此A公司选择了营销业务作为其数智化转型的切入点。

数智时代的营销要求企业以消费者为中心，实时准确地感知并快速回应消费者的需求。但消费者的需求是快速变化的，这就要求企业具有根据市场变化快速生成新数字化流程的能力。这种能力并不是单体应用可以实现的，要实现这种能力，企业必须通过企业级的可复用能力平台快速组合形成新的业务，与消费者进行强连接。数据中台就是一种持续演进的企业级业务能力和数据共享服务平台。可以将中台简单理解为"一些能力中心的集群"。根据营销业务所需的基础能力，A公司规划了以营销流程复用为核心的业务中台及以数据能力共享为核心的数据中台。

1. 改造时间线

A公司的双中台建设始于2018年9月，先规划业务中台，而数据中台稍晚,于 2019 年 3 月启动(见图 6-9)。两者都采用迭代的方式进行快速试错,有时是双周迭代,有时是单周迭代。

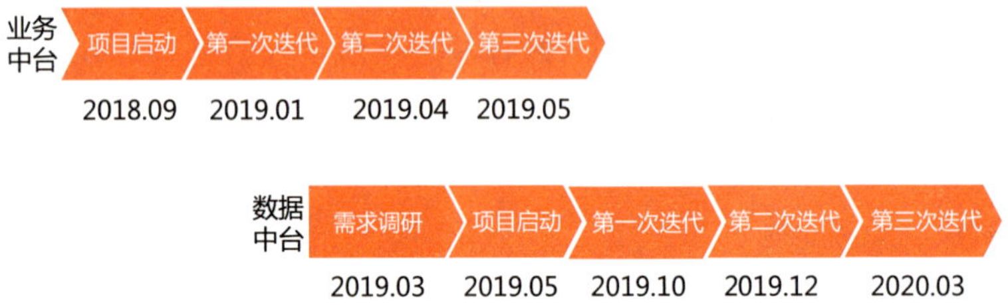

业务中台:项目启动(2018.09) → 第一次迭代(2019.01) → 第二次迭代(2019.04) → 第三次迭代(2019.05)

数据中台:需求调研(2019.03) → 项目启动(2019.05) → 第一次迭代(2019.10) → 第二次迭代(2019.12) → 第三次迭代(2020.03)

图 6-9　A 公司双中台项目时间线

2. 智慧交易的强大支柱——双中台

基于明确的营销能力复用平台目标,A 公司与中台服务商云徙合作,确定了业务中台应沉淀的 5 个方面的基础能力,并建设了相应的 5 大中心(见图 6-10)。

- 用户中心:主要能力包括用户管理、组织管理、角色管理、权限管理等。
- 产品中心:主要能力维度包括项目、楼栋、房源。通过对产品楼栋、项目、房源、开盘等信息的监控,对常销期、开盘期进行业务赋能。
- 交易中心:以交易为核心,为认购单、认筹等交易关键环节赋能。
- 营销中心:包括对营销活动、营销折扣、付款方式等的支持。
- 客户中心:包括客户资料、客户机会、客户关系等的维护。

图6-10 A公司业务中台

在业务中台的基础上，针对 A 公司存在的问题与特定需求，数据中台围绕两大模块展开：数据服务（DS）与数据分析（DA）。A 公司数据中台强调对数据服务的需求。数据分析是传统数据仓库所涵盖的内容，而数据中台不仅包括数据仓库，还包括数据治理、数据服务等。(数据中台与数据仓库的详细对比参见 4.1.1 节。）

具体而言，A 公司数据中台主要完成了 5 大方面的内容，如图 6-11 所示。

第一，打通企业内部数据，为数据分析奠定基础。

采集企业内部 15 个系统的数据，围绕地产业务构建 6 大主题域，包括客户、项目、订单、营销、渠道和工单，打通企业内部的数据，为分析专题、数据挖掘等奠定坚实的基础。

针对客户和项目在不同系统、不同业态下的数据存在歧义或矛盾的情况，采用 OneID 和项目映射来打通客户数据、项目数据，构建全面的统一视图，对外提供全面的数据服务。其中客户 OneID 结合图计算算法和业务规则，打通客户的 ID、基础信息和行为数据；项目映射指对地产、物业两个业态不同系统的项目进行映射，打通项目的基础信息、客户和业绩等数据。

第二，构建数据挖掘模型，分析销售力和风险指数。

利用数据挖掘算法，实现销售力模型和风险指数模型，为企业管理、风险控制提供数据服务。其中，销售力模型是从储客能力、转化能力、跟客能力和合规情况 4 个维度，诊断案场和置业顾问销售能力的优劣势，辅助企业进行管理策略优化。风险指数是基于异常行为、订单风险等维度，评估置业顾问和经纪人的风险情况，从而辅助监察、风控相关人员进行风险控制。

第三，得出数据专题分析报告，辅助业务人员进行分析和汇报。

图 6-11 A 公司数据中台

实现地产分析、物业分析、销售月报等专题，挖掘意向客户的购买意向、成交客户的特征和企业业绩情况等，并可以导出进行灵活编辑，从而帮助业务人员进行数据分析和业绩汇报。

第四，基于4类对象，构建统一视图。

构建客户、置业顾问、经纪人和项目4类对象的统一视图，为各业务系统提供数据支撑。基于业务分析视角，对不同对象进行有针对性的数据分析。比如针对客户，面向客户运营场景，侧重产品购买、轨迹和社交等分析；针对经纪人，面向风险和业绩需求，侧重报备、佣金等分析。

第五，提供丰富的数据工具，满足数据从采集到应用全流程的工具需求。

提供数据开发、埋点工具、OneID、网关和标签平台等数据工具，为A公司开发人员和业务人员的工作提供便利，满足数据从采集到应用全流程的工具需求。

3. 智慧交易工具的建设

地产商在拿到地块后，会对该区域的整体规划进行深入了解，并在此基础上确定楼盘的定位，制定销售方案。确定销售方案后，进入认筹、认购、签约等营销关键环节。A公司基于业务和数据双中台所沉淀的能力，快速构建了涵盖集团主要交易环节的数字化工具，使置业顾问、销售经理及消费者能够进行数字化的房产交易。

（1）智慧营销App

智慧营销App有两个作用：一是在置业顾问与客户接触时，帮助其提升销售成功率，并给交易流程带来便利；二是方便置业顾问及销售经理进行活动管理。

第一，智慧营销为交易赋能。

智慧营销App支持置业顾问在顺销期和开盘期两种业务场

景下移动处理案场的全部交易环节。

顺销期指消费者可在案场直接认购签约的销售方式，主要流程包括客户到访、置业顾问接待、制作置业计划书、制作认购单和客户签认购书五个环节。客户到访后，置业顾问可在 App 的客户频道查看客户详情，如客户信息、购房进度等。若客户首次到访，可通过该应用新建客户信息，新建的客户信息会同步至业务和数据中台相应的中心。置业顾问在接待客户的过程中，基于业务中台的产品中心和数据中台的相应算法，针对客户对楼层、朝向、房型、预算的偏好提供房源筛选，辅助客户快速决策。房源销控、房源热力图等能方便置业顾问实时了解热点房源及楼盘整体销售情况，帮助其为客户提供购买时间等决策建议。在客户确定购房意向后，基于业务中台中的交易中心等核心能力，置业顾问能在移动端在线生成认购书，这极大地提升了交易效率。

开盘期比顺销期多了认筹、开盘签到等关键环节。首先，业务中台统一了认筹号，基于统一的认筹号，可为置业顾问提供分阶段认筹的智能工具，帮助其区分处于不同认筹阶段的客户。其次，基于经公司法务中心审核后的认筹单据信息和相关条款内容形成电子认筹书制作工具，在客户缴纳筹金后可快速生成电子认筹书。然后，可通过无线打印快速输出认筹书，从而极大地提升认筹的业务效率。最后，在开盘环节，客户可凭认筹号在案场扫码签到，置业顾问根据客户二维码签到顺序有序叫号，随后客户即可通过案场平板电脑内的销控工具直接选房。

第二，智慧营销为管理赋能。

除了使交易流程的关键环节移动化和数字化外，智能营销 App 还提供了精细化管理置业顾问和销售经理日常工作的工具。

首先，对于置业顾问，智慧营销 App 可准确记录其个人业绩，包括接待明细、销售额等。基于业务中台，结合置业顾问的销售目标，可对其每周业绩、月度业绩、年度目标达成情况等进行统计并可视化，方便置业顾问实时了解自身的业绩达成情况。

其次，销售经理可以利用智慧营销 App 管理案场工作的关键环节，实时准确掌控整体业绩、团队成员和自己所负责楼盘的整体情况。比如某项目一年的销售目标为 2.4 亿元，一套房的均价为 100 万元，那么当年需要成交 240 套房，平均每月需要成交 20 套，假设转化率为 10%，则该项目每个月需要接待 200 个客户。销售经理只需输入其中的关键参数，业务中台即可快速计算出团队内各个置业顾问的销售目标，并且对目标完成情况实时更新和可视化呈现，方便了解团队目标的实现情况，以便对团队内的分工进行调整。

最后，对于楼盘整体销售情况，还可为销售经理提供房源销控和房源热力图等工具，帮助其了解房源的最新、最全信息，避免"一房多卖"。在开盘准备期，销售经理可以灵活配置开盘认筹所需要的阶段，并查看开盘情况分析，包括认筹多阶段转化率分析、开盘计划监控、开盘去化率分析等。

（2）智慧置业小程序

智慧置业是面向消费端的小程序，以客户视角来梳理案场交易的各场景。智慧置业主要帮助客户群体建立买房前后的强连接，从信息查看阶段的项目介绍、触发留电、精选文章推送、楼盘活动介绍、顾问互动，到客户来访阶段的活动签到、来访登记，再到客户跟进阶段的置业计划书、收藏房源、开盘选房、预约签约，最后到售后跟进阶段的查看协议、付款计划，都可以在系统中随时随地查看，一目了然，大大提升客户体验。原来客户必须到达案场接到纸质版置业计划书才能了解房价等信息，现在只需用手机扫描二维码，就会获得房子大小、楼层等综合信息，既方便客户查看信息，也便于房企收集客户数据。

4. 数智化工具助力精准佣金管理

云徙与 A 公司首次将人脸识别技术应用于地产行业的渠道风控，形成"天眼 AI"。天眼 AI 针对地产专有的场景，识别到访案场的客户来自什么渠道。通常房企需要根据到场客户的不同来源，支付金额不等的佣金给相应的渠道。但有时会出现自然到访客户被外部渠道截住（外场截客）、置业顾问联合外部渠道提高佣金数额（内单外飞）、中介渠道串通开发商行销拓客团队分佣（外场洗客）等现象，提高了房企的佣金成本。渠道风控天眼 AI 通过摄像头捕捉进入案场的每位客户，进行人脸识别，自动录入系统。当再有其他渠道报备时就会查重提示，从而有效解决了佣金管理问题。

5. 项目过程

该项目由 A 公司企业管理中心牵头，A 公司营销管理中心辅助。A 公司企业管理中心相当于一般房企的 IT 中心，负责全公司的信息化和管控工作。A 公司项目经理来自企业管理中心，负责统筹整体项目进度。由于智慧营销 App 和智慧置业小程序主要被营销业务所用，所以在开发过程中，项目组成员也与营销管理中心的相关干系人进行了密切沟通。

A 公司企业管理中心在项目开始前对中台已有充分了解，对项目的切入点有明确方向，且对云徙高度信任，这些对项目的顺利推进起到了重要作用。此外，A 公司团队成员对业务创新有较高的包容度，有意愿与云徙团队共创一些新点子，渠道风控"天眼 AI"就是在这样的氛围中诞生的。

云徙在开发过程中秉持"服务于客户价值"的理念，深入 A 公司各层级业务人员，确保自己设计的功能贴近客户的需要。在原型开发阶段，A 公司与产品相关的干系人都会参加周例会，从 IT 部门到业务部门，再到每个区域，都会就设计的阶段成果与使用人员充分沟通，听取对方的想法并有选择地融入下一阶段的设计。项目团队采纳先进的敏捷开发方法，用单双周发版替代了之前的按月发版，以快速检验产品功能和性能，快速纠错。秉承"长期价值意识"，在产品上线后每个星期都进行回访，同时建立两个售后群，每个群 500 人，都是满群。双方的人员，包括 A 公司地区项目的所有置业顾问和销售经理都在群内，每周反馈各自在使用过程中遇到的问题，便于及时了解产品的使用情况并做出相应的调整。

6.4.4　项目成果

1. 中台架构——实现能力复用，保障应用落地

正如项目经理天问所言："中台的优势就在于，越多系统连接其中，中台本身价值越大。"A 公司通过中台统一认证网关，将所有上层应用与 5 大中心连接起来，充分发挥了中台的价值。此外，中台各个中心可分别实现调用。据网关 API 统计，2019 年 7 月至 8 月，月平均访问次数达到百万级，可见 A 公司真正将中台用起来了，其中台并没有被建设成一个脱离业务的毫无用处的系统。此外，云徙与阿里巴巴紧密的合作关系推动了 A 公司中台上阿里云，达到"离案不离场，处处是案场"的效果。

总的来说，A 公司构建双中台架构的价值体现在以下几个方面。

- **服务重用**：真正体现共享服务理念的核心价值，松耦合的服务支持业务的复用。中台的核心价值即为能力复用，高扩展性降低了开发的任务量，提高了复用率。

- **服务进化**：随着新业务的不断接入，共享服务也需从仅提供单薄的业务功能，不断自我进化成更健壮、更强大的服务，不断适应各业务线，成为企业宝贵的 IT 资产。
- **数据累积**：各个业务的数据都沉淀在统一的中台服务中，可以不断累积数据、打通数据，最终发挥大数据威力。
- **快速响应**：更快地通过共享服务的组合响应新业务。
- **降低成本**：对于新业务，无须再投入新的力量进行重复开发，减少人员成本，同时一些业务实现了线上化，大大提高了员工的工作效率。
- **效能提升**：开发人员更专注于某一领域，开发速度更快。

2. 智慧交易——支撑实际业务

基于中台架构和工具的打造，2019 年 6 月 A 公司获得了全新数字化支柱，在智慧交易方面取得了显著的业务创新。2019 年 8 月，即上线后的第一个月试运行期间，智慧营销 App 登录人次达 5 万，共有 95 个项目通过智慧营销 App 制定置业计划书约 2000 份，并且实现了实时同步营销管理 App，随时随地获取项目认筹情况。截至 2020 年 5 月，A 公司全部案场都在使用智慧营销 App 和智慧置业小程序，线上生成并打印置业计划书数十万份，支撑的交易额累计数十亿元。

3. 移动端小程序——快速应对外部非预期变化

疫情期间，A 公司快速上线了两个移动端小程序——安心购和案场通，它们分别是智慧置业小程序和智慧营销 App 的升级版，支持住房完全线上交易，用户不用到案场，在手机上就可以完成选房、认购等全部交易流程。基于中台的用户中心、产品中心等基础能力，安心购方案只需要新开发前端页面的逻辑、前端页面和 UI，后端流程能力和数据复用率达到 80%，前端使用时只需直接调用中心的 API 即可，这使得上线的过程大大缩短，从而能够快速应对疫情带来的不利影响。

4. 数据门户——满足不同角色的数据应用需求

统一数据门户可承载数据分析应用、数据服务、数据开发工具和标签平台等数据类产品，完成数据采集、数据建模、数据分析、标签模型等数据全流程建设。为业务人员、数据分析人员、数据开发人员提供有针对性的数据服务。业务人员可在数据门户查看相关的数据分析报告，了解企业指标的变化，从而进行管理和决策。开发人员可在数据门户进行数据开发、标签开发、埋点等，从而极大提高工作效率。运维人员可对数据服务、任务运行和门户访问等进行日常运维，从而保障数据服务、数据门户的正常运行。

6.4.5 未来展望

业务和数据双中台能助力 A 公司智慧交易的落地，解决企业当前的内忧外困，是地产行业寻求突破的重要手段。目前，A 公司与云徙正在积极开展业务中台的二期建设，以发挥中台的最大价值。二期建设的核心竞争力在于双中台联动。不过，数据中台的建设刚刚完成，拥有数据中台加持的业务中台还能发挥多大的能量仍然处于探索阶段，但可以肯定的是，做好双中台联动后，双核驱动的后备力量必定给业务带来更大的价值。

此外，在双中台的基础上完善案场通 App，运用互联网思维解决实际业务问题，运用数据驱动，为客户合理推送。举例来说，如果客户想要的户型已卖完，可以根据客户标签，为客户推送其可能喜欢的其他户型或附近楼盘的房屋。利用案场通，即便是新置业顾问也能够为客户提供个性化服务。

总而言之，最大限度地发挥双中台的价值，实现一加一大于二的效果，让中台真正为业务服务，成为驱动业务的强大发动机，这既是云徙的探索与追求，也是 A 公司项目的目标。接下来业务中台与数据中台如何联动，系统还能做哪些完善，还有哪些业务价值点可以挖掘，这些都有待于进一步讨论与思考。

6.5 面临的挑战

通过数字中台，房企能够提高经营效率，降低成本，并建立以客户终身价值为核心的营销与服务链路，构建内部与外部供应商的交互圈。房企是以员工、供应商、客户三个视角来建设数字中台的，但在建设并产生价值的过程中会遇到诸多挑战。

第一，战略从上而下的贯穿。中台本质上是一个需要整体平台规划的理念，因此在整体目标的构建上，需要考虑顶层设计的落地。决策者的资源一定要有所保障，高层对于新营销、新平台一定要有所认知。打通企业内部经营的痛点并不只是技术人员的责任，也是业务人员的责任，而决策者的决心是第一位的。

第二，企业从内到外的转变。外部环境的变化带来了很多新的冲突，如渠道与自销、内部的冲突。新平台的建设往往会引发相关的问题与矛盾，因此在业务层面上一定要想好磨合与阶段性的策略，企业需要正面解决问题，这样未来才能掌握主动权。

第三，技术快速发展的赋能。业务一线比较灵活，往往已经在与掌握新技术的企业的零星合作中享受到一些新技术的红利。企业需要正视新技术带来的新机会，如消费者的全链路数据管理、全渠道经营管理等。企业内部的团队需要理解新技术，在与掌握新技术的企业的不断碰撞中有效地应用新技术，从而享受新技术的红利并领先市场。

第四，组织的创新试错与变革。 传统的 IT 团队会偏向于企业内控，新阶段 IT 团队需要承担起对消费者运营的支撑，这个阶段有点像消费品行业从 ERP 建设阶段过渡到成立电商组，再到成立电商公司的阶段。如果未来 IT 团队还是后勤部门，那就需要建立一个地产的"电商团队"；如果 IT 团队被定位为中台部门，那就需要让它承担业务结果。当然，还有一条路径是业务部门技术化（这也是目前最为常见的），即在业务部门中设立 IT 团队来支撑后续的发展，并建立运营组织来衔接业务部门与 IT 团队，进而实现业务创新。

总体而言，地产的本质没有改变，房企要在保留传统核心价值的基础上进行创新、改变、融合，用好数字技术和互联网技术，灵活多变，以适应新一代客户群体的需要，适应市场大环境和趋势。

第 7 章 CHAPTER 7
新汽车行业的中台实践

  汽车行业在过去的三年里迎来了从增量市场转变为存量市场的大趋势，倒逼着汽车企业不断改进经营模式。随着东风雷诺和长安铃木的退场，国内车企越来越意识到消费者经营对销量的重要性，迫切需要从"以渠道为中心"转变到"以消费者为中心"的全新经营模式，需要进行业务转型、技术转型和平台转型。

  第一，业务转型。传统 4S 经销商的授权模式已经成为车企销量的天花板，对渠道的强依赖让车企自身营销能力不强。而以特斯拉为首的直营品牌，正通过严控服务品质、门店零库存、消费者直连等方式，在竞争激烈的汽车行业里崭露头角。越来越多的头部车企开始探索直营与授权的混合营销模式，利用数字化技术赋能经销商、门店及合作伙伴，形成统一的消费者经营联盟。

  第二，技术转型。智能汽车的发展，使车企在产品上取得了突破性的技术升级，也创造了车与人、车与生活、车与城市之间充满想象空间的体验场景。但车企内部管理系统并没有跟上产品数智化的脚步，而这将智能汽车的服务场景限制在用车阶段。以数字中台为核心的企业应用的新型基础设施，可以很好地解决数据孤岛、业务割裂及协同效率低等痛点，帮助车企实现消费者全生命周期的端到端一体化运营。

第三，平台转型。早在丰田提出"从汽车公司转变为移动出行公司"时，行业内就出现了构建汽车生态平台的尝试。汽车是典型的长链条交易商品，高昂的获客成本与漫长的复购周期迫使车企将目光转向汽车后市场。但车辆售后维修服务的频率也是非常低的，难以产生消费黏性，持续经营客户。因此，梅赛德斯－奔驰等头部汽车品牌开始以品牌为阵地打造生态平台，通过周边生活消费与品牌粉丝建立更广泛的连接，形成高频的消费者互动及品牌圈层传播。

7.1 实现目标

在未来很长一段时间里，汽车行业仍然会处于"传统与创新并存"的混沌常态，没有通用的法则可以帮助品牌找到业绩上升的阶梯。为了成为下一个汽车智能时代的领跑者，车企需要结合自身的数智化转型，突破传统渠道的天花板，重新打造以消费者为中心的汽车新零售体系。

7.1.1 汽车行业数智化转型

随着新基建在中国的普及，5G、大数据、AI、物联网（包括车联网）助推了汽车行业的数智化转型。

首先，海量的数据可以实时在线，客户数据、车辆数据、经销商数据、供应链数据以及生产和研发数据都正在往云上迁移。其次，由算法驱动的机器决策给车企提供了新的业务创新空间。还有，越来越低成本的 AI 能力正创造着丰富的人机交互场景。

数智化的本质有别于传统的信息化。数智化不仅追求极致的效率，还能改变汽车行业原本固化的经营模式，通过数据智能重构汽车行业"研—产—供—销"体系。过去汽车行业重视渠道经营，以渠道为中心打通下订、排产、运输及零配件供应；而如今，渠道销售遇到瓶颈，车企必须找到更多的汽车消费场景才能维持销量水平，也就是从"人找车"转变为"车找人"，这对原有的业务系统提出了新的挑战。

实现汽车行业数智化转型的两个关键要素是数据智能与网络协同。

1. 数据智能

数据智能的核心是"一切业务数据化，一切数据业务化"。当车企构建了以业务中台和数据中台为核心的数字中台后，基于消费场景所积累的用户全生命周期数据洞察，将实时地反馈到市场营销、渠道销售、售后服务及水平业务的业务部门，通过数据分析全面展示品牌所面临的经营状况。业务中台打通了营销、供应链、生产制造各个领域之间的业务孤岛，数据中台则作为数据流水线不断地产生数据信号给业务部门进行运营调整。

衡量数据智能程度的维度有应用场景的数据分析效率、准确度以及业务决策的智能程度。以千人千面为例，推荐车型的计算速度与匹配用户画像的精准度决定了用户点击率，而深度浏览的用户在什么场景下能触发优惠活动决定了智能营销的成本及转化率。因此，数据智能的实现是围绕汽车行业业务场景进行数据运营，将业务场景的数据不断沉淀到数字中台，同时通过算法训练将数据智能反哺到业务场景里。

2. 网络协同

网络协同很大程度上依赖于数据智能，是业务模式的端到端重构，泛化了用户、渠道的定义，也打破了传统业务的边界。从角色的泛化来讲，用户涵盖了粉丝、潜客、车主甚至出行用户等，渠道涵盖了自营、4S、2S甚至全民经纪人等。这么多角色要进行业务上的协同，必须依靠数据智能进行运营支撑。网络协同的终极目标是异业联盟，在从其他品牌导流的同时，也通过消费品类的延伸提升车企的单客价值。

网络协同是一个漫长的业务模式转型，要得到战略、组织、运营及技术平台的支持，是智能商业的必经之路。车企要在战略上清晰定义网络中的各个角色职能，并在组织中设立合理的中台共享中心，通过端到端的持续运营，打造开放、兼容的一体化数智平台。

7.1.2 汽车新零售

在数智化转型的大方向上，汽车新零售作为消费者体验升级、销售效率提升的重要环节而备受关注。汽车新零售有时会被误解为在线卖车，但其根本目标是解决汽车商品与消费者之间的"认知—体验—考虑—购买—使用—服务"的全价值链经营问题。车企要通过"人、货、场"重构模式来分析汽车行业新零售里的关键要素，从业务角度而非技术角度定义成功的标准。

1. 人

在传统定义中，汽车行业的客户是购车客户，属于交易导向；而新零售模式下的消费者和用户，涵盖粉丝、潜客、保客及衍生用户，属于经营导向。在交易导向的模式下，车企需要向目标人群输出品牌形象、产品定位及价格；而在以经营为导向的模式下，车企需要围绕人的需求，从产品及服务的体验、关联生活的品质甚至汽车文化的内容价值等多方面维护品牌与用户间的关系。

（1）粉丝

国内消费者对汽车的定位不仅是代步工具，更是身份与地位的象征。社交平台兴起以来，粉丝转发的往往是汽车品牌的文化内容，而非产品的定价及产品介绍。粉丝数量影响着终端门店的客流量，也就是俗称的人气。疫情之下，车企开展的直播活动就是很好的吸引粉丝的机会。用传统的卖货思路去设计直播活动是难以起效的，但以"种草"的思路反而容易成功。"种草"的思路源自快消行业，但在汽车行业同样适用。在购车的考虑环节，用户可能需要花费三个月、半年甚至更长时间。"种草—拔草"粉丝经营模式的关键在于品牌内容的人格化、品牌活动的传播力及粉丝运营的黏性。

（2）潜客

在汽车行业里，对于潜在客户，车企目前更多聚焦在线索的获取、培育及转化上，但由于线索质量的下降、线索跟进的困难及转化成本的提高，很多潜在客户被品牌经销商忽视了。实际上，汽车行业面临的问题在房地产行业也同样存在。参考头部房地产企业泛会员运营方案，潜客不应被局限在线索上，而可以延伸到跨车型、跨品牌甚至跨业态的意向客户。在进行跨车型目标客户营销时，车企需要的不再是固化的潜客跟进流程，而是根据不同客户群体的特征进行的个性化营销。比如在将低端车型的潜在客户往高端车型引导时，更有效的方式是产品性能推介，而非潜意识下的促销活动，这是基于活动大数据的结果所推导出的结论。

（3）保客

自 2019 年起，汽车行业从增量市场走向存量市场，如何在保有客户基础上挖掘更多价值，成为车企的重要课题。不过，以传统的保有客户数据作为营销基础往往难以收到成效。归根结底，汽车企业所拥有的保客数据太少，数据更新频率太低，即使利用最新的数字中台技术也无法有效地实现精准营销。因此，保客在新零售的语境下应该扩及车辆使用人、服务享受人、平台业务服务人等，通过数据中台将各个保客关联的用户数据归一于 OneID，完善保有客户的标签体系。

2. 货

随着造车新势力在市场上不断进行业务创新，车辆销售被衍生出多种商品形态。小订、大订、服务包及用户权益等商品推陈出新，打破汽车行业对货物的传统定义。为了追求用户体验，不同形态的汽车商品需要重构货物销售流程，由以往固化的"下订、锁车 / 订车、交易、提车"变为更灵活的"下订可退、以租代售、无库存直销、C2M"等新业务流程。

（1）以租代售

以租代售是一种新的汽车使用权商品，一般会以 1 年为期进行使用权交易。在租用过程中，用户可以随时终止使用权订单，也可以提前进行最终的整车交易，衍生出的商品形态还有电池租赁等。

（2）无库存直销

对于一些产能不大或者限量款车型来说，无库存直销是首选的销售方式。首先，无库存直销不需要依赖渠道，而是靠线上商城引流；其次，直销价格透明可控，更容易吸引价格敏感型潜客，通过秒杀、抢购等活动，快速聚集一批高意向的客户。

（3）C2M

客户个性化定制汽车（Customer to Manufacturer，C2M）分为两种类型：一种是以群体用户为目标的个性化配件，另一种是以极致的单个用户为目标的个性化整车。目前的汽车"研—产—供—销"体系只能支持第一种个性化定制，但未来的汽车销售一定会发展为第二种。原因在于生产—供应成本逐年下降，而客户营销成本逐年上涨。当个性化定制的获客成本高于生产—供应成本时，以单个用户的需求驱动的极致汽车定制就将成为常规模式。

3. 场

汽车行业的场虽然早已不再限于4S经销商门店，但相比快消行业而言仍然有非常大的局限性。回顾7.1.1节中提到的网络协同，渠道由于新职能的衍生，场的边界甚至可以扩大到虚拟场景。因此，场的核心不再是如何搭建有品牌沉浸感的场景，而是如何保证用户在各个场景里的体验一致性。

（1）用户数字触点

移动互联网使用户的碎片化时间得到充分利用，但每个手机应用里用户的关注点是不同的。比如在小红书里，汽车品牌的关注度远不如美妆品牌。因此我们需要数字触点作战地图。一般作战地图分为垂直媒体、电商生态、社交平台及短视频生态。当品牌需要借助数字营销获取流量时，可以通过数据分析找到作战地图里的有效触点，并根据不同的用户关注点输出合适的内容，完成从公域到私域的场景转换。

私域里的用户数字触点应遵从产品定位，负责用户体验，与基于云服务的中台形成数据联动。全程记录用户行为轨迹，通过中台的沉淀，持续优化前端触点体验，实现品牌与用户之间的智能交互。

（2）线下场景

对于汽车行业而言，由于线下体验的重要性，几乎所有场景最终都会引导到线下。相比线上触点的智能交互体验，线下需要更多的数据赋能才能实现数字化。比如传统的4S经销商门店，数字化运营工具的缺失已经造成了大量客户的流失。车企需要通过自身的大数据平台，帮助经销商重新了解客户需求，培养客户数字化经营能力，以数据赋能门店，助其实现业绩提升。

不同的线下场景存在着不同的经营实体，实体的职能不同又要求车企提供不同的数据赋能，而基于中台的共享能力，不同线下场景的运营人员既可以快速构建业务空间，又能给客户提供一致的体验。

（3）衍生场景

性能强大、能力灵活的汽车行业数字中台，不仅支持线上线下数字化场景，还提供更多数字化场景的想象空间。在快消行业已经实现由用户场景衍生的异业联盟，异业联盟同样可以在汽车行业焕发生机。汽车行业由于高价低频而对服务细节提出了高要求，品牌溢价只被释放到售后服务板块。而数字中台则可以通过客户积分跨业态打通，实现品牌客户到其他品牌的价值变现，同时提高客户的消费频次。

接下来介绍汽车行业的数智化营销解决方案。

7.2 解决方案

汽车行业数智化营销包括三大解决方案，客户数据洞察、数字营销及DMS 4.0，如图7-1所示。根据这三大解决方案，可以得出汽车行业数智化转型在营销领域的落地思路。

第 7 章 新汽车行业的中台实践

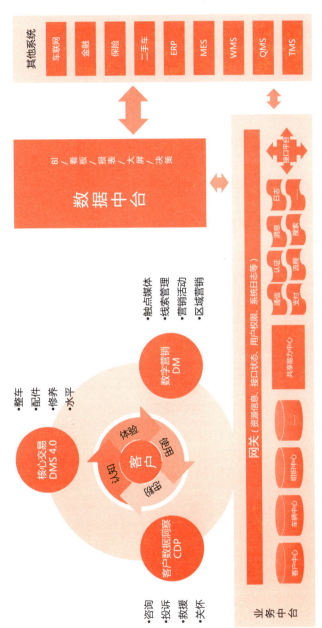

图 7-1 新汽车行业数智化营销解决方案总体蓝图

7.2.1 客户数据洞察解决方案

客户数据平台(Customer Data Platform,CDP)在快消行业已经相对成熟,而在汽车行业落地时则需要搭建特定的标签体系,并结合汽车营销场景定制解决方案。不管是粉丝、意向客户、潜客还是车主,都需要使用统一的客户数据模型以实现客户OneID。基于客户全生命周期的不同阶段,CDP会推荐不同的营销手段,同时将这些业务方案所产生的客户数据经过模型处理后回流到CDP,使得下一次推荐更加精准。

7.2.2 数字营销解决方案

数字营销(Digital Marketing,DM)是使用数字传播渠道来推广产品和服务的实践活动,与消费者沟通更及时、成本更低。汽车行业数字营销管理的范围纷繁复杂,但经过这么多年来的实践和经验总结,汽车数字营销管理大致可以归为营销内容(宣传内容为主)、营销渠道(媒体渠道为主)、营销成果(线索留资为主)三类管理,如图7-2所示。

图 7-2 新汽车行业数字营销三类管理关系示意图

1. 营销内容

营销内容可以分为规范、素材、案例三类进行分别管理。

规范是车企即主机厂下发的一些政策、指导、手册等，例如品牌 VI 标识规范。

素材的范围比较广泛，包含文字、图片、视频等多种形式，既可以是软文、图片等基础素材，也可以是设计好的 H5 页面或营销活动模板，如秒杀、抽奖等。

案例则是营销活动的总结。它既可以是经销商总结的，也可以是主机厂梳理下发的，发布出来后可供各经销商学习和参考，使其能快速复制成功活动、提升效益。

2. 营销渠道

营销渠道包含主机厂营销渠道和经销商营销渠道，两者有部分重合。

主机厂营销渠道由主机厂主导运营，包含自建媒体、自营媒体、第三方媒体。自建媒体包含官网、电商等，自营媒体包含京东旗舰店、天猫商城、微信服务号、微信订阅号、微信小程序、微博、抖音号等，而第三方媒体则由大众媒体（微信、百度等）和垂直媒体（汽车之家、易车、懂车帝等）构成。

对经销商营销渠道，一般主机厂通过区域营销基金或费用进行指导和管控。经销商提报其市场活动策划与预算，经由区域审核和主机厂批准后，经销商执行营销活动。活动结束之后，经销商上报活动实证材料与效果，申请区域营销费用核算。

3. 营销成果

在汽车行业中，营销成果的管理就是线索和潜客的管理，包含线索的接入、清洗、培育（标签）、分配、跟进及展厅接待的管理。

数字营销解决方案是一套基于数字中台、自带社交属性、对汽车行业数字营销进行全链路管理,并且不断完善成长的智能社交化客户关系管理系统,如图 7-3 所示。

该解决方案包含媒体渠道管理、内容管理、营销活动管理、线索全链路管理和会员管理 5 大模块。

- 媒体渠道管理:提供标准的第三方媒体内容发布与线索归集 API,帮助主机厂快速接入第三方媒体。
- 内容管理:包含产生、共享、分发、触达、效果分析的全流程管理。
- 营销活动管理:统一配置、发布营销活动。运营人员可以根据不同需求及业务中台的营销活动中心选择不同促销、营销活动类型进行配置上线,如优惠券、红包、抽奖、满赠、秒杀、团购、拍卖、预售等。
- 线索全链路管理:除了主机厂端的线索归集,还为经销商端提供专门的 App 移动工具,方便经销商电销员跟进线索。
- 会员管理:会员管理其实是线索管理的一部分,即线索和潜客的培育。通过数据分析模型,自动为会员打各种维度的标签,同时提供与会员交互的各种工具,将购买意向不强烈的客户变为购买意向强烈的客户后再分发给经销商。

7.2.3　DMS 4.0 解决方案

DMS(Dealer Management System,汽车行业经销商管理系统)是汽车主机厂与经销商之间的一套业务系统信息化平台,也是汽车品牌 4S 模式标准化管理的重要手段。汽车 4S 店是集汽车销售、维修、配件和信息反馈四位为一体的销售店,是目前国内最主要的汽车营销模式。

第 7 章 新汽车行业的中台实践

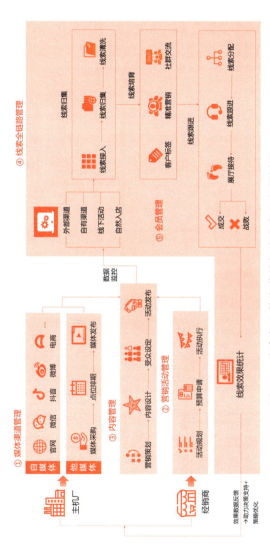

图 7-3 汽车行业数字营销解决方案业务规划图

DMS 根据实施的主导方不同，可以分为主机厂版 DMS、经销商集团版 DMS、单店版 DMS。主机厂版 DMS 侧重于对店端规范化的管理和销售数据的收集，经销商集团版 DMS 侧重于统采和财务的管控，而单店版 DMS 侧重于客户运营和员工效率提升。

目前国内 DMS 的发展已经经历了三个阶段，如图 7-4 所示。

1998 年—2005 年是 DMS 1.X 的协同时代。当时个人计算机刚刚在国内兴起，利用 IT 技术完成车企部门之间、主机厂与经销商之间的协同成为对 DMS 的最大需求，采用 Basic、C、ASP 等语言开发的局域网 C/S 架构的 DMS 占据主导地位，解决了纸质文档传输慢、查询难、易丢失等难题。

2006 年—2015 年是 DMS 2.X 的提效时代。这一时期信息化、互联网技术蓬勃发展，DMS 开始逐渐产品化，分离出主机厂和经销商上下两端，经销商端以辅助业务、提升效率为主要目的，而主机厂端则以汇总数据、加速审批为主要目的。技术上以胖客户端、分层架构体系、消息中间件、分布式部署为主要特征。

2016 年—2019 年是 DMS 3.X 的增值时代。这一时期大部分主机厂开始采用上下端一体化、集中式云化部署的 DMS。DMS 建设的主要目标也由原来的协同和提效逐渐演变为优化客户体验及提升客户满意度。DMS 成为汽车营销流程不可分割的一部分，智能展厅、服务透明化、O2O 电商这些功能成了 DMS 3.X 的标志。

到了 2020 年，企业数智化转型快速推进，对 DMS 4.0 的需求迫在眉睫。DMS 4.0 要解决以下 4 大课题与挑战。

- 数智运营：利用新技术实现触点数字化、业务在线化、运营数据化和决策智能化。

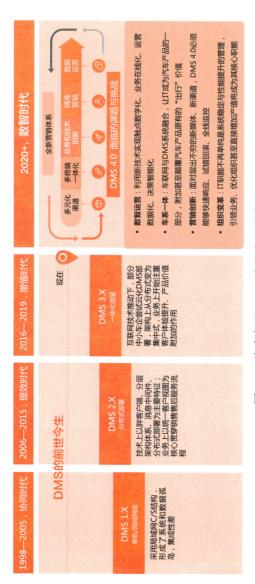

图 7-4 汽车行业 DMS 演进发展路线图

- 车系一体：车联网与 DMS 系统融合，让 IT 成为汽车产品的一部分，附加甚至颠覆汽车产品原有的"出行"价值。
- 营销创新：面对层出不穷的新媒体、新渠道，DMS 4.0 必须能够快速响应、试错回滚、全线监控。
- 组织变革：IT 职能不再单纯是系统稳定与性能提升的管理，引领业务、优化组织甚至直接增加产值将成为其核心职能。

DMS 4.0 正是在数智化转型大背景下诞生的。基于 B2C2D 客户运营理念实现多端同步，着眼于经销商赋能，采用中台技术架构，融合大数据、人脸识别、语音识别、语音合成等先进 AI 技术，为汽车营销业务提供市场—线索—订单—交付—售后的全流程一体化系统解决方案，如图 7-5 所示。

在业务模式上， DMS 4.0 突破单一 4S 模式限制，利用领域共享服务特性，降低业务流程模块之间的耦合性，适配线上电商、渠道直营、汽车超市、维修服务站、快修连锁等多种汽车营销服务模式。同时，DMS 4.0 还利用中台架构优势，为客户端程序提供 API 服务能力，让客户在线上不同终端（手机、PC、客服电话等）、线下多店（展厅、卖场、维修站、快修连锁等）获得一致的高满意度体验，真正意义上践行 B2C2D 理念。

在系统功能上， 除实现传统的整车、配件、养修、索赔四大业务板块的管理外，DMS 4.0 还提供全民营销、理赔推送等直接增加经销商业绩的功能，更具备经销商赋能功能，如内容中心（素材、规范、案例）赋能、云技术（自动检测、维修智库、专家坐席）支持、优秀门店（管理、运营）经验分享等功能。

在技术应用上， DMS 4.0 将车联网、大数据和 AI 等新技术集成到应用中，降低对经销商员工的意愿和能力的依赖，大幅提高运营效率和客户运营的精准性。这也包括各种基于微信的社交裂变工具，延伸了 DMS 的触角，扩展了集客空间、提高了跟进转化的能力。

第 7 章 新汽车行业的中台实践

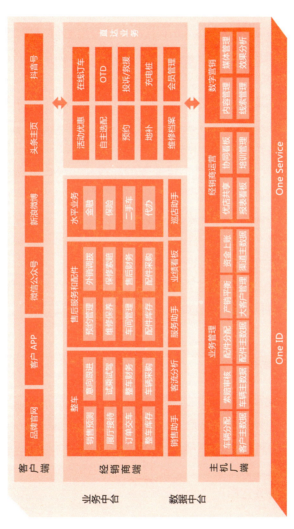

图 7-5 汽车行业 DMS 4.0 解决方案业务规划图

新技术结合数智时代的客户运营理念，往往能够发挥出意想不到的效果。如人脸识别技术在智能展厅中的应用。在 DMS 3.X 时代，人脸识别主要用于到店批次登记、二次到店客户提醒、客户流失预防，而结合 DMS 4.0 时代的客户运营理念，人脸识别还被用来挖掘门店周边社区的购车 KOL，帮助经销商扩展销售渠道，提升销售额。

通过线上不同活动、各种媒体的数据埋点监控、线下智能展厅、车联主动服务、售后服务透明化等即时数据收集，DMS 4.0 实现了汽车营销业务的触点数字化，并利用小程序、App 等连接工具实现了客户、经销商全线业务的在线化。经由数据中台的挖掘分析，DMS 4.0 可提供销售看板、库存看板、维修车间看板等，帮助经销商实现运营数据化，并结合多场景、多规则的配置化流程实现整车分配、配件采购、索赔审核等业务的自动化，一定程度上满足决策智能化的要求。

由此，DMS 4.0 做到了触点数字化、业务在线化、运营数据化、决策智能化，是真正意义上数智化时代的 DMS 产品。

7.3 实现路径

汽车行业数智化转型的最佳实现路径为：数字战略发布、数字业务规划和数字中台搭建。近些年汽车企业的数字战略一般会聚焦在客户体验、门店运营、营销创新等方面，而相匹配的数字化组织需要有权力打破业务、技术、基础设施的壁垒，构建企业整体的数字业务蓝图。

1. 消费者体验数字化

越来越年轻化的消费者，在移动互联网的培育下，需要的是实时在线、快速便捷、"智能懂我"及极致透明的消费体验。首先，"实时在线"是连接消费者的线上线下全触点，将消费者体验之旅的每个场景数字化；其次，"快速便捷"的极致是一键服务，通过端到端的业务流程闭环，实现消费者只需一次点击即可获得服务；再次，"智能懂我"则通过数据洞察能力感知消费者需求，在消费者接触品牌的第一时间为其精准提供所需的服务；最后将服务过程数字化，让消费者随时随地享受极致透明的服务，打造温馨自然的尊贵体验。

2. 门店运营数字化

在消费者体验数字化的基础上，门店可以通过消费者体验所沉淀的数据赋能，更加了解消费者。门店运营数字化的核心是实时掌握消费者在接受到店服务过程中的反馈，不管是投诉还是建议，从而推动门店快速解决并提升消费者到店体验。

门店数字化的另一个重点是提升客流，通用做法是将门店的业务线上化，基于 LBS 广告、社交平台、短视频生态等进行客户推广。预约保养等线上线下业务流程打通，对门店运营团队是个挑战。当客户预约了明确时段后，门店需要打通预约提醒、推荐保养套餐、快速环检、预约单转工单及透明车间等业务流程，保障客户体验。

3. 营销创新数字化

为了摆脱传统固化的形象，车企必须改变现有的营销方式。比如采用跨界营销，车企联合其他品牌打通会员体系，通过活动转化双方会员，达到拉新、引流、激活的效果。消费者和门店都实现数字化管理后，营销创新的数字化成本将会比传统方式低得多。其原因是消费者触达不再受制于公域流量平台，且营销通路涉及的绝大部分能力都掌握在车企自己手里。

4. 组织和业务系统中台化

实现以上汽车企业数字化业务的关键抓手是数字中台。目前大部分车企规划的数字化战略周期都长于三年。在数字化业务落地过程中，如果没有强大的中台技术架构，每一次的业务创新都将付出巨大成本。而车企通过数字化创新所获得的宝贵数据，如果没有及时沉淀到数据中台形成数据资产并发挥业务指导作用，将会导致数字化投入的大量资源浪费。

中台建设可分为中台组织建设和中台系统建设两部分。

（1）中台组织建设

首先要说的是中台组织建设。这里的中台组织讨论的是中台系统的建设组织，而不是企业的中台组织（两者的区别参见2.5节）。中台系统的建设组织需要包含业务架构部、基础技术部、共享能力开发部。其中，业务架构部和共享能力开发部又可以按照各自负责的共享服务中心分为交易领域组、商品领域组、车辆领域组、配件领域组等。

业务架构部中的执行角色是业务架构师，他们是业务与技术边界的交接点，是业务专家，也是领域建模专家，对技术实现也有一定的认识。他们负责对业务需求进行调研，再对业务活动进行共性和个性的抽象，最终得到具有领域服务能力的领域模型以及各个模型之间的交互关系。在现实世界的业务活动映射到领域模型的过程中，如果业务架构师对技术实现没有足够的认知，就需要由开发人员辅助才能完成。

共享能力开发部的执行角色是开发人员，他们负责与业务架构师交流并按照业务架构师设计好的领域模型进行编码实现，是从逻辑模型到物理系统的转变过程，使得领域模型真正对外提供共享能力。

基础技术部则为整个中台系统提供IT基础设施的支持。IT基础设施包含物理设备资源或云计算资源、DevOps平台研发、通用技术方案设计、系统基础组件研发、研发规范定制等。

对中台组织各部门的职能划分是建设中台组织的第一步,接下来还需要让组织中的每个成员都理解中台的内涵,明确中台的建设目标和愿景,以及每一个阶段的建设成果。定义好各个工作组之间的工作流水线和每个环节的产出物,使这个组织能够协同运转起来,之后便是中台系统的建设。

(2)中台系统建设

中台的能力载体是软件系统和领域专家。软件系统提供可执行的功能接口,领域专家则提供领域业务知识和领域模型抽象并对中台进行持续运营。因此中台也有强弱之分,能力是否足够之分,也需要经历一个建设的过程,而非变魔术,瞬间出奇效。中台系统建设过程是通过技术手段实现领域模型的过程。

技术架构的选择会影响实现领域中心的难易程度,因此要建设中台系统,第一步就是明确基础设施层面的技术路线。我们需要全面拥抱云原生技术体系,因为其中一些非常优秀的实践与中台是天然贴合的,比如微服务、容器化和DevOps等。微服务架构为将领域模型转化成中台的共享能力中心提供了完美的从逻辑模型到物理实现的映射方法。微服务架构使得各个领域模型在代码层面或物理层面都互相独立,各自的接口能独立开发、测试和部署。由于远程服务调用、容器化部署、DevOps等技术的成熟应用,基于微服务架构风格建设的系统从开发协作、计算资源利用、服务运维等方面都能很好地运作起来。

中台在技术层面上是基于微服务架构实现的系统,但微服务架构的系统并不等同于中台。微服务架构本身并不关注领域模型的抽象和复用，它解决的是把一个巨大的单体系统拆分为一群微服务，各个微服务依然是一个完整系统的一部分，也不需要泛化处理，可以仅作为一个系统的模块运行。而且微服务纯粹是一个技术架构的概念，没有像中台那样有一个专门的中台部门为应用业务部门输出能力。因此，认为将系统微服务化就是建设中台的观念是错误的（第 11 章还将提到中台建设的错误方向）。

当一个业务应用系统需要复用中台的共享能力时，它对于中台来说就是一个业务空间（见 1.4 节）。所有业务空间的数据是互相隔离的，这与 SaaS 系统有些类似。虽然 SaaS 系统具有一些与中台类似的属性，但 SaaS 系统并不等于中台。中台复用的核心是更细粒度的领域模型，面向的是应用，通过对不同领域模型和功能包的组合能够拼装和叠加出一个全新的应用系统，这个应用系统本身也是能够 SaaS 化的。而 SaaS 系统的复用则是针对整个系统的，面向的是租户，整个系统已经定型，无法在其基础上开发出新的应用。

确定了基础技术路线之后，**建设中台系统的第二步就是构建领域模型**。领域模型的构建是落地中台最核心和最重要的工作。领域模型抽象的好坏将直接影响中台的强弱，即在领域范围内能支持多少场景的共享，并且已沉淀的领域模型决定了能力的丰富程度。一个系统由许多个模块构成，而每个模块又包含很多个功能点（或接口）。如果这些模块的边界不够清晰（特别是构建在一个单体架构系统上，无法拆分时），我们就无法很好地复用它们。当为功能模块抽象出清晰的领域模型时，我们就会发现，虽然以后该模型会有一定的拓展，但是核心骨架不会有很大变动。在可能变化的地方留出扩展点，就能响应更多的需求。

如果复用的过程中发现整个主线结构都需要改变，那就表示对原有模型的抽象不正确、模型能力覆盖范围过大或者采用了不正确的复用方式。我们就需要考虑是构建新的模型，还是将原有模型重构、拆分、缩小或者扩大模型范围。最终得到的是各种各样的领域模型。通过组合复用不同的领域模型，就能构建出不一样的系统。

建设中台系统的第三步是对领域模型的实现和系统的部署发布。领域模型只有从设计图纸变成运行中的系统才能提供共享能力服务。系统的建设和部署发布等是基于第 5 章介绍的技术平台，力争快速构建、灵活运维、提高效率。

建设中台系统的第四步是持续对中台进行运营和演进，使中台更成熟，与企业自身的特性更贴合。汽车行业由于 IT 建设相对其他行业更成熟，在实现中台架构的过程中更需要深入了解并整合原有的业务系统（包括合资企业的国外系统），以避免在数字化落地过程中出现新的系统孤岛。

开放、稳定、敏捷的中台，轻量化、灵活、多变的前台，牢固、可靠的后台，是汽车企业进行数智化转型的强有力支撑。

7.4 案例分析 1：爱驰汽车的中台实践与数字化破局

2019 年 12 月，历经近三年的风风雨雨，首辆爱驰 U5 量产型新能源汽车顶着大红花"千呼万唤驶出来"，正式交付上市。半年之后，首批 500 辆 U5 出口欧洲，成功登陆海外市场。从小怀着造车梦的爱驰汽车联合创始人兼总裁付强心潮澎湃，回顾这三年来的发展，不禁感叹新能源造车之路可谓一波三折，爱驰汽车的上市实属不易。他很欣慰爱驰汽车的数字化蓝图终于开始发挥作用。依托多维覆盖的数字创新，在中台架构等数字技术赋能下，爱驰一步一个脚印，披荆斩棘，终于破局突围。

7.4.1 项目背景

爱驰汽车成立于 2017 年 2 月，总部设立在上海。爱驰本着实干创新、稳中求胜、基建先行的思想，先后建成上饶汽车制造基地、上海嘉定技术中心、常熟电池包工厂等研发制造基础设施。此外还意识超前，面向未来进行了全球化布局，在德国设有全资子公司爱驰恭博，在美国底特律设有前瞻技术实验室。

爱驰是一家由汽车人打造的企业，创业团队由资深造车团队和人工智能团队跨界构成。其中，高管团队经验丰富，几乎全部来自汽车行业，拥有多年汽车营销管理经验，在意识、认知、战略上有着先天的优势。专业的创业团队也为爱驰提供了强劲的基层人力资源保障，超过 80% 的成员来自汽车行业。爱驰重视技术创新，重视系统的搭建，致力于以科技改变传统出行方式，从零开始组建到汽车成功下线上市仅用了不到三年时间。

爱驰在发展中逐渐形成重视用户及伙伴的企业文化，并重新定义了伙伴的概念，无论是主机厂、经销商还是用户，爱驰都将其视为伙伴。爱驰认识到想要在行业内突围，就要以开放的心态围绕伙伴的需求进行赋能，帮助其实现价值主张。爱驰汽车 IT 总监杭瑜峰强调："我们的行业与企业被互联网和移动互联网深度改造，用户导向和服务导向是发展的方向，我们应该去服务用户，管理用户。"

基于企业文化，爱驰在云徙的帮助下，将传统车企的 DMS 系统进行"伙伴化"改造，升级为全渠道运营管理平台 PMS（Partner Management System）。爱驰将智能科技运用于整车生产、销售、维护等各种场景中，管理、服务和赋能爱驰生态体系中所有的用户及伙伴。

7.4.2 痛点聚焦

目前，经历过快速发展的汽车行业遇到了瓶颈，无论是汽车行业整体、新能源造车领域，还是爱驰汽车本身，都面临巨大挑战。爱驰汽车不得不寻求突破，在竞争激烈的红海市场中突围。

1. 行业痛点

我国汽车行业经历了一段快速发展期，在汽车保有量快速上升后市场逐渐趋于饱和，由过去卖方市场转向买方市场。在激烈的竞争下，经销商模式正在发生重大变化。越来越多的车企开始尝试转型，采用"车不在场，服务到位"、实体体验店+7×24远程服务+零售型售后服务网点的"超级体验"模式等手段寻求突破。

此外，移动互联网普及后，新能源、5G、车联网、数字化发展迅速，数字经济、数字社会正成为现实，成为汽车行业未来发展的趋势。在外部环境改变的同时，消费者群体也发生了明显变化，年轻化、追求品质、注重差异的趋势越发明显。最为直观的就是80后及90后逐渐成为消费主力。这类用户群体的需求用原来的方式越来越难以满足，他们的消费意识与决策已经发生重大改变。他们更加感性、个性、重体验，渴望参与感。行业因而迎来了全面洗牌，如何应对消费者改变所带来的市场变革，已经成为中国汽车行业的重要课题。

不同于"小步快跑，薄利多销"的快消品，汽车这种大件商品具有重体验、高价值、高耐久的特性。汽车行业过去主要采用投放各类广告、依托经销商线下推广等传统营销方式进行销售。与其他行业相比，这种营销模式相对落后。云徙汽车事业部总经理凡星曾感叹："过去，经销商做线下营销就够了，然而现在用户变了,企业也应该转型,需要经营用户了。"

新能源造车行业的痛点更为突出,它不仅具有上述汽车行业的共性痛点,还面临更多自身特有的问题。

首先,红海市场竞争残酷,既有传统能源汽车的竞争,又有新能源汽车市场在短时间内涌现的新玩家的竞争,比如国内有蔚来汽车、小鹏汽车、威马汽车、理想汽车等,国际上有强劲的特斯拉,更有传统车企进入新能源汽车市场"搅局"。行业在激烈竞争下变得高度同质化,本就趋于饱和的市场被瓜分无几,想要突围更是难上加难。

其次,新能源汽车行业还具有出现时间短、行业成熟度低,容易受到政策、市场环境影响等劣势。作为新事物,新能源汽车的用户接受度本就不高,还受限于基础设施建设不足,如充电桩的普及率低、车企的售后服务跟不上等,让用户在进行购买决策时顾虑重重。面对极高的不确定性、复杂性,快速变化的新能源汽车行业中的所有企业都在摸着石头过河,无法预测行业发展方向。

2. 爱驰汽车痛点

爱驰的数字化建设需求是独特的,不同于传统企业的数字化转型,其本质是从 0 到 1 的数字化创新。没有老旧系统的束缚,没有传统行业成熟玩法的制约,爱驰开放地寻找包括中台解决方案在内的各类系统架构,积极与各类供应商接触,寻找力量来帮助自己构建企业数字化蓝图。

(1)数字化建设

在数字化建设上,作为新能源造车新势力的爱驰完全是从头开始,包括信息系统在内的建设几乎是张白纸。面向充满未知的市场,爱驰IT总监杭瑜峰明白:"汽车行业的消费者已经变了,年轻消费者都是在互联网时代成长起来的。虽然变化的方向不明确，但销售系统一定会变，服务体系一定会变。"

因此，爱驰认为企业数字化建设需要面向未来，把超前的建设当作对未来的投资，需要具备高度的敏捷性、前瞻性来支持未来的发展。这种面向未来的建设思路无形中提升了系统建设的复杂度，增加了系统建设的紧迫度，亟须多个系统板块同时建设来将"数字化新基建"拼图完成。爱驰业务经理张侃认为："数字化新基建首先要进行全面布局，然后一批批地拼出完整的产品，由浅至深形成体系，形成数字化矩阵。"

（2）渠道管理

在渠道管理上，杭瑜峰认为新能源车企和传统车企的最大差异是渠道，并希望在渠道管理上进行突破。首先是新渠道的拓展。杭瑜峰说："我们不能只依靠原有渠道，还要自建渠道，比如电商。因此，对我们而言，渠道模式创新是个大问题。"其次是对传统渠道的管理。杭瑜峰很清楚，过去主机厂与渠道商之间的关系很特殊，各种销售之间存在复杂的利益关系，汽车企业要在渠道管理上寻求突破，就要建设一个能够满足各方需求的 DMS。杭瑜峰表示："这种关系的管理不能让一家独大，而且主机厂建设这种系统除了满足自身需求外，还要兼顾经销商的需求，让他们有意愿使用。"

因此，爱驰想要改造传统渠道管理模式，对经销商进行赋能，化渠道竞争"对手"为"伙伴"。项目经理童杰说："我们想基于数据做一些创新业务，包括电商，并将一些渠道管理开放赋能，让渠道伙伴参与进来，一起做营销，一起分蛋糕。"

（3）数据打通

在数据打通上，过去行业主流系统多为烟囱式的，数据滞留在单个系统中，解决的是单个管理环节的问题，爱驰则想打通从生产到销售全链条的数据。张侃说道:"我们基于对汽车行业的整体理解,希望做成一个面向未来的方案,实现整车生产、销售、保养、使用等环节的信息透明化、实时化,把系统做成闭环。"但将数据打通并不容易,如何打通主机厂、经销商、专营店、维修方、最终用户等各方的数据成为一件让爱驰头疼的事情。

爱驰构建数据闭环的系统还有其他考量。其一,避免投机行为或道德风险。比如,在除整车销售外利润最高的汽车维护上,一般是以标准工时加上硬件成本计算费用。因此推进数据透明,进而判断有效的标准工时,显得极其重要。其二,打通以订单为核心的各类数据,以支撑渠道管理,进行渠道的管理赋能、用户的营销触达及经营的管理决策。

(4) 运营

在用户运营方面,重视用户及伙伴的爱驰苦于不知如何触达用户、运营用户、服务用户和营销用户。爱驰虽有做全渠道、全场景、全生命周期营销以及开辟新渠道的意识,但用户运营对业务的整体性、功能性、敏捷性、数据可得性、玩法多样性要求很高。爱驰受限于封闭的行业属性,并不熟悉具体的业务模式,业务规划也没能形成体系,难以借鉴其他行业的玩法"破圈"。于是,爱驰开始寻求突破的方法。

7.4.3 建设中台

在对中台架构做了深入调研后,爱驰开始精心挑选供应商,最后与云徙达成合作意向,实施了中台架构,完成了全面数字化建设。

1. 了解中台

在爱驰汽车看来,现在行业所经历的并不是最坏的时代,反而是最好的时代,特别是对于新进入者而言。爱驰自成立以来,一直在加速布局制造研发体系,整合优质资源,打造全系产品,为用户的参与提供坚实基础。从零开始建设信息系统虽是一张白纸,但也蕴含无限可能。那么,系统建设究竟是选择传统供应商开发的成熟车企管理系统,还是采纳创新的面向未来的架构——数字中台,是爱驰面临的一大抉择。

回顾过去,行业主流的架构几乎都是"基于管理标准 4S 模式的经销商、局限于销售和售后业务、难以快速响应业务"的单体烟囱式架构。这种架构只能通过外挂系统来扩展业务需求,导致业务和数据割裂,系统重复建设不可避免。此外,过去的销售模式存在线上和线下环节的脱节,客户线上线下一致性和透明化体验差。传统架构还存在集中式部署条件下性能受限的问题,无法支持面向大量用户、要求快速响应的业务场景,影响操作效率和体验,无法支撑现在各类营销新玩法。

在阿里的推广下,中台架构近年来逐渐被业界接受与推崇,帮助大量企业实现了数字化创新及数字化转型,是企业面向未来的新架构。中台架构能够支撑前台业务快速响应,成为企业业务统一运营平台,能够提炼各个业务线的共性业务需求,并将其建设成可共享的服务能力和组件。通过连接企业稳定的后台系统,中台以共享服务的形式提供给各业务前台使用。"大中台、小前台、稳后台"的架构能解决企业数字化过程中信息系统重复投入、业务数据无法打通、难以处理等问题。中台能为企业带来敏捷性和复用性,支持企业在高并发、多场景、多终端的业态中轻松应变。汽车行业的中台架构如图 7-6 所示。

爱驰高管对信息系统建设的远见及超前的认知促成了中台架构的选型,他们认为中台架构能够很好地解决爱驰的痛点,并且符合爱驰未来发展的方向。IT 总监杭瑜峰表示:"中台在架构上保证了我们未来的技术扩展能力和业务迭代能力。未来不可推测，但中台恰恰是能够满足我们面向未来需求的架构。"

图 7-6　汽车行业中台架构

爱驰的业务线同样支持采纳中台开展业务。如果采用传统模式，大量的系统模块需要重复建设，这对于爱驰的现有资源和未来发展来说都是巨大的挑战。业务经理张侃说："我们接受中台概念，首先因为我们要将业务模式全部数字化，将所有触点触达数字化。然而汽车行业触点非常多，包括用户的触点和经销商的触点，既有网页，又有小程序，还有抖音、微博等，单独建立系统工作量实在太大。因而我们希望用一个统一的'后台'来做，这个'后台'也就是现在中台的概念。"杭瑜峰也强调："中台真正的策略是想选择一个以不变应万变的方案，未来业务的调整变化挺大，可预测不可预测都在当中，能不能用最快的方式进行迭代是关键。调整业务时，不能把整个框架毁灭，变的是各种业务组件，包括数据交换条件，这是中台真正的意义所在。"

有了采纳中台架构的规划，爱驰开始尝试实践。然而，规划虽美好，实现起来却不容易。爱驰的数字化建设进度必须跟上汽车上市的步伐，时间紧、任务重。另外，对于专注汽车行业的爱驰团队来说，中台开发经验近乎为零，对实现的具体办法、详细路径不清晰，只能"盲人摸象"般洞察局部。即使万般努力，也仅建立出部分的数据中台，缺少了最为重要的业务中台。云徙项目总监风筝表示："数据中台需要先有业务，才有数据可以积累使用。这是他们开始时走得比较慢的原因。"没有业务中台作为数据入口积累数据原料，就形成不了闭环，也就难以产生价值。

2. 选择供应商

机缘巧合下，爱驰与云徙进行了接触，在交流中明确了对方的需求及能力。对爱驰来说，中台架构的选择非常重要。爱驰要打造面向未来的系统，完成自身数字化布局。在持续接触中，爱驰了解到云徙在营销玩法、渠道经营、跨圈业务方面做过大量的业务设计，在汽车等行业上具有丰富的中台建设经验，因此，云徙特别"懂用户""懂得运营用户"。而这正是爱驰的核心需求。尤其在业务创新及营销玩法的打造上，爱驰急需经验丰富、熟悉营销玩法的"新鲜血液"参与建设，最好还能为爱驰提供业务咨询、业务梳理服务，帮助爱驰打造触客新玩法，使爱驰围绕用户、围绕伙伴的"以实现用户价值为核心"的文化有效地落地。

爱驰的选择还有战略角度的考量。国内汽车行业软件主流企业做的DMS系统其实已经同质化、稳定化了。用是肯定能用的，但造车新势力想要弯道超车，如果还走别人的老路，是很难在这个竞争激烈的市场突围的。爱驰渴望新的东西，就要打破、颠覆常规，没有办法，只能另辟蹊径。爱驰认为只有采取差异化的破局突围才有可能在激烈的竞争中活下去，帮助企业实现弯道超车，突破传统车企及新能源汽车行业目前的困局。因此，系统的建设也立刻提上了日程。

3. 多方参与，协同共创

爱驰从 0 到 1 的数字中台构建采取"多方参与，协同共创"的模式进行。爱驰、云徙与多个第三方系统供应商共同打造中台系统。复杂的中台系统让实施变得难度重重，项目管理的难度也很高。

爱驰技术部门牵头整个项目，负责需求提供、接口梳理及协调第三方系统供应商。值得一提的是，爱驰对数字化建设有不同寻常的理解。IT 总监杭瑜峰说："在很多企业，IT 部门要说服业务部门采纳和使用系统，但在爱驰，情况是反过来的，业务部门对系统的需求特别强烈，反倒是 IT 部门有时会适当劝业务部门要克制。该做什么，不该做什么，一清二楚，这才是最合理的，不能你要我做什么我就做什么。要避免投入方向不对，避免走错路。做科技不是做科幻，缺乏规划的投入是不见底的，产出也没有标的。"该理念避免了不切实际的投入、天马行空的需求，有效平衡了技术与业务，让项目能够提纲挈领地进行。此外，关键干系人在项目实施过程中也发挥了重要作用，详尽的计划、开放的心态、高效的协同让项目得以有条不紊地进行。

云徙主导了爱驰业务模式的梳理、业务发展的咨询、项目的管理及爱驰最重要的 PMS 中台的构建。项目的协调管理存在不小的难度，云徙丰富的项目经验发挥了重要的作用，沟通和合作成为解决各方进度不一的有效方法，让多方共建的系统按期联调上线。

此外，第三方系统供应商在开发外围系统的同时，也积极地提供了接口及系统数据，供中台调用来支撑业务。在多方的共创之下，中台的蓝图逐渐勾勒完成，如图 7-7 所示。

图 7-7　爱驰汽车数字中台结构图

4. 敏捷实施过程

项目从开始到结束共分为需求调研、初版上线、迭代优化、整体上线、交付验收五个阶段，如图 7-8 所示。需求调研于 2019 年 4 月开始进行，依靠自身成熟的中台 2.0 产品，加上调研"两条腿走路"的模式，云徙快速梳理出了爱驰的核心需求，并提供了很多新业务、新玩法。

图 7-8　爱驰中台建设时间线

考虑到 PMS 中台建设过程中多个外围系统建设的复杂性、爱驰自身需求的不确定性、业务的多变性、时间的紧迫性、商业模式的试错以及中台架构本身的特点，为了实现快速迭代，系统实施采用了敏捷开发的形式。IT项目经理童杰表示:"我们采用敏捷开发的形式进行,小步快跑,快速迭代。系统功能按月迭代,这个月做完,不合适下个月就改。而如果采用传统的瀑布开发模式根本行不通,很有可能刚开发出来就已经过时了。"

在需求及业务流程梳理完毕后,联合开发团队首先确定相对稳定的核心需求来找到中台建设的重心。该阶段围绕爱驰汽车初期发展的核心需求PMS系统进行,首先对展厅管理、客户管理、整车销售管理、售后维修管理、车间管理、配件管理、索赔管理、二手车管理、保险管理等可复用的关键业务进行抽象,然后将其打包为订单中心及渠道中心两个核心,并设计出一套高效的中台解决方案迭代实施,最终于2019年6月发布了初版系统。童杰说道:"就像是作画,我们首先要把人的形状给拟好,6月以后再把眼睛描绘出来,把眉毛画出来,把耳朵装上去,把项链戴上去,把衣服穿起来。"

此后,云徙开始关注外围的、多变的非核心需求以及在创新过程中涌现的新需求的实现。依托已经建成的初版系统,后期的迭代更敏捷,能够根据需求的不断改变及时调整,并对不适用的业务进行快速修改。例如,张侃多次讲到这个业务需求变更试错的案例:"比如我们去年做过的一个体验车项目。最早我们希望把业务往融资租赁的方向发展,但是在将业务推向市场后,我们发现渠道伙伴并不支持这个想法。他们中意的是传统卖车模式,希望把业务转变为深度的试驾支持销售的模式。按照这种模式,整个系统逻辑都变了,需要重构。而这里中台对业务的快速变更起了很大的作用。每一次新布局的过程实际上也是对业务重新梳理、快速更新的过程。"

在不断的迭代之后,系统于2019年9月整体上线。实施团队立即展开测试,首先使用A/B测试检验什么业务模式更加有效。童杰认为在测试阶段，敏捷开发的模式仍然体现出优越性："敏捷开发的模式方便做 A/B 测试，这对我们验证业务人员对新业务模式的接纳程度有极大帮助。"确定了业务有效性后，再进行关键用户参与的用户接受测试（UAT），以检验系统是否满足不同业务单元的实际需求。在爱驰技术及业务人员的紧密配合下，项目于 2019 年 12 月底验收，并有效支持了爱驰首款量产车 U5 的上线销售。目前，爱驰与云徙已经着手开展中台项目二期工程的建设。

7.4.4　产生价值

爱驰汽车建设的中台系统一经上线即产生价值。首先是系统本身的价值，上线后的系统能够拉通业务、统筹运营、重用能力、支持决策。其次，PMS 中台能够进行全面管理，为渠道销售提质增效，并形成闭环。再者，PMS 中台还为爱驰带来了创新的营销模式，助力爱驰进行全方位、全渠道的营销触达。

1. 中台系统的 4 个价值

云徙为爱驰构建的业务中台具有极好的可复用性，可以沉淀出灵活的数据管理能力，有效支撑业务需求的快速变化及创新，为爱驰各层次的伙伴提供极致的服务体验。

第一，业务拉通，提升体验。业务中台的建立不仅拉通了客户全生命周期的业务场景，扩展了集客空间和跟进转化的能力，而且实现了客户账号统一、客户身份一致，让客户数据能够支持各类服务，从而提升客户体验。

第二，统筹运营，提升效率。爱驰数字矩阵规划了多形态、全场景的业务。业务中台能够协调统筹、统一运营共性业务，让运营体系化，提升跨部门运营效率，助力管理者决策。

第三，能力重用，降低成本。中台建设的过程也是对业务进行的一次全面梳理，重构并提炼全渠道共性需求，形成中心化的通用业务能力，再将业务能力以微服务 API 的形式提供给业务部门的各应用进行复用，从而减少重复功能建设、降低维护成本。

第四，数据沉淀，支持营销决策。中台 PMS 建成将业务成功数据化，结合爱驰团队自建的车联网、大数据和人工智能应用，为智能化分析打下了基础，发挥出数据资产的价值。通过赋能主机厂经销商等伙伴方，增强其使用意愿，助力营销决策，从而大幅提高运营效率和客户运营的精准性，延伸 DMS 的触角。

2. PMS 渠道销售提质

云徙为爱驰规划的数字中台共包含 8 大业务中心，包括渠道、订单、支付、内容、库存、交易、用户及商品，成体系地为爱驰提供从生产到销售的全链条服务，支撑全渠道运营管理平台 PMS 的建设。8 大业务中心中，订单中心和渠道中心是爱驰开展销售业务的核心，能够实现渠道统一管理、订单统一管控，实现消费者、渠道伙伴、主机厂全路径的业务数据化。

订单中心能够支撑整车销售订单业务，包括线上、线下的零售订单及渠道批售订单、生产订单、逆向订单等类型的订单管理，能够提升多销售模式下的客户权益一致性，如图 7-9 所示。比如在汽车销售方面，系统可以通过多个端口（如 App、微信、官网、PMS 等）的 B 端和 C 端发起小定和大定的订单服务。订单中心还能服务于体验车业务等，在 C 端发出请求后，消费者可以选择租赁的方式，提交租赁服务订单，享受租赁服务。

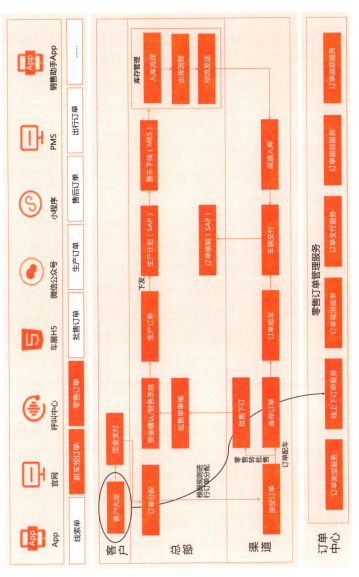

图 7-9 PMS 订单中心及核心流程

渠道中心则是支撑爱驰线上线下多渠道伙伴合作业务，实现统一渠道伙伴管理的核心，如图 7-10 所示。首先，对不同渠道类型、职能进行管理，如零售伙伴的职能为体验加销售，交付伙伴的职能为交付加服务；其次，对渠道伙伴进行管理，增加改变渠道商入网、退网状态的功能；再次，对渠道账户进行管理，包括保证金账户和售后的备件保证金账户的管理能力；然后，渠道授权也是渠道中心的重点，面对不同的渠道商，根据大区选择单一或全部渠道，勾选可销售产品类型、车型，授权其可销售品牌；最后，可以对渠道人员、设备、场地等资源进行全方位的管理，形成渠道管理闭环。

需要强调的是，PMS/DMS 在汽车企业销售体系中举足轻重，汽车行业的核心是 DMS 系统。如果不做 DMS，到后面要么被人兼并，要么就倒闭。PMS 系统与传统 DMS 系统既有共性也有个性。共性方面，两者都针对汽车行业庞大的销售网络管理，涵盖 4S 店的整车销售、零配件仓库、售后维修服务、客户服务等。个性方面，PMS 系统将传统主机厂与经销商视为伙伴关系而非商业关系，在构建时充分考虑他们的价值主张，让 PMS 系统为其服务。张侃说道："首先这符合爱驰汽车'用户'+'伙伴'的核心理念；其次对于爱驰这类与经销商议价能力较弱的造车新势力企业来说，既然无法完全管控渠道经销商，那么就将思路转变为赋能和服务经销商。"

PMS 中台建成后，为爱驰汽车进行了从生产到销售全流程的赋能，通过订单中心及渠道中心的建立，赋能渠道及销售，做到线上线下的融合一体化，打造购车链路的全数据记录。主机厂可以将业务能力进行串联组合，灵活编排，以便更快捷地支撑新业务需求。PMS 中台还围绕爱驰汽车从生产制造到售后服务的整个过程，对消费者进行研究，增加消费者与品牌间的互动，提升消费者体验。

第 7 章 新汽车行业的中台实践

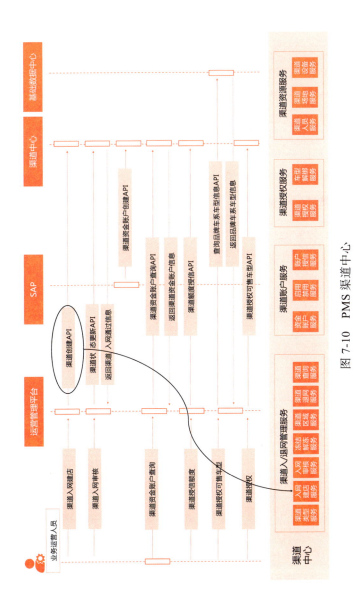

图 7-10 PMS 渠道中心

同时，通过在主机厂和经销商之间搭建互动交流的信息桥梁，全面满足主机厂及经销商对汽车销售、维修服务、配件供应、信息反馈、客户关系等业务的信息化管理，充分利用回流数据制定和管理营销方案，助力管理者决策。对于经销商等生态伙伴来说，全面支持多应用、多场景，沉淀业务信息，整体支撑 B 端业务需求，大幅提高运营效率和客户运营的精准性，让经销商能够及时掌握市场变化，增强信息交流的时效性，压缩中间运营成本。

3. 营销触达赋能

除了为爱驰搭建 PMS 中台系统，云徙还提供咨询服务，对爱驰中台的其他业务中心进行梳理，并针对营销板块为爱驰提供营销触达的赋能。首先在理念上，帮助爱驰破圈，了解业界更多的玩法；其次在具体营销方法上，帮助爱驰将业务数据化，沉淀数据，精准决策，为智能化分析数据打造基础，发挥数据资产价值，助力管理者决策。

在新零售渠道营销方面，云徙为爱驰提出了销服分离、线上线下融合、存量资源整合的渠道模式。线上，利用 App 平台与第三方商业平台合作，建立起多触点、多渠道的线上网络矩阵；线下，爱驰通过厂家直营与渠道伙伴加盟结合，有效盘活社会存量资源。借助线上线下的双渠道购车体验，爱驰将传统思维转化为用户思维，将过去的"人找店"模式转变成"店找人"模式。

在以用户为中心的触达上，云徙帮助爱驰实现"以用户为核心"的文化，打造大数据平台和线下渠道的智能化新运营体系，实现与用户的零接触。通过无处不在的触客渠道，开展无所不包的活动，进行时时刻刻的展现，为用户提供无微不至的服务。

在营销闭环的建立上，云徙在帮助爱驰梳理业务、构建中台系统、实现业务数据化后，还为其设计了闭环营销体系。首先，拉通不同触达渠道的媒体为活动发布提供渠道；然后，依托沉淀的数据，由主机厂或经销商负责在不同区域进行营销策划，为活动发布提供内容。

PMS 中台针对渠道及内容进行数据埋点，对数据、行为等各类线索进行收集、分发、跟进，然后进行处理，助力管理者决策，进行营销策略优化，为后续的营销提供支持，形成完整的闭环。

营销及数据的闭环让爱驰针对用户的个性化服务成为可能，并且云徙为爱驰提供了不少新思路、新玩法。爱驰业务经理张侃举了一个例子："爱驰 U5 搭载了一个数字养成系统，通过统一的用户 ID 贯穿购车、驾驶、智能应用、用车生活的每个环节，利用数据就能实现专属匹配的千人千面，给 U5 植入个性化基因。"这些新玩法让爱驰很惊喜，效果甚至超出爱驰的期望。童杰说道："云徙给了我们很多超出预期的东西，帮助我们实现了价值。"

7.5 案例分析 2：长安福特的双中台实践与数字营销破局

2018 年 12 月 22 日晚，云徙项目总监风筝接到来自长安福特的电话，福特商城即将于 12 月 24 日举办"双 12 返场盛典"，需要上线一个新的营销玩法。以往上线新活动至少需要一周时间，先后要经过需求确认、细节推敲、开发测试等流程，而云徙只有 1 天时间。第二天，风筝带领团队评估了活动上线的难度后，整个团队便紧锣密鼓地行动起来。从确认需求和功能到定制化开发和测试，当晚 10 点，营销活动通过业务测试，顺利上线。短短 12 个小时，这支团队就完成了过去要耗时一周的工作。能够达到这么快的响应速度、这么好的活动效果，在风筝看来，都要归功于双中台系统。

如今，在云徙科技双中台的助力下，长安福特已经搭建了行业领先的数字化营销系统。

7.5.1 项目背景

长安福特全称为长安福特汽车有限公司，于2001年4月由福特汽车和长安汽车签约成立，是一家集整车、发动机、变速器制造于一体的大型综合性汽车企业。自建厂以来，长安福特累计销量已突破600万，年销量一度接近百万。然而自2018年开始，整个汽车行业进入下行周期。根据国家统计局的数据，2018年汽车销量同比下降2.76%，这是近30年来汽车行业首次出现销量下滑；汽车制造业（含零部件和经销商）2018年全年营业总收入为80 485亿元人民币，同比下降5.68%；全行业利润总额为6091亿元，同比下降4.7%。而长安福特比行业更早进入"寒冬"，增长乏力、市场萎缩迫使长安福特做出转型的决策。

7.5.2 痛点聚焦

长安福特进行转型，主要面临营销模式失效、营销领域的信息化水平相对落后、消费者洞察缺失、内部系统割裂及存在数据孤岛五大痛点。

1. 营销模式失效

面对销量大幅下滑、消费者流失的艰难困境，长安福特认为是自身的营销模式出了问题。在淘宝、天猫、京东等电商平台正借着互联网红利飞速发展，生活日化、休闲零食等快消品依靠互联网营销风头正劲之际，长安福特还在给经销商大量铺货，依靠传统的线下4S店经营客户。这种粗放的营销模式与车企的信息化水平有关。

2. 营销领域的信息化水平相对落后

相较于阿里巴巴等互联网企业成熟的信息化建设,车企营销领域的信息化水平相对落后。尽管近些年来,大数据、云计算和人工智能等信息技术正在深刻改变着各行各业,推动传统企业进行数智化转型,但传统车企并没有赶上新兴技术的潮流。究其原因,在于车企自身业务的复杂性高和缺乏互联网意识。

3. 消费者洞察缺失

长安福特作为传统车企,只负责研发、生产和制造,而将车辆的销售及售后等都交由经销商负责。也就是说,车企是通过经销商将汽车卖给消费者的,这造成了车企、经销商和消费者的隔离:车企无法得知消费者是谁,其消费习惯是怎样的;经销商无法得到车企的销售指导,造成库存积压。

4. 内部系统割裂

车企和经销商使用了大量相对独立的系统,这些系统建设年代久远,相互之间不能共享客户数据,这增大了车企洞察客户、运营客户的挑战。长安福特建设了 ERP、WMS、MES 等内部系统,以及与营销相关的 DMS 系统(见图 7-11),但这些系统的业务职能范围并不清晰,系统之间存在流程割裂,难以协同开展业务,不能支撑基于互联网的营销玩法。

5. 存在数据孤岛

长安福特的内部各系统间不能及时同步数据,形成了一个个数据孤岛,给车企开展数据驱动运营带来了挑战。在这样的模式下,长安福特的线上营销严重依赖第三方系统,但这又导致营销数据无法回流,无法进行后续分析。因此,长安福特只能采用较为单一的线上营销方式,但营销效果的好坏很难评定。

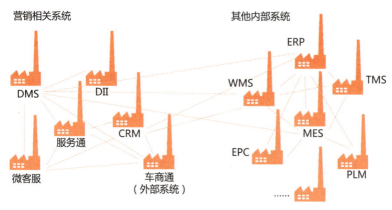

图 7-11 长安福特的原有系统

在 2017 年的"寒冬"中,长安福特开始寻求破局。两个最关键的途径是提升销量和经营客户。长安福特发现,传统的营销渠道和营销方式已经逐渐暴露出成本高、效率低、销售难和传播空间有限等亟待解决的问题,营销的数智化转型成为最迫切的需求。尽管营销数智化转型是较为明确的目标,但长安福特还是对转型之路感到力不从心。以 ERP 为代表的传统系统很难支撑互联网时代的营销新玩法。长安福特希望建立一个面向 C 端的信息系统,而且这个信息系统要能够解决营销效率问题和数据孤岛问题,实现营销由粗放向集约发展。

7.5.3 中台实施

为顺利转型,长安福特决定引入最先进的中台体系,全面重构营销模式。长安福特和中台领先供应商云徙科技达成合作,双方通过两期项目的努力最终搭建了数字化营销平台"福特商城",为消费者提供从看车、选车到用车的一站式便捷服务,并为遍布全国的经销商赋能，实现了福特品牌的一次飞跃。

1. 借力云徙

2017年年底，长安福特决定借助阿里领先的中台理念，并引入合作伙伴云徙科技，对自身的营销端进行改造，搭建数字营销系统。

2018年1月，云徙的业务架构师团队进驻长安福特。这支团队的成员基本都在汽车行业工作过，并且拥有丰富的电商从业经验。他们当中，有的来自东风日产、广汽丰田等车企，有的来自汽车软件供应商，还有的来自各大电商平台。

经过反复研讨，长安福特和云徙共同确定将项目范围聚焦于销售业务，业务蓝图是"提升客户的体验、提高经销商的效率和优化车企的管理流程"。这个蓝图的具体体现形式是网上云店系统。这是一个致力于为用户提供更好的品牌数字体验的系统，让用户突破时间和空间的限制，更快捷、更透明地获取信息，实现24小时在线购车。这个系统能够更好地连接用户与经销商。同时，该系统也为车企和经销商打造了一个创新型销售通路，让经营不再局限于传统的销售模式。经销商网上店面系统建设的目的有两个。第一，让每个经销商、每位销售顾问、每次终端活动都成为用户流量入口，帮助销售人员更好地触达终端用户。第二，通过用户数据的归集、整理和筛选，使数据产生新的价值，最终达到提高销量、提升用户满意度的总体目标。

2. 引入双中台

在需求调研阶段，业务架构师们以蓝图为指引，将需求尽可能细化。不同于传统软件开发的需求调研，业务架构师团队没有将需求分解成各个模块进行确认，而是采用了业务场景式调研的方法。云徙认为，互联网背景下的数字化营销强调场景重构，这也就意味着架构师要充分细化业务场景，对处于不同阶段的用户投放不同的活动。按照云徙汽车事业部经理凡星的说法，业务场景式调研偏向于发掘买车的场景，比如发掘消费者有哪几种买车诉求。遵循业务场景式调研的方法论，双方确认了核心业务场景，明确了核心业务流程。

与此同时，云徙发现长安福特需要加强面向 C 端的信息系统建设。当下，C 端的需求变化越来越快，信息系统亟须具备快速响应的能力。虽然长安福特已经有成熟的 DMS 系统和 CRM 系统，但这些系统主要服务于企业管理，不能快速响应客户需求。此外，传统系统不能支持一些创新的营销活动，如秒杀抢购、千人千面、精准营销等。在深入了解长安福特的现状后，风筝看到了问题所在："我们需要做一个容易获取 C 端客户的平台，但改造现有系统周期会非常长，而且现有系统的数据、业务都是割裂的，不能共用。"

因此，云徙认为，要解决长安福特数字化营销的痛点，需要构建一个运行稳定、能够快速响应、支持高并发的系统。结合业务场景式调研的成果，云徙为长安福特引入中台概念，提出建设双中台信息系统支撑数字化营销。先进的中台设计思想，既能够解决长安福特当前的业务痛点，也能够支撑其未来的业务拓展，为实现更深层次的用户营销活动奠定基础。

在这个双中台系统的雏形中，业务中台体现了长安福特的核心业务逻辑。基于买车的业务场景，云徙梳理了车企、经销商和客户三方视角下的所有流程，将流程划分到不同的领域，基于数字中台框架将领域归整为若干个共享服务能力中心，如用户中心、营销中心、店铺中心、活动中心、支付中心等。同时，还规划了查询车型、特惠车销售、活动报名、预约试驾等营销功能，通过与中台能力深度整合，实现了完整的整车销售流程。整体的长安福特业务中台解决方案如图 7-12 所示。

第 7 章 新汽车行业的中台实践

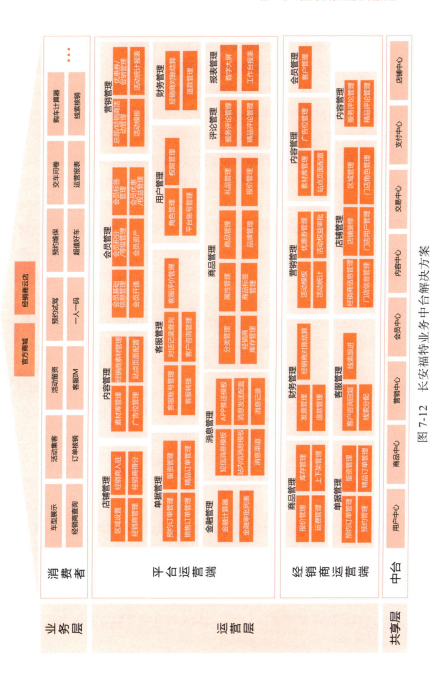

图 7-12 长安福特业务中台解决方案

在这个精心设计的业务中台中，不同能力中心的定位和功能非常明确，每个中心内部能够独立运作，不同中心之间的依赖度较低。每个能力中心提供相对抽象和通用的服务，适用于不同的场景，从而减少系统的重复性开发。此外，能力中心可以单独部署和扩缩容，使得系统的伸缩性很好，能够应对大流量并发场景。相反，长安福特原有的信息系统并没有采用分布式架构，并且重复建设。例如 CRM 系统虽然成熟，但集团内部有多套 CRM 系统，如管理售前新会员的 CRM 系统、管理售后客户的 CRM 系统、管理电话客户的 CRM 系统和管理线上客户的 CRM 系统等。这些系统由不同团队独立开发与运营，系统数据库互相重叠。

数据中台是基于阿里云大数据中间件搭建的轻量级大数据平台，它接入了业务中台、埋点数据和第三方数据，完成海量数据的存储、清洗、计算、汇总等，提供基本的数据模型和运营服务。长安福特在数据中台的助力下建立了车主及潜在客户的用户画像，做到了对终端用户的洞察，提升了前端营销活动的效果。数据中台构成了企业的核心数据能力，为前台基于数据的定制化创新、业务中台基于数据的反馈提供了强大支撑。

双中台的引入，实现了业务能力和数据的共享，改变了长安福特一直以来数据割裂、营销低效的难题，做到了企业内部三个一，即"一个 ID、一个数据、一个服务"。双中台支撑起长安福特快速响应 C 端需求，为长安福特实现数字化营销找到了一条破局之路。

（1）一期上线

历时一个多月时间，经过与长安福特反复确认需求、与技术架构师确认开发难度后，业务架构师团队最终将业务场景式调研的成果产出为需求规格说明书。

凡星亲自领导了长安福特项目。在和长安福特沟通中，他了解到长安福特之前在开发系统时，需求调研需要 3～6 个月时间，开发测试需要 6 个月到 1 年时间。因此，在他向长安福特提出 3 月开始开发、6 月上线的时候，长安福特非常惊讶。使用敏捷开发的方式，开发团队可做到每个月一次迭代，每个月一次测试。最终，系统在 6 月如期测试上线，7 月和 8 月顺利完成试运行，9 月在全国范围上线。惊讶之余，长安福特对这个基于互联网架构的稳定、快捷的中台系统非常满意。

在敏捷开发过程中，每个阶段都会有侧重点。在确定 3 月的开发需求时，业务架构师团队根据业务流程的依赖程度，用流程图将功能规划排序。在与订单相关的业务流程中，依据"客户注册—下定—购买—售后"的业务逻辑，将与客户注册相关的功能排到第一优先级，将与订单相关的功能排到第二优先级，将与退货相关的功能排到第三优先级。对于内容发布、商品上架等其他业务流程，同样按照业务流程依赖程度规划出迭代的顺序。在迭代顺序确认后，业务架构师首先将第一优先级的功能设计出来。随后，技术团队采用 MVP（最小可用产品）的方式开发，用一个月时间帮助长安福特建立了微信平台福特商城。

在技术团队紧锣密鼓地进行第一阶段开发的时候，云徙和长安福特已经开始讨论 4 月的需求了。业务架构师们将第二优先级的功能设计出来并交给 UI 人员，由 UI 人员完成视觉设计。在长安福特确认流程、功能和视觉效果之后，技术团队进入下一阶段的开发。5 月，技术团队很快上线了 IM（即时通信）服务，可以为客户提供在线咨询服务。6 月，系统已经能够支持长安福特开展促销活动，并顺利开展了 618 大促及深圳车展等活动。

根据活动实施的效果和需求变化，最初确定的开发优先级可能已经不再适用。为了确保满足需求，双方保持实时沟通，并根据需求变化调整开发优先级。最后，采用这种敏捷开发的方法，云徙边开发边迭代，给长安福特交出了满意的答卷。

一期上线的福特商城是个集品牌商城和经销商云店为一体的微信平台。该数字化营销平台入口包含官方品牌商城入口和经销商云店入口，可灵活配置到品牌或经销商的公众号及各类社交平台中。

就这样，福特商城成为一个引流入口，消费者通过品牌商城或经销商云店，可享受车型搜索、查看报价、询底价、预约试驾、活动报名留资等实时在线服务，购车体验大幅提升。

利用经销商云店，每个经销商可以自己构建云店，营销主力车型或者发布活动圈粉、进行线上VR看车等操作。经销商可以利用本地资源、本店增值服务对云店进行灵活运营，通过简单的报价、上架、云店装修、订单/线索移动App跟进等操作，既可推广云店，又可获取来自品牌车企的高质量线上用户信息。此外，福特商城还为经销商提供了统一、高质、最新的车型信息及活动素材等营销工具，并帮助经销商在线销售库存车辆。

长安福特也从福特商城中获益，通过在商城上开展线上营销活动，如发放购车优惠券，加强了品牌和用户的互动，提高了用户转化率。此外，通过采集和分析消费者信息，长安福特可以对经销商信息、车型信息、活动素材等基础信息进行管理，将活动素材和分析数据提供给经销商，赋能经销商。

福特商城上线后，系统运行稳定，支持了新车上市、"双11"和"双12"等营销活动的开展。商城运营半年之后，所有经销商全部上线，长安福特汽车会员突破百万，平均每个月在线订单达到7000多辆。通过基于双中台的数字化营销，长安福特实现了销量增长，但双中台带来的好处远不止于此。基于双中台的数字化营销平台，也为更深层次的用户营销打下了基础。长安福特开始与云徙规划二期项目，为商城拓展售后服务、配件零售等业务。

（2）二期优化

自 2018 年 6 月上线以来，双中台系统助力长安福特实现了数字化营销。长安福特对项目的各方面都非常满意，并加大了对数字化营销的投入力度，2019 年 1 月二期项目正式启动。基于长安福特的业务需求，二期以进一步整合和分析客户数据、改造福特商城 UI 以及拓展售后服务功能为目标，同时开发一些提升效率的工具。2 月春节刚过，云徙启动开发一款移动 App，定位于帮助长安福特的经销商改善管理。3 月，移动 App 正式上线。

此外，由于双中台的能力共享和可复用，二期中的前端应用如售后、小程序、经销商 App、精品商城等，都是建立在一期建设的中台之上的。从 1 月正式启动二期，历经 5 轮迭代，一个崭新的数字化营销系统在 6 月如期上线。

二期项目中，业务架构师和技术架构师用运营的思维构建数字化营销系统，全面重构了福特商城的 UI，打造了与消费者强互动的平台。他们根据所收集的消费者在福特商城中的访问路径、停留时长、停留页面、电话号码和定位等，实现了福特商城活动投放优化与数据回流的营销闭环。此外，他们还整合了天猫、汽车之家、懂车帝等第三方数据，全面优化了消费者线上线索收集、整理和转化流程，为长安福特积累数字资产、发挥数据价值建立了优势。

除了数据资产的回流外，在业务上也全方位补充了一期项目中没有覆盖到的用户场景，增加了多样化的消费触点（如 H5、小程序等），增加了营销功能，丰富了营销活动，提升了用户体验。

借助对数据的全面整合分析和全新营销场景的搭建，长安福特实现了对消费者需求的洞察，并通过优化消费者全链路的场景体验，让消费者能够享受从看车、选车到用车的一站式便捷服务，同时也帮助遍布全国的经销商们大幅提升消费者转化率。

一期和二期项目的成功，促成了长安福特和云徙科技的长期合作。双方围绕数字化营销不断展开迭代，巩固和提升传统车企营销转型的优势。2019 年 8 月，长安福特和云徙科技开始进一步优化福特商城的前端 UI 设计、业务形态和活动模板，搭建新的营销场景，优化线索转化并提高消费者对福特商城的黏性。最终，2019 年 12 月 31 日，全新改版的福特商城上线，长安福特的品牌力得到进一步提升。

如今，消费者可以感受到一个亲切、便捷、时尚的长安福特。通过福特商城，车主能够方便地浏览不同款式的汽车，并预约最近的经销商门店试驾，也可以给自己的爱车选择多样化的精品配件；通过售后服务商城，车主能够方便地预约保养，甚至以可观的优惠享受服务。

对长安福特而言，中台带来了数据驱动的业务流程，有了更丰富的消费者数据后，一切都不一样了。如开展优惠券促销活动时，长安福特能够根据发放渠道的流量、转化量、下单量进行判断并优化，实时监控优惠券的发放效果。伴随着营销活动的不断开展，用户圈选、推送、营销、分析的闭环营销流程成为循环，长安福特积累的数字资产将越来越多，其价值也会越来越高。此外，双中台大幅缩短了长安福特开展活动的周期，降低了活动的试错成本。前期策划、市场准备、活动设计等之前需要耗费几个月的流程，现在被缩减到最长两个星期。2019 年下半年，长安福特一改一年仅开展数次活动的惯例，一口气开展了 37 个营销活动，提升了销量。

7.5.4　产生价值

基于双中台的数字化营销帮助长安福特做了很多过去难以想象的事情。以消费者为中心的福特商城赋能经销商，连接消费者，提供了一个体验式服务平台。通过线上和线下的融合，福特商城有效激活了目标消费者，促进了销售，提高了经销商的效益。不论是消费者、经销商还是长安福特，都已经从这个数字化营销平台中获益。

消费者能够享受从选车、买车到用车的一站式专业且便捷的消费体验，得到专属的相关咨询，获取最新资讯和经销商信息，参与品牌及经销商的营销活动。经销商获得了一个自主管理平台，能够自行拓展营销模式，获取有效高质的销售线索，从而提高营销效率，促进销售，提升保客黏性，产生更多服务递延利润。长安福特能够引流及与经销商联动，通过资源整合促进品牌漏斗转化，实现数字资产积累及精准营销，提高营销效率并获得增量。

基于双中台的数字化营销平台为长安福特带来了以下5个方面的价值。

1. 流量池运营体系

数字化营销平台为长安福特带来流量池运营体系，实现线上线下一体化消费者运营，驱动了营销业务创新。基于汽车行业消费者的全价值链阶段，即从消费者注意开始，到兴趣、联想、欲望、比较、决定及满意这7个主要环节，长安福特筛选出每个阶段的高价值用户，促成转化和二次传播。

流量池运营体系打破了传统营销的业务隔离，以持久的用户维系达成品效合一，同时给予营销部门全面了解品牌消费者的创新视角。长安福特具备了更全面的消费者群体特征分析能力，包括分析基础的用户特征、通用的营销特征以及汽车行业独特的营销行为特征等。数字化营销平台将微信作为消费者运营的前线阵地，分享裂变的能力在所有的营销活动中得到极致体现。消费者可以轻松地将购车推荐、团购活动、精品文章分享到朋友圈，获得分享激励。通过数字化营销平台构建的流量池运营体系，提升了消费者价值链的转化效率。快速识别消费者和个性化服务，提升了满意度，也促进了二次品牌传播。

2. 精准营销

数字化营销平台全面接入消费者全价值链的业务场景，记录消费者在各个业务系统的活动，形成实时更新的消费者群体画像。在数字化营销平台上，长安福特每个月都可以快速灵活地发布新车和库存车抢购、线下试驾、车展体验等营销活动。基于营销自动化引擎，结合营销活动中消费者的具体行为，可以自动生成多维度的用户属性标签。数字化营销平台可以根据任何一个消费者的线上触点追踪到该消费者对哪个车型感兴趣、参与了哪个品牌活动、是否领取了优惠券等。根据不同的消费者行为，触发不同的营销策略，而不同的营销策略会持续更新消费者的标签体系。

数字化营销平台通过 OneID 将不同前端应用的消费者数据关联起来，唯一识别消费者的来源和历史足迹，再结合消费者信息与行为标签，形成智能客群画像。通过数字化营销平台的持续运营，长安福特更加了解品牌消费者的需求，通过数据中台的智能模型可有针对性地调整营销策略，精准圈选该消费者群体。

3. 全渠道营销

数字化营销平台能够利用线上线下的多个流量渠道，提升消费者运营平台的曝光率，有效地将来自不同渠道的线索进行归集、清洗和智能评级，同时实时监控每个渠道的流量转化效率。

长安福特不仅实现了线上消费者精准营销，还可以联合线下经销商运营线下活动，例如上门试驾活动、超级试驾活动、库存车抢购活动等。在以往传统车企的营销业务管理中，主机厂与经销商的营销活动是割裂的。例如新车上市时，主机厂会分别开展市场活动与经销商区域活动，连接这两个活动的数据只有线索信息，用户体验并不好。利用数字化营销平台，长安福特打通了营销活动各个环节，消费者即使在不同的业务应用端也能被快速精准地识别，从而获取合适的服务。

4. 个性化服务

长安福特采用千人千面的思路，在大量的营销活动里不断试错，逐步优化算法，追求极致营销效率。对于粉丝、潜客、意向客户和车主，数字化营销平台精准识别不同阶段的消费者，并为其提供个性化的服务。

高效的营销自动化引擎和多渠道打通是个性化服务的关键要素。当消费者浏览最新车型时，推荐试驾活动；当消费者支付小定时，提醒到店时间，推荐优质经销商；当消费者参加试驾活动时，发送购车代金券等促销信息；提醒车主进行维保，智能推送保养套餐。

5. 能力共享和数据打通

数字化营销平台通过基于互联网架构的数字中台，将各端业务应用重构，打造会员、商品、订单中心等作为共享服务能力，全新定义消费者洞察的关键特征，帮助经销商实现线上线下一体化运营消费者。

同时，数字化营销平台打通了分布在客户管理系统、营销管理系统、消费者 App、官网、电商网站和第三方合作系统里的数据，建立了消费者数据体系，从标准不统一、数据质量参差不齐、散乱的各方数据中识别出可以定义消费者群体的特征数据。

7.5.5 最终效果

如上文所述，在双中台的助力下，长安福特实现了流量池运营体系、精准营销、全渠道营销、个性化服务、能力共享和数据打通等核心价值。在这些核心价值的支撑下，长安福特做了很多以前不敢想的事。从一年最多开展 4 次营销活动，到能够每月开展 4 次活动，长安福特借助数字化营销平台开展高频营销活动；从基本依赖线下的试驾服务，到线上线下结合的深度试驾体验，长安福特的超级试驾口碑爆棚；从依赖多方电话回访，到全渠道问卷调查，长安福特利用数字化营销平台解决了数据孤岛。

1. 高频的营销活动：从一年数次到每月数次

以前，汽车行业的促销主要依靠电视、报刊、杂志等传统媒体，以及车展等线下活动。这些活动都不能满足车企营销的需求，尤其是车展等线下活动，从活动方案定制到审批预算、再到线下运营，周期非常长，一年最多只能做 4 次。此外，线下活动还需要投入大量的人力物力，且流程复杂，成本很高。因此，在看到电商平台的快速发展之后，不少车企开始考虑利用互联网进行营销活动，长安福特就是较早利用互联网营销的车企。但通过互联网进行营销也存在问题：长安福特没有自己的线上营销系统，以往的线上营销活动都需要第三方平台的参与。因此在营销活动筹备之初，长安福特通常需要确定合作平台。但与第三方平台的合作也有各种问题。首先，虽然这些平台的功能是完备的，但平台的规则条款可能并不在车企的接受范围内。例如，车企想要获取客户的浏览和点击数据，但限于平台的条款，车企无法获得这些数据。其次，在与第三方平台的合作中，限于双方需求对接和上线活动的复杂流程，车企开展活动次数受限。

对于长安福特的诉求，云徙给出基于双中台的解决方案，将开展营销活动的频率提升到每月 4 次，而对于小型营销活动，甚至可以在一天内测试上线。不同于线下活动每年 4 次的频率，以及与第三方平台合作每月 1 次的频率,现在长安福特开展新活动无须从零开始,只要按照一定的业务逻辑将业务中台的相关共享服务能力进行组合和编排,即可快速上线。例如车型促销涉及会员服务、价格管理、库存管理、订单处理等功能,这些功能已被分解成一个个可共享的服务,而这些服务存在于业务中台的不同能力中心。当开展车型促销活动时,首先梳理出活动涉及的服务以及服务之间的业务逻辑和流程顺序,然后将不同的服务组合成促销活动。同时,在数据中台的支撑下,多方数据的沉淀也帮助长安福特建立了完整的用户画像,提升了营销活动的转化率。

此外,长安福特现在可以选择自由搭配服务,快速上线不同的营销活动,比如在一个月内,长安福特可以选择在第一周上线抽奖活动,第二周上线到店试驾活动,第三周上线购车返现活动,第四周上线线上线下联合营销活动。

基于双中台,长安福特的营销活动不仅类型多样化,活动准备时间大大缩短,而且营销效率得到显著提升。

2. 支持互联网玩法:超级试驾口碑爆棚

2018 年 3 月 26 日,长安福特联合阿里巴巴在广州市白云区开展了首个"超级试驾"活动。客户想尝试"超级试驾",只需要在线上授权信用、缴纳押金,就可以到线下将车开走,进行 3 天的深度体验。由于省去了各种烦琐的试驾预约手续,客户参与的热情非常高。

传统的试驾活动重度依赖线下管理。在传统模式下,客户也通过线上进行预约,但预约信息并没有传达到相应经销商门店的接待人员处,存在着客户"到店无车可试驾"的情况。通常,客户还需要和经销商门店进行二次预约,才能够试驾。

针对传统试驾中的数据孤岛、流程割裂等问题,云徙基于双中台，将来自车企、经销商和客户的线上线下数据整合为标准化的数据，并支持数据的快速调用，基于业务中台的支付中心、会员中心、库存中心等能力中心的共享服务，将客户信用、会员体系、客户支付、车辆库存管理、经销商管理等相关服务通过流程引擎衔接在一起。最终，"超级试驾"业务测试上线。

将原本严重依赖线下的试驾服务在线化，长安福特得到的不仅是颠覆传统的业务模式，还有客户体验提升带来的良好口碑，以及越来越多客户试驾情况的数据积累。

3. 解决数据孤岛：问卷调查在线化

问卷调查曾经是长安福特的一个痛点。传统的问卷调查一般是通过客服直接打电话给客户完成。随着办公自动化（OA）的发展，长安福特上线了客户管理系统（CRM），但只是将通过电话采集到的数据录入 CRM 系统，并且数据不能在部门间共享。长安福特内部，部门运作割裂，前端营销由市场部负责，购车交易由销售部负责，会员管理由客户管理部负责。传统的问卷调查方式下，经销商门店、车企销售部门、车企配件部门以及车企委托的咨询公司等都会给客户打回访电话，给客户带来了较差的消费体验。

在云徙的帮助下，长安福特开始利用互联网进行问卷调查。通过在网页端、微信端和短信端推送调查问卷，长安福特实现了问卷调查在线化。相比于电话回访，利用互联网获取数据更加方便快捷，并且获取的数据易于存储和处理分析。此外，得益于双中台，长安福特将本来分布在销售、配件等部门的数据完全打通了，每个客户在长安福特的数据库中只有唯一的 ID 识别码。这样一来，长安福特只需要给客户打一个电话，获取的数据即可在不同部门间共享。基于双中台的问卷调查方法，既帮助长安福特解决了数据孤岛问题,又极大地提升了客户的消费体验。

数字中台帮助长安福特开始从传统汽车生产和销售商向数字化汽车新零售服务商转型。未来,长安福特将打造数字化营销平台,如图7-13所示。云徙希望通过一条合理的建设路径,帮助长安福特将从生产到售后的能力都放到线上,实现在线化。此外,还要改造长安福特的DMS和CRM等系统,整合原有系统和历史数据,进而基于中台建设统一的数据引擎,更好地构建客户画像以进行精准营销,并实时监测客户行为以指导营销活动。基于客户数据,长安福特上线了老龄车抢购活动,为原本滞销的库存车找到了精准的客户群体。老龄车抢购活动不仅为企业节省了一笔营销费用,也能够让客户以折扣价购买,实现了让利于客户,充分挖掘了数据的价值。

图 7-13　长安福特数字化营销平台建设蓝图

长安福特和云徙科技认为,未来在汽车行业里数字化营销一定会爆发，下一步要解决的是如何利用消费者数据，发掘并发挥出数据的更大价值。

7.6 面临的挑战

不同类型的车企，由于历史遗留系统的不同、建设思路的不同、所面对的环境不同，在中台建设过程中所需要思考的问题和面临的挑战也会有所不同。

7.6.1 新能源车企

这类车企的优势在于实施中台时没有历史包袱，可以按照企业战略层的构建去逐渐细化和落地，但挑战是它们的业务形态会随着市场、需求、组织等的不断演变而变得越来越模糊和不确定。如何在实施前规划好中台，在实施中更好地将中台落地，如何发现建设过程中的偏离并及时纠正，如何在实施后通过中台的能力来提升企业的竞争力，这些都是新能源车企 CIO 在考虑上中台时需要思考的。

某新能源车企在刚刚进行 IT 系统建设时，即提出采用中台理念构建整个 IT 服务，并用 OneID 和 OneService 来服务于企业内部系统和外部系统。在早期内外部系统不多的情况下，中台系统建设很规范，但随着企业信息化的发展和数字化系统逐渐落地，需要快速上线内外部系统以满足业务需求时，很多项目周期非常紧张。这些系统又与中台提供的服务及数据有紧密而复杂的联系，若各个 IT 供应商对中台的理解稍有偏差，中台系统的建设就容易选择性地违背部分中台理应遵循的设计初衷。如果此问题得不到重视，久而久之中台能力就会变得臃肿，并且还可能会带来负担。

在项目实施中，部分本应集中于中台的业务服务很可能被周边系统抢占，本应集中于中台的统一数据能力周边系统也规划了，如此一来，中台的服务能力就被其他系统拆得很散。以原本需统一建设的会员体系为例，它包括基本会员服务、会员基础信息、会员状态，应由中台提供统一输出，但如果某个应用供应商因为采用了其自有系统从而自留了一份基础数据，甚至包括重要的会员状态信息，将会导致部分周边系统处理相同业务的事务逻辑出现差异，并且数据在不同系统链路传递过程中出现丢失，数据状态在多个系统中不统一，从而使得业务开展混乱、客户体验差。

因而新系统在实施落地过程中，车企 IT 和业务部门需要持续与中台供应商、应用供应商协同，通过各个业务进行全场景的分析，定义好中台与外部系统功能边界，并定期发布中台能力清单及建设计划，赋能各供应商，落实整体的中台规划和理念，从而避免系统重复建设，确保中台战略规划与中台战术实施的一致性。

7.6.2 传统主机厂

传统车企信息化较早，周边系统建设比较完善，但它们最大的挑战是原有系统烟囱林立、数据割裂、用户体验差、重构成本高、更新和升级周期长，导致不能很好地适应业务的快速变化和创新。中台实施过程中的关键点是如何整合内外部系统，平滑过渡到中台上且不影响现有业务的开展，解决线上和线下一致性问题，激活目标消费者，沉淀数据资产，实现客户挖掘和精准营销，驱动销售的增长。

比如，某传统车企已建设了电商平台、CRM、DMS 和会员系统，但由于业务历史原因，各个系统单独维护着车型车系、渠道网点、经销商员工等信息。经过多年的运营，各自积累了潜客、保客数据，这些信息是割裂的，互不识别且未及时更新。通过线上投放带来的流量线索，线索信息除了本身参差不齐外，在系统的流转过程中也常常中断，无法传输到下一个流程。当线索数据量大、流转系统多时，常常出现潜在客户早上留资、下午很晚经销商销售顾问才收到的情况。这类情况不仅会增加运维工作量，而且用户体验也较差。

再比如，某售后系统已有完善的在线预约、车主认证、上门取送车、智能客服等业务，并提供了统一的配置服务。但某业务部门基于自身需要，将此系统进行了差异化改造，导致业务能力臃肿、业务规则冗余、数据库直连、周边系统接口随意调用等，使得系统非常繁杂，大家都不敢轻易调整。而往往在中台落地过程中，业务形态的变化非常频繁，项目组经常被告知某某业务需求短时间要上线，这不仅会打乱项目组的节奏，对于中台能力的沉淀也是一个极大的挑战。

因此在传统主机厂建设中台的过程中，需要按照"理现状、定目标、设框架、迭代走"的四步法稳健落地。"理现状"的基本原则是尽可能保留原有IT资产，避免全部推倒重来。"定目标"一般情况下是按照一个完整领域能力的成功重构作为标准，切勿追求毕其功于一役。"设框架"的内容包括统一的技术架构、统一的数据标准和统一的服务共享。"迭代走"不仅指项目迭代实施，还要求中台能力迭代沉淀，通过持续运营将中台能力越做越强。

7.6.3 总结

无论是新能源车企还是传统主机厂，都需要重视中台的实施过程，不仅要在前期的规划中跨部门、跨组织协同，达成战略共识，在后期的实施落地中更需要车企投入更多的精力去跨部门和跨组织协作支持。而在总体规划、分步实施过程中，有以下注意事项。

- 对于新业务模式和还在演进的业务形态，采用敏捷迭代、小步快跑的方式去交付，每个敏捷内容依据业务需求的紧急程度和价值优先级来实施。
- 对于没有历史包袱的新能源车企，先梳理业务场景和流程再上中台，以业务驱动中台。进行业务全场景的分析，定义好中台与应用系统的功能边界，规划好哪些进行中台能力沉淀，哪些放在应用端实现，定期发布中台能力清单及建设计划。
- 避免业务理解不透，业务拆分不清，要全局考虑，迭代实施，切忌一步到位式的落地。平衡好偶发性、突然性的紧急需求，比如可以将实施团队分 A、B 两个小组，A 小组负责正常的项目实施，B 小组负责紧急需求，同时灵活支持 A 小组。
- 实施过程中需要倾听车企的意见，主动了解系统用户的需求和痛点，通过系统用户的每日反馈来调整和优化项目管理问题和交付给车企的版本，做出车企真正想要和有价值的系统。
- 采用互联网的管理模式，通过第 5 章介绍的技术平台及其研发服务平台在线化进行项目实施。对于需求、开发、测试、部署、运维等过程，项目组成员都可以在线上完成，而不需要采用传统的纸质、PPT、Excel 等来开展项目的交付，从而提升交付效率。

第8章 CHAPTER

新直销行业的中台实践

2019年是直销行业近10年来最困难的一年,全国91家直销企业中,只有少部分企业勉强实现业绩只是微降,大多数企业业绩大幅下滑。直销企业刚刚通过向新零售、社交电商转型找到一条出路,新冠疫情便开始全球肆掠,让直销企业面临更困难的局面。

所有直销企业都在考虑如何活下去,由于疫情限制了线下的经营活动,他们开始努力寻找线上的机会,积极尝试线上交易、线上拓客、线上会议、线上培训、直播带货等。应用中台技术,构建数智化平台,能够降低经营成本、系统建设成本,实现直销业务电商化、电商业务社交化。还有不少企业尝试新零售业务,积极探索新零售业务如何与直销业务融合。

8.1 实现目标

在直销行业，不少企业已经成立了数字化部门或中台部门来执行企业的数智化战略。基于中台搭建数智化平台，将推动企业数智化转型的进程。

直销行业搭建数字中台，将能解决如下3方面的问题。

- 开源：搭建线上交易平台，线上线下全渠道融合。传统直销企业线下渠道强，线上渠道弱，通过应用中台技术，搭建移动交易平台，实现24小时不间断服务消费者，赋能经销商。
- 节流：应用信息技术，打造新工具，改善经营成本。近几年来，直销企业的业绩持续走下坡路，而会员制社交电商企业却增长迅速，除了政策因素外，信息技术是个非常重要的原因。在技术上，直销企业好比是马车，而互联网企业好比是超级跑车。移动互联网时代，工具变了，游戏规则变了，市场竞争环境也变了，直销企业需要应用互联网技术，结合直销的优势，改善企业的经营状况。
- 转型：向先进学习，推动业务模式转型，是换道超车的好机会。创新也好，转型也好，都是应用新技术，在现有业务之上增加新元素，进行重新排列组合并加以优化，创造出新机会。

8.1.1 开源：搭建线上交易平台，线上线下全渠道融合

回想一下，多年前有哪些销售方式能够将我们需要的商品送到家门口？答案是直销，且只有直销。而到了今天，有很多种销售方式可以做到，只要在淘宝、京东、拼多多、唯品会上各品牌企业的官方商城下单，我们就可以在家坐等送货上门。只是送

货的人不一定是卖货的直销人员，很可能是外卖小哥，也可能是快递小哥，未来还有可能是机器人，但消费者会关心他是直销人员、快递小哥还是机器人吗？可见，商品不经过中间的渠道分销环节，直接从品牌企业到达终端消费者手上，已经不再是直销独有的销售方式了。面对面的线下直销模式优势不再，已逐渐被在线交易平台所取代。在线交易平台不仅支持会员远程在线交易，也支持线下交易。直销企业或经销商可以通过线上发券、线下核销，引导消费者到线下门店消费，实现线上线下一体化交易。

今天，用高拨比^㊀来吸引经销商已经收效甚微，而拼层级、拼对碰、拼奖励、拼荣誉，再靠各种繁杂的模式吸引经销商，在数智化时代也缺乏竞争力。直销要发展，最终还是要落实到卖货，而不是发展下线，要追求复购率而不是一次性报单。通过搭建数智化交易平台，企业让所有互联网用户都有机会了解企业和产品，让消费者交易在线，让经销商报单在线，实现线上购物、线下体验、线上扫码、线下购物等全渠道融合。

8.1.2 节流：应用信息技术，打造新工具，改善经营成本

在信息不透明的年代，直销制度利用佣金制度的领先性，结合线下活动，比较容易拓展市场，获取客户。而当下，信息技术日新月异，直销的制度成本远远高于微商、社交电商和新零售。另外，直销行业属于特许准入行业，企业获得直销牌照后方能经营，且企业需要承担较高的监管成本。首先，直销企业的商品范围和经营范围有一定的限制；其次，为了符合监管部门的要求，直销企业必须在全国多个省市建设大量的服务网点、门店、分支机构、子公司，而这些服务网点和分支机构基本无法盈利。一家

㊀ 拨比为直销企业的结算制度，即销售产品后付给经销商奖励的比率。

直销企业要想在全国范围内做直销，需要设立近两千个服务网点，而微商公司不需要任何网点就可以将货卖往全国。不过，如果直销企业能应用云计算、大数据、人工智能、物联网、5G等技术对服务网点进行改造升级，优化会员体验，增加会员黏性，提升消费者的忠诚度，就有机会将网点改造成利润中心，而不再是成本中心。

8.1.3 转型：面向未来，推动业务模式转型

从直销行业的发展历程来看，虽然核心的商业模式没变，但是业务规则随着时代的变化一直在改变。直销行业的报单门槛在不断降低。以前，一个新人的报单条件是 3 万元或 5 万元，这种高报单模式让直销公司的业绩增长很快，但不可持续。近两年，报单门槛逐渐下降，降为 299 元、199 元甚至 98 元，这将直销从经销商群体扩大到更广泛的草根创业群体。而奖励制度从清零制向累积制转变，复销的权重有所减弱，让产品的广大消费者进入直销行业。直销企业也不得不直面消费者。

然而，进入数智化时代以来，消费者的信息来源已经非常广泛而且主要通过线上渠道，这给相对封闭且依赖线下的直销体系带来前所未有的挑战。不过，在信任缺失的市场环境下，直销这种基于深度信任售卖商品的模式仍然有不小的发展空间。传统直销企业必须鼓起勇气，应用数智化技术进行自我变革，早日蜕变成新直销企业，才能找到新的出路。

过去，以产品为导向；未来，以服务消费者为导向。

过去，交付是交易的结束；未来，交付是交易的开始。

过去，对消费者了解较少；未来，对消费者彻底了解，甚至比消费者更了解消费者。

过去，改革是知易行难；未来，创新是知难行易。

过去，直销企业是产品供应商；未来，它们将是消费者的运营商。

过去，是成本竞争、质量竞争和效率竞争；未来，是体验竞争。

应用数字技术构建的数字中台已成为数智商业时代的新型基础设施，核心在于数据、算力和算法，对业务进行描述、诊断、预测和决策。基于数字中台构建的新商业操作系统，支持企业紧随时代潮流而快速变化。

无论是服务 C 端消费者还是服务 B 端经销商，直销企业都可以通过数字技术提升自身的资源配置效率。降低试错成本，提高创新效率，这既是数字中台和数智商业时代基础设施所能创造的价值，也是企业竞争力和创新力的具体体现。

直销企业的使命是通过创业平台帮助经销商创造财富，天然属于平台企业。过去，这个平台仅仅服务于经销商，对消费者了解甚少。未来，直销企业通过在线的平台服务消费者，赋能经销商。可以从以下 4 个角度来看数智化如何赋能经销商。

1. "人"的角度

传统直销业务的拓客效率较低，普遍是面对面拓客，而新平台提供线上展业工具，实现一键注册、一键引流、一号通用，通过微信、微博等链接分享到朋友圈，实现一对多传播。新工具增加了拓客入口，潜客可以通过经销商发布的内容找到发布者，经销商根据平台提供的标准素材库，创造自己的专属内容，并借助新平台进行传播，以吸引更多的人点击、查看、注册。这样，经销商能够快速将潜客变成会员，变成自己的忠实粉丝，甚至吸引其加入自己的团队。

赋能"人"，体现在拉新和转化，成就经销商事业上。每位经销商都有自己的团队，团队成员或活跃，购买力强；或活跃度低，购买力偏弱。新的数智化平台可对会员进行分群，针对不同的群体提供不同的产品、服务和优惠券，将会员激活的概率最大化。让会员在线，并提供更多的线上服务，会员将花更多的时间在平台上，将线下的工作线上化，提升销售效率与交易体验，增强会员黏性。

2."货"的角度

基于新技术构建的新平台，依据各经销商的购买、咨询和浏览情况，在有限的手机屏幕内，展示他们各自喜欢的商品。而经销商可以根据自己的会员群体情况，上架会员喜欢的直销商品，以及平台提供的非直销商品。平台的货体现出多、快、好、省的特点。

- 多：商品多，营销活动多。
- 快：物流速度快，系统响应快。
- 好：产品质量好，服务体验好。
- 省：买到即赚到，购买省钱，分享赚钱。

新平台将大幅提升经销商和会员的购物体验，经销商不仅可以报单，还可以零售。

3."场"的角度

场分为交易场和会场。平台提供线上商城与线下门店融合的全渠道交易场，实现商品通、会员通、业绩通、交易通，实现经销商和会员关心的数据互联互通。

会场包括年会会场、产品培训会场、集团活动会场、分公司活动会场、经销商家庭分享会场。平台实现在线活动调研、在线人员筛选、电子邀请，以及经销商进场、参会、抽奖、离场等的数字化，大大节省了经销商的时间，提升了工作效率。

4. "事"的角度

这里的事指的是经销商的直销事业。

培训教育是直销企业发展的根。对于经销商的培训教育,需要系统规划,不同级别的经销商有不同的成长轨迹和成长地图,因此需要有针对性地为他们推荐合适的学习包和培训课程(包括产品培训、销售培训等)。而经销商可以方便地在手机上学习,并一键分享给下一级经销商或消费者。

新的数智化事业工具能够帮助经销商管理自己的时间,安排每天的工作任务,并提醒经销商执行任务,参加活动,服务会员。经销商不仅可以随时随地查询自己的业绩,还可以查询团队的业绩,进而促进团队业绩达成。直销企业官方素材库提供官方认证的音频、视频、文字、图片,经销商对外转发这些素材时,素材上将带有他的专属二维码。当有新会员通过这些素材注册时,他会自动与相关经销商建立绑定关系,这样,经销商就可以持续服务新会员,将其变成自己团队中的一员。

领先的直销企业正从经营货向经营人转变,过去是将同一款商品卖给不同的人,未来则会是为同一个人提供不同的产品或服务(见图8-1)。

图8-1 构建新商业操作系统,从经营货到经营人

直销企业需要基于新技术构建新商业操作系统，即对消费者的服务数字化、自动化、智能化，赋能生态伙伴。过去，企业以货为中心，线下通过门店、经销商、培训会场、海外研讨会进行销售，线上通过官方商城进行销售，而在大部分时间里，人在交易场之外。未来，交易场变成以人为中心的社交场。今天，新商业操作系统实现了直销电商化、电商社交化、在线学习成长、在线交易，实现人货精准匹配。在更多的时间里，人在触点的场之中。

8.2 解决方案

过去 4 年，云徙与多家国际直销企业、知名内资直销企业建立了合作关系。云徙不仅提供数智化的技术服务，还提供直销、新零售、社交销售平台的规划与设计服务，以及平台运营服务。基于业务、数据双中台，云徙与核心经销商共创共建多种小而美的营销工具，打造数智化平台，快速迭代。新平台在以下方面发挥了重要作用：改善直销体系的信息透明度，提升沟通效率，提高经营效益，巩固直销企业的产品优势、制度优势和教育培训优势。

图 8-2 展示了新直销行业解决方案总体蓝图，基于双中台打造数智化营销工具，提升会员体验，支持业务快速创新，持续进行会员拉新与转化，促进业绩增长。

8.2.1 数智商城解决方案

数智商城实现自循环的交易场景，即用户触达、精准营销、全渠道交易、会员沉淀，是私域流量池的重要入口。数智商城解决方案如图 8-3 所示。数智商城不仅包含普通消费者购买商品的新零售场景，还包括经销商的直销报单业务场景。

图 8-2 新直销行业解决方案总体蓝图

图 8-3 数智商城解决方案

普通消费者购买商品的新零售场景，支持正向与逆向业务订单交易流程；支持高并发，满足促销活动期间几十万甚至上百万会员在线购物；提供各类消息可配置模板、个性化推送；支持楼层装修自定义、灵活配置，使资源位得到有效利用；根据商城会员的浏览记录、购买记录等进行个性化推荐，实现千人千面的贴心服务等。

经销商的直销报单业务场景，支持同时对团队多个成员快捷报单，达到"淘宝"级的报单可靠性；避免月底因集中报单导致系统卡死；支持一单多报、分批报单，方便会员，提升效率；支持隔月补报和跨月调差，支持政策的灵活性，使多方利益最大化；支持多种支付方式，比如电子钱包、信用支付、微信支付、支付宝、银联等，提供便捷的支付。经销商报单与消费者购物的流程尽管有差异，但也有许多相同的地方，例如登录、加入购物车或收藏、选购商品、选择收货地址、选择支付方式、支付等。交易购物流程将对接经销商佣金结算系统，进行佣金结算与发放。

重构企业与经销商、企业与消费者、经销商与消费者的关系，是直销企业数智化转型的重要基础。如果直销企业不能改变目前与经销商、消费者之间的关系，就很难实现真正的变革。因为在数智化时代，原来仅走线下的传统直销商业模式已不能适应市场的发展。

在新的市场环境下，直销企业需要建立与消费者丰富的触点，用更多、更有效的推荐消息触达、吸引消费者；用数字化的方法传播经营理念，让消费者可以很容易地找到企业；用更多、更有效的营销手段去黏住消费者；在流量、客户资源稀缺的环境下，挖掘和提升单客贡献度。

基于数字中台构建数智商城，从服务经销商到服务全网用户，扩大了经销商与消费者的入口。从线上线下割裂到线上线下融合，提升经销商和消费者的体验。基于数字中台快速开展多种促销活动，通过裂变引流，促进会员转化，并提高会员终身价值，常见的促销活动有秒杀、拼团、预售、组合商品、分享购、限购、抽奖、优惠券、满减、满赠、满折、抢红包、扫码购等。通过营销活动，频繁与消费者互动，持续拉新与转化，推动企业的产品创新、服务创新和营销创新。

8.2.2 数智营销解决方案

基于数字中台进行数智营销，实现会员全生命周期管理，根据标签、画像对会员进行分层分级，实现人与货、人与活动精准匹配，从而提升会员满意度，增强会员黏性，提升会员留存率。数智营销的解决方案如图8-4所示。

图8-4 数智营销解决方案

大部分直销企业拥有几十万、上百万甚至数千万的会员，这些会员资产对于企业来说价值非凡。因此，如何激活会员、使会员再次活跃并产生购买，是大部分直销企业关心的问题。

会员认知可分为三大类。

第一类：注册即会员。这里的会员就是指直销体系的会员，包括优惠顾客、经销商、业务主任、初级经理、中级经理、高级经理、客户总监、高级客户总监、资深客户总监、一星董事、二星董事等。这些通过注册、培训、考试获得直销员证，并通过努力付出、拓展市场、服务会员取得业绩的经销商，一定是直销企业的核心会员。

第二类：交易即会员。不少直销企业通过官方商城、微商城、App及线下门店，不仅售卖直销产品，也销售非直销产品。第一次购买非直销产品的普通消费者会留下个人信息、联系方式、收货地址等。这些消费者对所购买的产品有一定认知，甚至对企业也有一定了解，企业有机会直接将其转化成注册会员。

第三类：触达即会员。消费者在微信朋友圈、社交媒体上看到直销企业的推广软文、促销活动，感兴趣时会点击，并有可能关注企业的微信公众号，浏览企业的官方商城、官方微博。这些数字化的触点容易触达消费者，消费者访问后会留下痕迹。这些在各个渠道（线下门店与会场、线上商城、微信公众号、官方网站等）触达的用户，都可以作为企业的潜在会员，并进行转化运营和会员服务。

新技术构建的会员体系既包含直销会员，也包含非直销会员，对二者进行交叉引流，同时为经销商创造收入。如何创造收入？圈人群，做活动。

全触点营销通过标签平台，对经销商或消费者进行分群分组，并将他们与各自喜欢的产品、营销活动或服务进行精准匹配。自动化营销引擎通过数智营销系统提供的可视化"营销画布"交互界面，在事件营销活动中方便地进行自定义配置，既可实现灵活的精准营销，又可最大限度节省人力和时间。营销信息通过站内信、微信、短信、邮件等多个渠道传递给经销商或消费者，让他们第一时间了解到最新的活动信息。经销商或消费者参与活动的全过程，实时在线，系统根据运营人员的需要，配置完善的分析报告，让运营人员不放过每一个优化点。

8.2.3 数智工具解决方案

数智工具是数字化、自动化、智能化拓展事业的工具，帮助经销商实现管人、管事、管钱，是成就直销事业的先进工具。数智工具解决方案如图 8-5 所示。

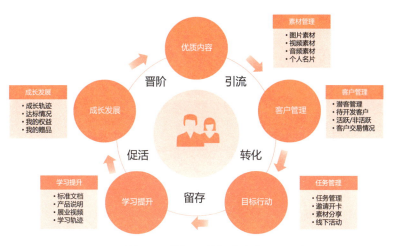

图 8-5　数智工具解决方案

1. 引流场景

数智工具提供文字、图片、视频、音频、动画等丰富的官方营销素材，供经销商推广。经销商在社交媒体、朋友圈、社群分享营销素材时，这些素材会带上经销商自己的专属标签，经销商可以实时查看分享效果，进而拓展和发掘潜在客户。

2. 转化场景

经销商通过数智工具提供的会员行为数据、购买数据、分享数据、使用数据，对会员进行分组、分类，例如分为新增会员、活跃会员、即将流失会员、参加活动会员等。在数智工具上，每类会员的操作、购买情况一目了然，经销商得以告别人工记录方式。经销商只需一部手机就能轻松掌握团队情况，并及时进行相应的跟进和关怀。对于未开卡的会员，经销商可以进行导入、跟进，形成自己的会员池，分类进行个性化服务。对于已开卡的会员，可以根据活跃程度进行精准分类与维护，提供针对性的服务。

3. 留存场景

对于线下培训活动，直销企业可以应用数智工具进行在线邀约报名、名单确认、行程安排、签到管理、荣誉发放、效果分析。通过指引业务流程，教会经销商如何开展业务。将活动管理过程线上化，帮助经销商有效管理和推进活动进程，及时跟踪活动效果。

4. 促活场景

为了让经销商保持活跃，我们可以采用学习成长系统和日程任务管理。

学习成长系统针对不同等级的会员提供对应的课程培训，公司、团队、个人都可以在平台提供内容。所有会员按需查找学习，不受时间、人员、场地的限制，可以随时学习成长。学员通过平台得到帮助，讲师通过优质内容吸粉。

经销商可给自己或团队成员创建待办任务或日程，通过不断完成任务来指导下级经销商开展事业，引导正确的展业，进而实现整个团队的业绩增长。

5. 晋阶场景

围绕经销商的行动目标、学习提升、成长与发展，建立一个规范、完善的学习与成长平台，帮助经销商成长。业绩中心与任务管理提升经销商自我管理意识与能力，提升工作的规范性，提高执行力。企业按权限开放数据给经销商，有利于经销商更清晰地了解与判断市场，有利于经销商开发会员、服务会员、销售产品。一键对接企业大学，方便各类培训、研讨会的事务办理。记录经销商的成长轨迹，以及获得的各类荣誉、资格、权益等，提升经销商的归属感、价值感、成就感和荣誉感。

8.2.4 数智门店解决方案

在数智化时代，如何开拓线下消费场景，线下门店报单，线下服务会员，实现门店智能化互动和场景化布局，从而完成门店的数智化升级？针对这些问题，图 8-6 给出了完整的数智门店解决方案。

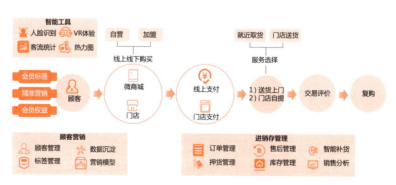

图 8-6 数智门店解决方案

数智门店解决方案的核心思路是，重构人、货、场，丰富线下体验场景，结合培训视频、直播、仪器检测，为消费者提供超出期望的内容。门店运营本质上是流量运营，客流是智慧门店的生命线，那么如何引流？

数智门店提供完整的营销手段，包括精准圈人、线上游戏、与主播互动、通过分享裂变推送线下门店的优惠体验券，向线下门店导流。而线下可以通过异业合作，比如共享设备、宣传广告，触达门店周边3～5公里的消费者。增加门店外互动大屏，通过互动游戏赠送折扣券、优惠券、培训来提高进店转换率。

依托会员画像，通过人脸识别技术赋能精准营销。从会员进店开始，摄像头便捕捉识别，及时将会员信息（标签、喜好、购买记录等）推送给门店负责人，然后门店负责人第一时间温馨问候会员并为其提供个性化服务，从而提升会员的到店体验。会员离店之后，基于大数据系统建立一个完善的会员服务评价体系，实现整个营销的闭环管理。

围绕消费者在店内的购物体验场景，从产品服务、产品销售、产品体验等方面提升消费者的购物体验，例如VR美妆、AR产品说明、全息互动产品体验等。为消费者打造沉浸式互动体验，在互动过程中建立消费者与产品的连接。将刷脸消费转化为趣味营销，实现门店流量提升和转化。

做好门店会员的精细化运营、会员管理、人群细分，同时将会员在线下的活动数据进行沉淀，并作为会员数据资产的一部分，建立线上线下全场景会员画像。会员线下的行为、表情、轨迹停留，可以准确描述会员的真实感受和产品兴趣，形成准确的会员标签、会员模型。赋能门店开展更精准化、更智能化的会员运营，能够帮助门店充分了解会员，从而找到合适的会员。

打造门店智能驾驶舱，包括门店客流监控统计、门店动线与热力图分析、会员购买预测曲线、门店的货品库存监控和智能补货，用数字驱动门店运营，服务经销商和消费者，实现营销增长。

8.2.5　数智客服解决方案

随着消费市场的日益成熟和市场竞争的日趋激烈，竞争对手间的产品、价格、渠道、销售模式和竞争手段越来越趋于同质化，差异越来越小。会员群体原有的消费习惯、消费形式、消费心理和消费特点也在慢慢发生改变，会员接受服务的意识和对服务的要求也随之越来越高。突出的表现在于，企业不仅要对会员保持良好的态度，多渠道的服务窗口，还要整合企业内部资源，提高各部门之间的协作能力，为会员提供更可靠的售前、售中和售后的支持与服务。只有保证企业的信誉和服务质量，才能快速有效地提高客户满意度。

数智客服解决方案如图 8-7 所示。全渠道接入是指会员可通过企业官网、App、微信公众号、小程序等在线渠道发起服务请求，系统识别会员来源和身份，通过会话路由分派给相关客服，客服通过统一的客服工作台进行接待。企业可对各渠道的客服业务进行统一管理。

全渠道营销已经成为企业营销的常态，但传统客服系统无法打通各个渠道，客服需要在不同系统间来回切换，不能快速响应和解决会员的问题，且每个渠道的服务效果难以把控，很难满足企业的服务营销需求。数智客服平台可帮助企业实现全渠道客服体系的一体化管理，提高企业会员服务效率，降低客服成本。

图 8-7 数智客服解决方案

打造直销企业数字化服务运营体系，了解服务水平全局概貌，提升优化服务。形成全域客服服务数据融合，让客服人员第一时间掌握会员的生命周期和行为轨迹，为会员提供准确高效的个性化服务。全场景全链路数据融通，帮助直销企业发掘服务数据价值，沉淀企业服务数据资产，重塑会员服务体验，帮助企业服务部门由成本中心向利润中心转变。

8.2.6　数智供应链解决方案

直销企业在营销领域的数智化转型也会对供应链产生深刻影响。会员需求驱动生产制造（Customer to Manufacturer，C2M）模式，能够有效解决零售和生产制造业面临的资源错配问题。直销企业消费者大数据的应用，可以反过来推动生产制造的升级改造，驱动上游生产端实现智慧制造。供应链是直销行业的护城河，通过产品力带来销量增量，树立话语权，从而优化产品结构，通过多层次产品和品牌，铸成企业壁垒和核心竞争力。加速制造业柔性进程，改变以往生产驱动消费的商品销售模式，实现会员需求驱动生产制造模式。

图 8-8 展示了以双中台为基础构建的数智供应链，主要在于通过智能预测（由基础数据和预测模型形成）与智能供应（由智能补货和智能分拨形成），构建供应链闭环，形成智慧供应链，实现全渠道数据记录、全渠道一体化、更智慧的零售管理，最终达成供应链生态协同。对内促进效率提升，对外助力开放引流。

对于智慧供应链而言，重要的是能够对业务需求量进行一定的预测。虽然目前基于历史数据的实际预测居多，但是随着数据中台实时接入技术的成熟，在接入二方数据、三方数据后，更全

| 中台实践 |

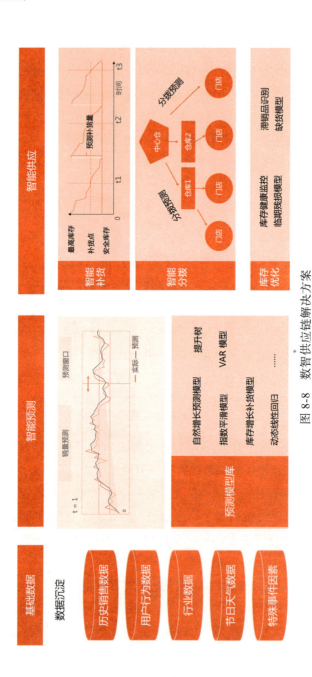

图 8-8 数智供应链解决方案

面的实时数据能更好地满足数据预测业务的需求，可预测未来的销售量、订单量、毛利率、商品成本、网络舆情等。此外，还可以实现供应链绩效监控、预警、模拟、仿真和端到端供应链绩效可视化，进而统筹安排区域内相应的人员、库存、物流配送等，进行智能补货、智能定价、智能处理滞销等。

在供应链管理创新中，数智化的智慧供应链网络是供应链创新的精髓。以前的供应链是线性的，从消费者到经销商、物流服务商、直销企业、供应商；未来的供应链应该是网状的，每个环节都会被重新打造和重新组合，让采购、物流、销售这条线非常顺畅。打造高度智能化的供应链网络是大多数直销企业下一步的目标，实现智慧供应链的精准管理，打造敏捷型供应链，从组织到运营，供应链实时在线，实时业务重组，实现计划协同、库存协同、需求预测协同、采销协同、物流协同等，让供应链更加智慧。

在崭新的数智化时代，以资金流、商流、物流、信息流为核心的智慧供应链控制能力变得十分重要。同时，在云计算、大数据、人工智能等数智技术赋能下，数智供应链让消费者购物体验更加愉悦。直销企业间的竞争已经从报单额度、商品品质、经销商维度的竞争，全面转向立体化的供应链竞争，而构建数智供应链也是直销企业重要的任务。著名供应链管理专家马丁·克里斯托弗曾说："真正的竞争不是企业与企业之间的竞争，而是供应链和供应链之间的竞争。"

8.2.7　数智直播解决方案

直播带货已经成为 2020 年的一大亮点，在新冠疫情下，直播卖货的方式更是得到各行各业的认可，直销行业当然也不例外,隆力奇、东阿阿胶、如新、完美、安利、无限极、三生等直销企业纷纷进入直播领域,开始了带货活动。直播卖货为直销企业的新一轮发展提供了一条出路。

数智直播解决方案如图8-9所示,借助当红的抖音、快手等超级流量池,可以做到以下几点。第一,通过平台主播和经销商主播完成常规的直播带货。第二,在直播过程中通过发券、发红包等方式进行触发性营销,提升热度。第三,通过直播的分享进行链路溯源,获取分享奖励,进而形成病毒性传播。第四,通过直播宣传平台的促销活动增加营销渠道。第五,通过直播分析查看销售转化漏斗,进而不断改善直播方案。第六,通过直播进行在线的新品发布,了解新品的热度。

不开会,开直播,线下萎缩了就往线上走。现在做直播成了卖货、做品牌的利器。充分利用系统领导人、创业明星、团队长的魅力和优势,转移到新场景也能同样发挥直销魅力,将原来的会议场景搬到直播间,以原有团队作为线上直播的种子用户,利用直播互动方式促活拉新,通过红包、抽奖、优惠券等方式刺激新老会员下单。过去线下的粉丝还需要熟人推荐,现在是陌生吸引。直播间就是经销商的秀场,过去做拓展、做会议的经验和方式都还可以用到直播当中。因此,有实力的经销商转场到直播间,展业会更轻松。

企业的新品发布、市场赋能培训等也可以通过直播方式进行,这样不仅能够打破线下对场地和人数的限制,还可以清晰掌握观看人数、点赞数等活动热度指标,对触达数据一目了然。

搭建企业数智直播、应用直播技术能够帮助经销商拓客,实现公域流量向私域流量的转换,助力直销事业发展。

第 8 章 新直销行业的中台实践

图 8-9 数智直播解决方案

8.2.8 数智社交解决方案

传统电商是以商城为中心，引流到商城进行层层转化，从而实现交易的漏斗式模式。而社交电商是去中心化的、基于社交关系链的、多点分布式的交易模式。会员可以通过任意分享端的链接产生购物行为，很多需求都是因看到朋友分享后产生的即时性需求，会员的购物行为、分享行为都成为社交方式。社交电商的朋友分享推荐存在一定的信任关系，会员省去了搜索环节，会因临时性需求产生直接购买，转化率大大提升。

数智社交解决方案如图 8-10 所示。通过提供优质商品，吸引更多消费者来商城消费，为直销体系建立蓄水池。纵观整个社交电商行业，发展初期都需要积累大量会员，而直销天然具有的社交基因、庞大的经销商队伍，让直销企业转型社交商业具有天然的优势。传统直销模式强调的就是人际行销及线下社群，将这些庞大的资源导流到网上，再辅以移动工作室等便捷的电商工具，与社交电商的商业模式不谋而合。

在商业模式上，社交电商大致可分为四大类，分别是拼购类社交电商、会员制社交电商、社区团购电商和社交内容电商。不过，大多时候是多种模式交织在一起的。数智社交具备完善的供应链应用，包括品牌入驻和甄选流程，在建立会员制分享模式的基础上，提供众多引流、拉新、促活工具，例如拼团、砍价、预售、秒杀、满赠满减等，帮助直销企业快速切入社交销售战场，迅速在新的商业板块站稳脚跟，扩大企业私域流量池，获得新的业务增长点。

第 8 章 新直销行业的中台实践

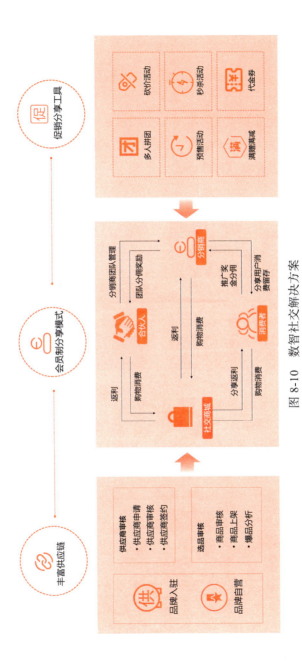

图 8-10 数智社交解决方案

8.3 实现路径

在系统建设上，直销企业构建中台的实现路径是，从数智商城到数智营销、数智工具、数智门店、数智客服、数智供应链、数智直播、数智社交，从业务中台到数据中台，如图 8-11 所示。当然，每家企业的业务情况不同，系统现状不一样，因而实现路径有差异，且存在并行建设或交叉建设的可能。

图 8-11　应用系统实现路径

未来的营销模式将会是多种模式的融合，不再区分直销与分销、电商与店商。服务消费者、赋能经销商是系统建设的宗旨。图 8-12 所示为领先的直销企业正在推进的 S2b2C 业务模式。S2b2C 业务模式主要考虑消费者、经销商与企业这三类角色的诉求。

（1）消费者

首先考虑用户，80 后是互联网"移民"，90 后是互联网"土著居民"，00 后是移动互联网"土著居民"，网上购物的习惯深深影响着新一代人。云计算、移动互联网、大数据、人工智能、5G 等技术快速发展，结合领先的信息技术构建数字中台，搭建随需而变的数智平台,为会员打造极致的购物体验、消费体验和服务体验,成为直销企业尤其需要考虑的因素,也是直销模式创新的重大突破口。

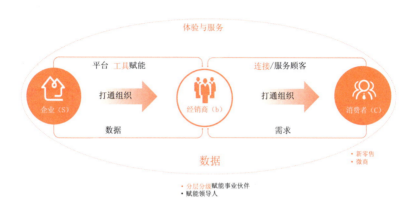

图 8-12　S2b2C 业务模式

（2）经销商

提供数字化、智能化的展业工具,帮助经销商拓展市场、执行任务,方便经销商查询团队任务完成情况。如果团队成员离任务还有差距,经销商会系统性地指导他们完成任务,一步步走向事业成功。智能化的中台基于算法模型,通过大量的数据运算,将各个经销商需要执行的任务、需要参加的培训和营销活动实时推送给他们,并提醒他们执行。

（3）企业

类似于阿里巴巴的中台建设演进路径,现在大多数直销企业也遇到 2009 年前后阿里巴巴遇到的问题,业务不断变化,系统不断建设,形成了数据孤岛、信息孤岛、会员孤岛、商品孤岛、交易孤岛、库存孤岛、结算孤岛。要打通这些孤岛、形成共享服务,而不用重复"造轮子"、浪费建设成本,最为关键的是及时响应会员需求，满足会员需求。

从直销企业 S2b2C 业务模式的角度分析，直销企业构建中台的实现路径是直销电商化、电商社交化、直销零售化。首先，经销商报单可以采用电商的方式，即直销电商化；其次，直销本来就是熟人圈子的生意，将线下熟人圈子线上化，实现电商社交化；最后，自然地将直销业务演变为零售业务，系统将 b 端经销商的业务基于 C 端消费者的思维进行处理，使用新平台，提升会员体验。

8.3.1 直销电商化

直销与电商对接，是经销商拓展市场的有力武器，也是直销企业销售产品的新渠道。直销与电商的珠联璧合，能够实现企业与全球市场快速融合，这给许多创新型直销企业提供了新的机会，同时也给不少企业带来新的挑战。形势所迫也好，自身发展要求也罢，经销商需要用互联网来武装自己。

对于公司的销售信息、产品信息、企业奖金制度、促销活动政策以及其他需要经销商及时掌握的信息，传统的传达方式不外乎电话和公告信函，费时、费力、费钱。而通过网上公布、微信公众号公布、App 的站内信通知，简单、快捷、易行，不仅能节约大量成本，更重要的是能争取市场机会，且 100% 信息统一，100% 被复制。

直销企业的经销商在发展事业的过程中没有固定的成交时间。如果按传统的报单方式，会错过不少可以趁热打铁的机会，而借由数智电商平台，经销商可以随时在网上报单、缴费，公司可以全天候不间歇地运作，全年无休。更重要的是，经销商可以随时随地通过 App 下单订货，还可以在 App 上看到自己的业绩、奖金、任务，以及下级经销商的经营状况。

直销企业拥有大量的经销商和门店，这是国内直销企业的特色，也是难点，好在通过数智商城平台不难解决。对于产品的相关信息、奖金金额查询等有交互性的信息，经销商和门店可通过平台实时查询。

直销企业的经营信息公开化和透明化，还可方便政府监管，方便经销商和消费者监督。企业在网上公布公司介绍、经销商情况、分配制度和培训、考试、经销商认证情况等信息，以备相关部门监督纠错，若发现问题，能及时解决。

8.3.2 电商社交化

在消费升级的大背景下，以社交驱动的会员电商平台是直销公司近年来一直在探索的转型新方向。2019 年 5 月，云集在美国纳斯达克正式挂牌上市，引起全球直销人的关注。有业内专家表示，云集上市对社交电商企业有标杆意义。社交方式变了，市场上的营销工具变了，直销不只做熟人生意了。做直销时，遭到熟人拒绝会特别难堪，而在互联网上、在数智商城上基本是弱关系，被拒绝没有什么心理障碍。潜在客户全部在手机里，这是一个崭新的市场。

在数智化方面，有一部分直销企业通过打造一个创客专属、体验一流的社交电商新平台，提供优质的商品、高效的物流、24 小时在线答疑及海量社会化营销内容，这样不仅带来了流量，还带来了新人。新平台与传统直销体系逐渐融合。新平台为直销体系增加新会员，直销体系的老会员通过新平台增加收入。赋能直销创业者是所有直销企业的初心，期待抓住科技腾飞、消费升级的风口，开启"一部手机轻松创，一个兴趣快乐创，一群朋友一起创"的创业新模式。新平台让创业者们只需一部手机，就能将爆款产品分享给消费者，分享社交电商市场红利。

未来，社交电商的玩法可能会更加多样化，想象空间很大。社交电商的特征是短平快，人人都是演员，人人都是导演，大家都可以一键生成海报、进行传播。比如直播间，一场直播一万人看，准备时间以分钟计，而直销公司组织一场会议需要提前两个月准备，且组织起来非常辛苦。直销企业的社交电商转型之路未来可期。

8.3.3 直销零售化

随着市场的变化和科学技术的发展，未来的销售方式将趋同融合，不再是单一的直销、社交销售、跨境电商、门店销售或分销等。自 2016 年由马云在云栖大会上提出以来，新零售在零售业、消费品行业均得到验证。近年来，不少直销企业也纷纷尝试新零售模式，比如隆力奇"聚好商城"、绿叶"惠购"、炎帝"炎选"、天狮"一体多翼"、完美"团巴拉"。很多直销企业在摸索的过程中，渐渐发现新零售大有可为，市场广阔，业务模式从传统直销地面模式，到线上开发市场的模式，再到"线上体验、线下消费、物流联动"的模式。这些给直销企业的转型发展带来了新变化和新机遇。对于新零售模式，直销企业不能简单用互联网式思维看待，而要从中寻找企业发展破局的新可能，充分释放企业的活力。

新零售模式以互联网为依托，运用云计算、大数据、人工智能等先进技术，对商品的生产、流通与销售过程进行升级改造，并对线上服务、线下体验及现代物流进行深度融合。新零售的"新"体现在由技术赋能和业务转型共同驱动下，对零售进行多维度、全要素、系统化的改革，并对交易活动中的利益关系、商业关系和组织方式进行升级。新零售通过变革商品流通体系，催生了新商业模式，释放出巨大消费潜力。因此，直销企业采用新零售模式，将提高企业经营效率，重塑会员体系与生态圈。

8.4 案例分析：直销巨头 B 公司的数字中台实践

2019 年，业绩下滑似乎成为直销行业的普遍现象，外界甚至称直销行业遭遇"寒冬"。在这样严酷的市场大环境下，直销巨头 B 公司于 2019 年 9 月上线了一套数字中台系统，所有人屏息凝神，关注着试运行的结果。仅仅 20 分钟，活动选用的限购促销套装全部售罄，实现了超 2 亿元的销售额。B 公司高管层难掩激动的心情：实施中台，这项艰难的决策终被证明没有错。

通过将云徙科技设计实施的支持高可用、高并发的业务中台和数据中台作为业务双驱动力，B 公司突破了传统直销商业模式，运用互联网新玩法提升营销效率，实现精准营销及流量裂变，赋能各级经销商和事业伙伴，以提供更好的会员体验。

8.4.1 项目背景

B 公司成立于 1994 年，是马来西亚在中国投资设立的一家侨资企业，也是中国率先通过 GMP 认证的保健品生产企业。2002 年 6 月至 2003 年 1 月，B 公司在国内率先通过 HACCP 食品安全控制体系、ISO9001 质量管理体系和 ISO14001 环境管理体系三项权威认证。2006 年 12 月，B 公司经国家商务部批准在国内开展直销业务，销售健康食品、小型厨具、化妆品、保洁用品及个人护理品。截至 2007 年，B 公司已经在全国布局 3000 多家服务网点和专卖店，以稳健发展的气魄奔跑在直销行业赛道上。2007 年 11 月，B 公司启动 ERP 项目，历时两年建成，在一定程度上解决了因公司内部信息不对称造成的企业内部管理效率低下的问题，实现了新的跨越。

经过 20 多年的不懈努力，B 公司已经成长为集研发、生产、销售和服务于一体的现代化企业，开设了遍布全国各省、自治区和直辖市的 34 家分支机构、6 家办事处、万余家服务中心。同时，公司制定了企业事业"扎根中国，走向世界"的战略部署，将产品销售及服务扩展至中国香港地区和中国台湾地区，以及马来西亚、新加坡、泰国、印尼、越南等国家。

然而，2017 年以来，随着直销行业逐渐规范，商务部发牌数量增多，企业竞争加剧，产品同质化现象严重。电商、微商、新零售等新业态不断冲击传统直销行业，市场营销观念已经从以产品为中心向以客户为中心转变，互联网新"玩法"给传统直销行业带来了新的挑战。在整体经营环境不佳的情况下，业绩规模较大的直销企业受到的影响普遍更大。与此同时，同行业一批新锐企业业绩却出现高速增长。B 公司高层感受到了极强的危机感，并坚定了数字化转型的决心。

2018 年年会上，B 公司宣布，未来三年，计划投资 10 亿元开展数字化转型升级建设工作。B 公司将借助大数据、物联网、云计算、人工智能，建设适合自身发展需要的应用系统和平台，打造"全球化生态数据化平台"，实现大健康产业资本融合全球化、社会化运营。随即一场轰轰烈烈的数字化转型运动在 B 公司全面展开。如何利用现代数字技术解决当前的痛点问题，打好企业数字化转型之路的第一战，实现面向消费者的营销策略转变，赋能企业，赋能伙伴，赋能会员，成了 B 公司亟待解决的问题。

8.4.2 痛点聚焦

作为一家在中国经营二十多年的老牌直销公司，B 公司

2017年的销售业绩同比下滑，而同期很多直销公司业绩增幅明显。经过调研对比，B公司发现无论其产品还是制度在同行业的竞争中依然具备明显优势，那究竟是什么原因导致企业近两年业绩负增长呢？2018年上半年，B公司组建专项小组对企业当前面临的问题以及互联网公司营销新玩法进行了全面调研，结果发现以下六大问题。

其一，传统直销模式拓客难。新加入的客户需要填写手机号、身份证号码、银行卡信息、家庭住址、配偶信息等多达18项的私人信息，而公司要委派专人对这些信息进行线下审核。这样高的准入门槛不仅给客户带来了不便，还给企业带来了巨大的审核成本和时间成本。

其二，传统订货流程过于烦琐。经销商需要通过ERP系统逐个增添物料编码，上报总公司，才能开启订货流程。而且物料编码的编制是一项技术标准化工作，需要专人负责，这进一步增加了企业管理成本。

其三，公司长期以来对经销商的管理较为松散，各经销商相对独立，旧系统难以实现对渠道、对事业伙伴的有效管控。在此之前，公司的经销商纷纷搭建了自己的独立系统，这样一盘散沙并不利于企业和品牌的长久发展，总公司亟须加强对各级供应商的管理，实现多赢。

其四，旧系统带来的数据烟囱问题。公司使用的ERP系统已有十多年，在其基础上累计建设开发了40多套系统。烟囱式建设的各系统导致数据孤岛，无法在当前市场环境下精准触达消费者。

其五，旧系统不支持高并发。随着整体数据量的增加，市场需要更多的营销新玩法，对业务多元化要求越来越高，公司的系统已经不堪重负，经常崩溃宕机，无法支持高并发的促销活动。

其六，新业务难以开展。 由于公司的直销行业独特性及产品品类覆盖广泛，每当企业研发出新产品时，旧系统就难以支持新业务开展，公司不得不新建一套系统来为新产品提供专门的下单、物流、退货、结算等服务。这种从前端应用到服务端再到后台全业务流程的重建给企业带来了极大负担。

面对这些问题，B公司一位高管很严厉地说道："现有系统不是来帮我们做生意的，它把客户都挡在了门外！所以，必须变革！必须数字化！必须搭建平台！"因此，B公司迫切需要搭建一套新系统来帮助企业突破新市场环境下的发展桎梏。背负着转型的巨大压力，B公司高管团队辗转多地，参加阿里巴巴、腾讯等互联网企业巨头举办的交流分享会。在一次阿里巴巴的云栖大会上，他们看到数字中台在各个行业的落地实施，甚至为直销行业部分企业带来了切实的有益转变，感触颇深。或许，数字中台就是他们苦寻的良药，来帮助经销商、事业伙伴拓展事业，实现商业模式破旧立新，重塑企业价值。

8.4.3 中台实施

B公司数字中台项目经历了五大里程碑（见图8-13），一路遇到了诸多波折和困难。由于后续需求变动频繁且以滚雪球式增加，原定于2019年3月上线的系统推迟到同年9月才上线。对于云徙团队成员来说，参与此次项目不仅是一项挑战，更是一份宝贵财富。

图8-13 B公司数字中台建设里程碑

1. 供应商选择

B 公司的 ERP 系统已使用多年，系统架构较为落后、冗余度高、难以灵活扩展，难以支撑企业信息化架构变革。因此，公司高管团队开始积极寻求外部供应商提供 IT 技术支持。

在众多云服务商中，阿里云已经形成了自己完全的数字化转型方法论，在中国的发展优势明显，且技术上不断精益求精，在不同领域也得到了成功应用并积累了丰富的实践经验。而且阿里云及其生态伙伴已经形成了覆盖各个行业不同规模企业的数字化转型工具包，正成为中国乃至世界各企业数字化转型不可或缺的力量。

B 公司高管团队了解到，云徙科技作为首批入选阿里云合作伙伴联合解决方案的数字商业云服务供应商，以"业务 + 数据"双中台为核心技术赋能多家企业，实践经验丰富，更为重要的是，云徙科技曾为另一直销巨头提供了中台系统和数字商业云服务支持，且其提供的服务在该巨头 2017 年 11 月新品发布的秒杀活动中表现优异，充分展现了数字中台性能的优越。基于以上考虑，B 公司毅然选择了阿里云生态伙伴中业务、技术融合最好的云徙科技，合作开展数字中台建设项目。

云徙科技感受到了 B 公司谋求转型的迫切心情。云徙新直销业务部负责人文明说："B 公司非常迫切地想要转型，非常愿意合作，决心很大。为了这个项目，总公司为全国近万家经销商团队及其下辖门店统一配置了新电脑！"一直秉持着"关注会员需求，助力会员发展，将会员成功作为自身最大驱动力"理念的云徙也将 B 公司项目作为自己的"灯塔"项目，投入了一批非常踏实精干的项目经理、业务架构师和技术架构师为该重点项目服务。2018 年 7 月，这批来自云徙科技的精锐部队到达 B 公司所在地，正式拉开 B 公司数字中台建设项目的序幕。

2. 项目伊始

炎炎夏日，双方迎来了声势浩大的 B 公司数字中台建设项目启动会。参与项目的云徙团队成员信心十足，在项目经理的组织下进行了军令状宣誓，大家憋着一股劲儿，承诺于 2018 年 12 月完成系统开发，2019 年 3 月底实现系统上线。这时候的云徙项目团队还没有意识到他们即将面临的是前所未有的巨大挑战。

这次项目合作起初是由 B 公司业务中心牵头的。面对市场份额萎缩和销售业绩的压力，B 公司的业务人员在诟病老系统带来麻烦的同时，与云徙团队紧密配合。但是，一方面，业务人员对于旧系统的业务流程规则和技术实现方式不够了解，这给双方沟通带来了较大的挑战；另一方面，与其他消费品行业相比，直销行业的业务流程更为复杂。最终，花了整整三个月，云徙团队和 B 公司业务中心终于完成了业务场景的全面提炼，共梳理出 400 多条业务流程，并实现对业务痛点的分析和数据调研。

但在需求确认环节，面对云徙团队提交的厚厚一套产品需求文档，B 公司的业务中心犹豫了，迟迟不肯在产品需求文档上签字确认。业务确认流程过长带来了需求频繁变更的问题。项目规划由最初仅建设商城与相应中台，逐渐扩充为建设集商城、展业工具、门店管理、CRM、智能客服等功能的前端全应用和支撑其所有服务的大中台。云徙团队上下都很担心：需求扩展到这个程度，还能按时完成任务吗？

为应对不断增加的需求，云徙团队紧急增派人员，最终达到上百人的团队规模。实施过程中，云徙将成员分为两大团队，分别直接负责 B 商城和 i-SCRM 两个项目的建设。包含主项目经理、业务架构师、技术经理以及前端和应用、中台组、测试组各组负责人在内的 60 多人分配到 B 商城项目，负责商城、展业工具、门店管理三大业务应用以及相应中台的开发和测试；而 i-SCRM 项目主要包括 CRM、智能客服两大业务应用，云徙将 30 名云徙成员分为两个小组，分别负责这两大业务应用以及配套中台的建设。此外，还有两个第三方供应商配合云徙完成合作产品、前端应用、测试部分的工作，该项目组共计 80 人。

然而，整个项目干系人多，多项目同时推进，如何做好各项目间的协调统筹又成了摆在眼前的切实难题。B 公司虽然委派了专人来负责协调各项目建设和各供应商之间的沟通合作，但是此负责人由于同时身兼其他工作，难以分配更多精力到项目统筹中。因此，B 公司的数字中台项目迫切需要既懂技术、又具备较强业务统筹能力的一方来负责多方间的协调工作，整体推进多项目建设实施。由于云徙涉及的业务面广，项目范围大，在多家合作伙伴中，大家力推云徙牵头，统筹项目进度，协调项目资源，落实项目计划。于是，云徙团队毫不犹豫地承担了更多的责任和义务，自身也得到了锻炼与成长。

3. 建设实施

在 2018 年 10 月项目进入全面开发阶段后，云徙引入了一套与 B 公司以及其他供应商统筹协作的最佳方案——流程穿越，即当一个业务流程涉及多个系统接口调用时，由流程涉及的主系统的项目经理担任主负责人，联合其他项目参与方进行流程梳理，分析该业务在各系统中的流转规律、各节点入参和出参设定以及接口对接方案等。负责大部分前端应用和整个中台架构设计与建设工作的云徙团队义不容辞地承担了这份重担。

云徙牵头，与其他供应商伙伴一起日夜鏖战，攻克下一个又一个技术难关。不同于传统单体式系统架构，数字中台覆盖系统间的业务流程，而云徙产品化的会员中心、商品中心、交易中心、支付中心、营销中心、售后中心、库存中心等模块可以在此借鉴，同时团队对业务应用需求量较小的场景进行了合理删减。最终，云徙对 B 公司原 400 多条业务流程进行了全面优化，简化为 64 条覆盖企业营销端全业务的关键流程。而在数字中台架构的基础云平台 IaaS 层设计上，B 公司采用私有云以实现数据私有化部署。

在数据同步方面，数字中台既要将会员交易数据和行为数据等同步到 CRM 以支持会员画像分析，从而进一步赋能前端精准营销，又要将业绩数据同步到计酬系统以完成员工工资、福利等的发放。对于这些涉及会员、订单、业绩等敏感数据的操作，既要保证时效性，又要做到对数据隐私的保护。云徙采用敏感性分级的数据对接方式：对于极度敏感的数据，单独存储、脱敏处理、实时调用且在有风险时及时自动切断；对于敏感性级别相对低一些的私有数据，实现本地数据库存储与前端信息脱敏；而对于敏感度较低的公开数据，则配有相对开放的存储和前端呈现方式。通过定期与 HR、OA、生产端、供应链端的系统对接、同步数据，数字中台可以实现赋能营销端配置活动，实现以客户为导向的端到端流程。

面对建设时期遇到的诸多困难，云徙团队内部通过每个月总结评优的方式，从多维度推选出"最佳实践者"并展示在光荣榜上，以支持和激励每一位项目组成员。2018 年年底，云徙和项目合作伙伴们一起基本完成数字中台整体框架和前端系统应用功能，顺利迎来了 B 公司数字中台建设项目的中期验收。与此同时，负责该项目的云徙团队也在云徙科技的年底考评中荣获"最佳团队"称号，这大大鼓舞了团队成员们。

4. 落地推广

又经过三个多月的细细打磨，B 商城和 i-SCRM 两大项目的系统架构和基本功能已经建设完毕，2019 年 3 月正式提交用户验收测试（UAT）。

同年 4 月，在 B 公司高管层的要求下，B 公司的信息中心正式参与到数字中台项目建设中来，替代 B 公司业务中心的主导地位，与云徙开展共创。由于信息中心对旧系统架构和企业的业务规则更为熟悉，云徙团队与他们配合默契，双方查漏补缺，对漏掉的业务规则和业务场景马上进行补充，高效实现 68 项新增需求的补充、275 项已有需求的优化和 4 次旧系统接口的变更，并在 UAT 阶段实现了对系统漏洞的 100% 修复。

同年 6 月，B 公司的信息中心牵头，对包括 B 商城、CRM、智能客服在内的三大系统进行全面联调，从细节上对系统功能、数据接口进行测试，并通过全链路压测进一步保障系统的安全性、可靠性和平稳性。这时，距离系统正式上线还有不到 3 个月，一切都在紧张但有条不紊地进行中。

B 公司数字中台建设实施过程主要包括两大子项目——B 商城和 i-SCRM。其中，B 商城建设方案如图 8-14 所示，包括由商城、展业工具和门店管理三大前端业务应用组成的系统，以及支撑前端应用的大中台架构（包含 14 个业务共享服务中心及相应的中间件和组件等）。公司各部门及分公司成员、事业伙伴都可以通过 PC 端、移动端 App、微商城等享受数字中台提供的敏捷化共享服务。

i-SCRM 子项目包括 CRM、智能客服两大系统以及配套中台架构的支持，并通过 API 实现与外部系统的对接，利用强大厚重的中台能力为前端会员提供及时便捷的个性化服务体验。这两大系统的建设方案分别见图 8-15 和图 8-16。

图 8-14 B 商城建设方案

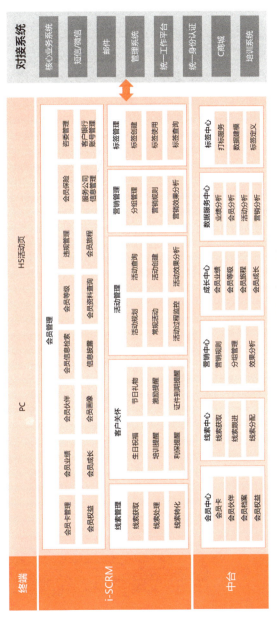

图 8-15 CRM 建设方案

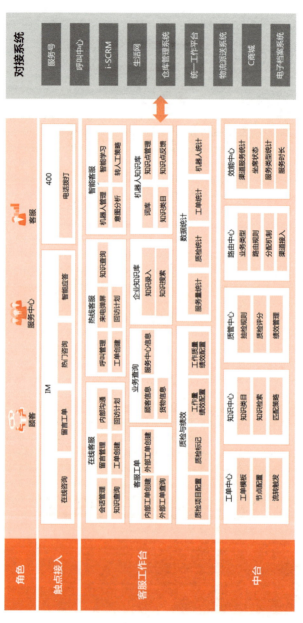

图 8-16 智能客服建设方案

面对如此巨大的转变，B公司的各分公司、各级经销商对这套数字中台架构下的新系统起初是抵触的，这给新系统的推广工作带来了不小的挑战。总公司高管层认为，随着数字经济开始主导经济全球化进入新的演进路径，B公司上下都应该积极拥抱数字化，开启时代新变化。2019年4月，总公司在属地举办了面向全国各地经销商和事业伙伴的盛大的"数字狂欢季"活动，董事长、副董事长亲自参加动员。副董事长就企业开展的数字中台项目发表讲话："互联网时代瞬息万变，每位伙伴都要有更大的格局、更新的触觉、更宽的视野，主动适应时代变化，勇于改革创新。希望我们每位伙伴下定决心，付诸行动，拥抱新机遇，赢得新发展。"此次活动打响了整个"数字狂欢季"的第一炮，B公司的各级经销商和事业伙伴通过"数字狂欢季"活动，逐渐意识到数字中台可以赋能前端应用，帮助自己实现各项业务的有效拓展和管理，辅助营销决策的快速精准制定和实施。

2019年9月，B公司数字中台正式上线，这是中台整体性能的第一次呈现，所有人都紧张地关注着当月的业务数据量变化。随着数字的滚动，人群中爆发出一阵阵欢呼。当月新增会员数量环比增长254%，新增订单数量环比增长84%，新增销售量环比增长96%。B公司高管团队无不感叹实施数字中台战略这一决策的正确性。这次成功实践为企业的数字化转型之路打下了一剂"强心针"。

8.4.4 产生价值

1. 会员池扩大

自系统上线以来，B商城大中台以业务中台为基础和核心，将企业经营管理涉及的业务场景流程标准化，使得业务数据化，并将产生的数据不断反馈到数据中台。而数据中台运用算法模型对经业务数据化沉淀的数据进行价值提炼，形成企业独特的数据资产，从而进一步为前端业务系统赋能。基于这样松耦合、可扩展的中台架构，商城、展业工具和门店管理三大前端应用可以作为 B 公司各大经销商和事业伙伴的引流中心和增长引擎，实现会员入口的扩大，帮助分公司和经销商进行面向会员的人群圈选和个性化服务推送、管理，成功实现管人、管事、管钱。而中台架构支撑下的 CRM 系统可以实现注册即会员、交易即会员、触达即会员，通过多渠道分级降低门槛，很大程度上避免了原来烦琐的注册程序带来的会员流失和成本攀升。

也就是说，在业务层面上，业务中台赋能 B 公司快速响应市场需求，实现快节奏、低成本地落地促销活动。其可扩展性助力企业新业务、新商业模式的快速落地试错，并通过积极尝试互联网新玩法抢占市场。数据中台进一步完善数据积累，运用智能算法、深度学习等关键技术沉淀数据资产，反哺前端业务，实现精准营销，从而提升会员服务体验。

在技术层面上，业务中台和数据中台相互依存，共同提升。业务中台承载公司所有的通用业务，大幅提高运营效率。而数据中台主要对会员交易数据、行为数据等海量数据进行采集、计算、存储、加工，形成精准会员画像，判断会员需求，并将会员需求精准反馈到各业务端口，通过会员运营，挖掘会员潜在价值，实现从流量到留量。

数字中台为 B 公司提供从会员一键注册/登录到个性化推荐的一站式服务，助力企业扩大私域会员池，并为企业提供跨端数据沉淀以及私域会员池运营的闭环服务，打通全旅程触点，实现会员资产沉淀、会员刻画洞察、会员群组应用，继而有效实现私域多端运营。

2. 一切数字化、线上化

对于 B 公司来说，数字中台真正实现了会员信息数字化、企业内部管理数字化、培训活动数字化和会员服务数字化。

其一，将会员档案、行为轨迹、业绩、收入、违规情况、成长旅程全部按中心进行数字化沉淀，形成大数据资产层。

其二，将原来线下操作的流程逐步实现线上操作，实现跨系统、跨业务、跨部门的各类异构数据之间的打通、清洗、治理等，做到数据融合、技术融合和业务融合，促进一体化服务落实。

其三，活动策划、过程监控管理、活动内容、效果分析等全部实现线上管理，尤其伴随着疫情带来的消费者行为方式的进一步数字化和线上化，数字中台为企业提供了线上运营的能力。

其四，将市场反馈问题及处理方案进行数字化沉淀，通过"拆解—聚合—反馈"的数据处理过程形成数字资产积累的有效闭环，构建丰富知识库，及时满足消费者需求，提升消费体验。

进入 2020 年以来，新冠肺炎疫情给直销行业带来了巨大危机，许多企业面临会议举办难、门店流量低、业绩受损严重等困难。而基于中台架构，B 公司已经率先采用数字化、线上化经营策略来应对当前危机。2020 年 2 月，针对所有开卡会员开展了好礼套装限量购活动，活动开始 4 小时销售额破亿元，当天售罄。云徙团队在活动前根据活动预估情况对系统资源进行了扩容，并于活动期间对系统进行监控保障，助力活动顺利进行，为 B 公司疫情期间的线上营销赋能。

3. 数字化赋能引擎

数字中台作为 B 公司的数字化赋能引擎，其作用体现在以下方面。

第一，通过结合会员全量信息，准确掌握会员动态，实现可持续化运营会员，从而实现会员全生命周期管理。

第二，基于外界触点进行数据采集，不断发现潜客，并基于其行为数据进行会员画像分析，及时推送个性化服务，进行会员拓新，促成潜客转化。

第三，系统对会员建立全方位标签画像，协助业务系统快速定位目标客户群，从而针对不同客户群体推荐合适的产品或服务，并全方位采集数据进行效果分析，不断迭代新的营销方案，实现精准营销、闭环管理。

第四，系统对外采集商城、展业、服务中心、客服、公众号等渠道信息，并形成有效标签分析，同时结合内部资源线上化，快速支撑营销，快速响应会员需求，实现全渠道融合。

未来，B公司面临的是愈发以会员需求为核心的市场环境，是一体化运营、数字化、智能化的时代。通过将业务中台和数字中台相结合，B公司打破数据孤岛，打造高度融合、互联互通的产业生态，推动整个产业链上下游高效运转，促进与各级经销商、事业伙伴之间的互惠共赢，以双引擎赋能直销行业数字化。

4. 打造客服智能大脑

B公司将包括商城、服务中心、微信服务号、展业工具、热线等在内的所有互联网渠道统一接入智能客服系统。中台架构下的客服系统可以针对所有问答提供统一知识库和业务查询入口，确保各个渠道应答口径一致，同时针对各渠道产生的问题工单进行统一管理和沉淀，实现全渠道统一管控。智能客服系统还启用了智能机器人，可以7×24小时在线提供服务，做到随时随地有响应，同时减少人工客服简单重复的工作量，解放了55%的劳动力。

此外，针对 B 端会员的问题咨询，客服人员能够通过接待页面快速了解其身份特征、行为偏好等，并结合知识库提供个性化服务，接待完毕后还可以在系统协助下快速将问题整理成工单。智能客服系统为客服人员提供了强大的驾驶舱，实现对每位会员的咨询问题形成精准闭环管理，提升会员体验。

与传统人工客服相比，智能客服的角色正从前台工具转变为企业的核心业务中台应用。B 公司也在围绕客服中心布局更多相关系统，并作为核心业务的中台节点，为打通所有业务经脉提供帮助，从而助力前台应用实现更好、更快的创新。

5. 数字化团队沉淀

在这次数字中台建设过程中，B 公司的业务中心参与了数字化项目全过程，全面掌握数字化项目建设步骤，包括调研、分析、设计、迭代开发、测试、UAT、试运行、上线、运营、运维等。B 公司的信息中心也通过跟进项目团队，与业务中心、云徙团队形成了数字化项目团队文化，不断打磨技术，为企业后续深化转型提供了保障。在建设过程中，业务中心和信息中心通过梳理应用场景和需求，参与系统规划与建设，并参与系统最终使用，锤炼了高效赋能企业及市场的能力。

B 公司还在项目后期收购了一家创业型科技公司，负责数字化转型的 B 公司 CIO 升任副总裁，并兼任科技公司董事。通过向云徙学习中台架构和运维知识，该科技公司开始稳步接手中台系统相关工作。这为公司夯实了数字转型人才基础，也为进一步深化数字化转型奠定了坚实基础。

新系统中台技术架构取得的成果坚定了 B 公司推行全面数字化转型的决心。原来固守线下开展业务的模式改变了，引入了更多互联网新思维。未来，B 公司将会继续和云徙开展深度合作，深化中台系统构建和能力拓展，进一步提高数字化持续服务能力，赋能每一位事业伙伴，为会员提供全方位、多层次的服务。

8.5 面临的挑战

直销企业基于数字中台构建的数智营销系统，使用数字技术，帮助企业进行数智化转型，实现直销电商化、电商社交化、直销新零售化。该系统在应用营销工具实现开源、节流、业务转型的目标的同时，也带来了几点挑战。

8.5.1 管理的挑战

企业是否了解年轻一代的需求？对互联网技术是否了解？是否已经意识到技术赋能业务的重要性？未来三到五年，公司会是什么样子的？业务发展战略中有没有包含数智化战略？数智化战略与业务战略之间的关系是怎样的？是否有清晰的演进路径？这些都是值得思考的问题。要面向未来做管理，那就需要起用年轻的管理者，他们是互联网和信息化时代的原住民，他们的成熟度和对信息化的认知已经超过我们的理解。有了 85 后甚至 90 后的主管或管理者，公司将会发生很大的变化。

8.5.2 商业逻辑的挑战

从过去服务经销商模式，到现在服务消费者、赋能经销商的模式，服务对象发生了变化，商业逻辑也不同了，但目前大多数直销企业的软硬件条件还不具备服务消费者、赋能经销商的能力。同时，现在的互联网会员并不局限于身边小范围、片面的信息，而是参考大数据进行消费决策。直销企业缺少资源链接能力的意识，低估了移动互联网、云计算、大数据、人工智能等信息技术对商业带来的改变。直销企业需要加强重视服务消费者、赋能经销商的商业逻辑，并采取行动应对挑战。

8.5.3 商业模式融合的挑战

对于直销企业来说，加强对人、货、场的洞察能力，探索新零售与社交销售模式具有很大挑战。

首先，难点在于直销体系的会员抵触新模式，担心企业拿走自己长期经营的会员体系，绕开经销商直接与消费者互动。企业需要花时间充分与各级经销商沟通。

其次，难点在于整合所有渠道信息，采集线上和线下的消费者信息，通过全渠道、全场景信息分析与建模，实现精确到人的兴趣匹配、产品匹配、服务匹配、活动匹配与行为预测。

最后，难点在于线上和线下的促销活动、订单服务等购物环节的协同配合，尤其是双规制的直销企业，以前面向的是经销商，是大单，现在面向的是消费者，是小单。

由于这些方面的变化，直销企业需要对现有关系进行梳理，重构对消费者的认知，重构经销商关系，重构合作伙伴关系，重构组织内部链路关系。在智能商业时代，直销企业需要考虑平衡经销商与消费者的关系。基于数字中台构建的系统灵活多变，既可以服务经销商，也可以服务消费者。两种模式，需要融合则融合，需要分离则分离。

8.5.4 内部组织的挑战

基于中台构建的数智平台随需而变，灵活应对市场的需求，势必会给企业的业务流程带来改变。企业需要搭建中台组织或数字化部门来承接中台共享服务职能与平台运营，持续让平台产生价值。如果建了中台，却没有既懂技术又懂业务的人员持续运营，就好比修了高速公路，路上却没车跑，又好比买了一辆好车，却一直停在车库。引进高级技术人才和增加技术人员是直销企业开展数字化业务、推动中台战略落地的具体体现。

8.5.5　企业日常运营的挑战

日常的业务流程一定会带来不少改变，重新梳理各业务流程尤为重要。要理清这些流程中哪些在新建的系统中执行，哪些在系统外运行，通过建系统，优化内部的业务流程，提升运营效率，促进系统功能持续完善。此外，要确定员工的哪些KPI指标需要完善与优化，通过KPI指标引导员工的工作重点与努力方向。

总体来看，直销的本质没有改变，尤其是从外资直销企业和优质内资直销企业的发展规划来看，在行业困难时期，它们仍然在该模式下不断加大投入。它们在保留原有优势的直销制度和培训系统并提供优质的产品与服务的同时，用数字技术和互联网技术搭建数智化平台，实现自动化、智能化运营，持续迭代与优化。这些都启示我们应该在保留传统核心价值的基础上进行创新、改变、融合，满足新一代会员群体的需要，适应市场大环境和趋势。

|第9章| CHAPTER

新零售的中台实践

零售是人类最古老的交易方式，而在 21 世纪，零售经历了历史上最大的变革。从零售到新零售，是品牌零售的一次非常重要的转型；从人、货、场三个维度重构营销业务场景，是很多品牌商面临的机遇和挑战。这次转型不仅是战略升级、业务重构和组织升级，更是技术的挑战，是现时很多品牌商突破发展瓶颈的核心要素。数字中台是当下帮助品牌商实现技术转型的有效途径，在新冠疫情下，它已证明自己能够让品牌商保持竞争力。

9.1 实现目标

短短二十年，中国已经成为全球电商行业的领军者。中国互联网信息中心（CNNIC）发布的第 45 次《中国互联网络发展状况统计报告》显示，2019 年中国网上零售交易额达到 10.63 万亿元，占社会消费品零售总额的 20.7%，位列全球首位。坐拥 7.10 亿数字消费者和全球最活跃的移动社交用户群体的中国市场，早已是全球消费品及零售商抢占的目标之一。

然而，电商时代的红利所剩无几，网上零售交易额增速放缓，年复合增长率从 2014 年的 49.7% 跌至 2019 年的 16.5%。电商平台竞争加剧，拉新和留存成本持续攀高，同时中国的消费者日益成熟，企业不得不面向消费者越来越多元的需求。

2020 年的疫情给品牌商带来了巨大的冲击，一夜之间品牌商突然被放到了一个新战场，这个战场不再拼渠道和产品，而是拼消费者连接、到家服务、线上业务。数字化程度高的品牌商几乎不受疫情影响，业绩节节攀升，与之形成鲜明对比的是大量的品牌商业绩大幅下滑。企业确保业绩的根本途径是让自己在任何时候都能够顺利卖货，这可从几方面着手：扩大流量入口，覆盖线上线下全渠道；对公域和私域流量进行统一运营，统一商品和履约体系；线上线下多场景交互等。

9.1.1 线上线下渠道全覆盖

目前大部分企业的业务主体还是线下业务，即使做得好的企业，其线上销售占比一般也只有 10%～20%。未来企业的业务肯定是线上线下一体的，就像盒马鲜生一样，超过一半的订单来源于线上，这也是当前企业转型的趋势。未来的企业需要线上线下全覆盖，不会再有纯粹的电商公司。企业要通过布局全渠道，建立与用户交互的多重触点，为消费者提供多元化的消费体验，实现线上线下业务同步增长。

全渠道覆盖要从 3 个维度、4 个层面考虑，如图 9-1 所示。

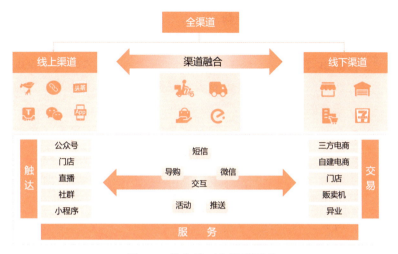

图 9-1　线上线下全渠道覆盖

全渠道覆盖的 3 个维度如下。

- 线下渠道：主要是指门店、售后服务中心、传统渠道、商超渠道、大卖场渠道、便利店渠道、特殊渠道等。
- 线上渠道：主要指天猫、京东、唯品会、拼多多等平台电商，官方商城、自营 App、小程序、微商城等自建平台，以及线上广告。
- 线上线下融合渠道：自建线上下单、门店提货，自建平台线上下单极速达、当日达、次日达、隔日达，外卖平台下单、配送到家，平台下单、门店提货等场景。

全渠道覆盖的 4 个层面分别涉及每个渠道应完成的功能，具体如下。

- 触达：哪些渠道是承载消费者触达功能的。比如商品上的二维码、公众号、门店内的各种二维码、人脸识别摄像头等，都是能够识别、触达消费者的。要在渠道上规划触达场景，确保消费者在不同的渠道可被识别。

- 交互：触达后就要通过内容将品牌、商品和活动推送给消费者，与消费者互动，线上通过小程序、微信消息、短信、邮件等，而线下则有店员、导购的交流等。通过线上线下交互，让消费者对品牌、商品产生认知，为消费者创造价值。
- 交易：交易的场景分得越来越细，除了电商平台、自营电商、线下门店外，还有异业合作的交易场景、自动贩卖机、量贩机等。整个交易过程越来越碎片化，所见即所得变为现实。
- 服务：服务会贯穿售前、售中到售后的完整链路。对品牌、商品、活动进行咨询早就已经不再局限于售后了。

9.1.2　公域流量和私域流量统一运营

企业营销的两大任务是拉新和复购，分别依靠公域流量运营和私域流量运营来完成，其方法是截然不同的。从流量的来源看有以下3种载体。

- 付费媒体（Paid Media）：各种形式的广告，为公域流量。
- 赢得媒体（Earned Media）：典型代表有微信、抖音，这类载体虽并不能完全控制，但大多数情况下可归为私域流量。
- 自有媒体（Owned Media）：能完全控制的"私域流量"载体，如企业自己的App、官网等。

很多品牌商在想如何为线下门店引流，但并不局限于线下门店。越来越多的品牌商建立了自己的微商城、小程序等变现渠道，开始关注线上和线下如何进行有效的结合。线上与线下相结合的方法并不少见，比如先通过线下了解自己的客户，然后利用公域找到更多与线下场景相匹配的客户，再从线下向线上发展。

品牌商会采用 3 种流量运营方式：公域流量运营、私域流量运营和全域流量运营。

1. 公域流量：日益增长的成本和数据担忧

当企业面对公域流量时，是在和广告平台博弈。CPS（按销售计费）、CPA（按行为收费）和 oCPC（优化行为出价）等概念的提出，都是为了简化这个博弈过程。但广告平台只会为其广告收益而优化曝光，每一次曝光都是以消费者为中心的，一个消费者看到的是 A 品牌、B 品牌还是 C 品牌，由广告平台决定。广告平台所采用的原则基本都是 eCPM（有效千次展示收入），即让曝光的广告价格最大化，而不是品牌收入最大化。这就是博弈双方的最大冲突。当卖方（广告平台）拥有的资源越来越丰富、数据越来越多时，品牌商将变得越来越弱势。

企业在这当中需要的是真正的运营和数据沉淀。但数据和运营不应该依赖他人，企业要建立自己的系统。企业需要知道将什么样的内容通过什么渠道投放给什么样的人群能够带来最好的结果。因此企业需要积累人群、渠道、内容、活动等数据，自己控制投放并真正实现投放优化。

2. 私域流量：数据化运营

公域流量是弱关系，由其带来的消费者随时会离开。对企业有价值且企业可掌控的是强关系，通过对消费者的触达、交互和服务，提供消费者价值，从而建立消费者与品牌、商品之间的强关系，这需要持续不断地精细化运营。将公域流量运营成私域流量、打通数据、做消费者洞察、做营销自动化等，这些都会用到私域流量运营的核心工具，包括营销画布、CDP（Customer Data Platform，客户数据平台）、内容管理等能力的组合。

私域流量运营有三条通路，要分三步走。

第一步：生态运营。通过经销商、渠道商、零售商，利用活动推荐、全民营销等运营方式将公域流量转换成私域流量。

第二步：线上运营。通过营销画布实现精准营销，通过实时互动增强消费者黏性，将一些弱关系的公域流量转换成强关系的私域流量。

第三步：门店运营。通过店员将到店的公域流量转换为企业私域流量，通过活动推荐、社群运营等方式来提高私域流量转换率。

3. 全域流量运营

全域流量运营可以分三步走。

第一步：会员通。

会员通分为内通和外通。现在要实现会员通有几大挑战。

原来品牌商只注重注册会员，并不关注未注册的潜客。现在我们的理念是接触即会员，企业在任何渠道中接触过的用户都是会员，都要将其作为企业经营的资产和对象。企业一定要转变观念：潜客也是会员。内部要通，不仅是在潜客和内部层面，还会涉及各个渠道，核心是将各个渠道的会员体系打通。例如，良品铺子有 29 个有价值的渠道，如抖音、天猫、京东、自营 App、微商城等，将这些渠道的会员体系都打通，解决外通和内通的问题，将全域的会员放到一个大会员池中统一运营是极具挑战的。一些服装、地产企业有多个品牌、多个门店、多家子公司甚至是多个业态的会员，面对如此零散的会员数据，要将会员打通也是一个挑战。这是内通，内部本身也有非常大的割裂，处于离散状态。

其次是外通。各个流量平台上的会员、做广告投放回流的数据、在网站上留下的线索、各个渠道的会员标签数据，或者第三方平台数据，如何打通这些数据是建设企业全域会员池时的核心问题，解决不了就做不到以消费者为中心。

建设全域会员池，将企业的内外部会员打通，这是非常具有挑战性的任务。这个过程往往还有可能要对企业原有业务模式进行重构，还需要解决外部平台的数据问题。

当企业将内外部会员都汇集在一个平台以后，下一步是如何将这些会员融合在一起。思路很简单，比如以某个消费者的手机号码为起始点，将不同来源的 ID 关联起来，就能将各个渠道和体系里原来认为不同的 ID 辨识为同一个会员。但在实际实现时，这个问题比我们想象的要复杂。

比如消费者在电商平台上购买商品时，留的收货地址不一定是他自己的，而且可能更换手机号码。使用 OneID 将会员融合时，需要更智能化、更动态的过程捕捉，将来自不同渠道的信息融合在一起。

在将单个的会员融合在一起时，还需要进行更深入的分析，包括会员之间的家庭网络（比如谁和谁是家人，他们彼此之间是什么关系）、本次购买与之前的购买行为有没有关联等。决策者和购买者通常都不是同一个人，如果企业能识别出这些会员的群体画像，会为服务客户带来非常大的帮助。不仅在家庭中，在对用户进行分群、进行社群运营的时候，客户的社会关系网也是非常重要的课题。只有企业融合了大会员池，建立起会员之间的传播关系，才有真正的会员通。

第二步：数据通。

对于一个到门店逛店的消费者，如果导购员能够知道他是谁，就能为其提供更加贴心的服务，而如果还能知道他昨天在线上店里看了什么商品，则会极大提高这个消费者的转化率。实际上此问题就是如何将企业的系统与线上渠道的用户行为打通。

打通意味着可以通过多种方式了解消费者在企业所有营销通路里的行为和偏好,打通本质上是在促进企业业务的数字化。如果会员信息、交易行为、服务记录等相关的信息分散在多个孤立的系统,而不是在一个统一的平台上,那么实现数据打通将变得非常困难。集中化的存储和处理将大大简化两两打通所需的工作量和业务复杂度。

数据通融合企业内部和外部的数据,形成用户的画像,再根据画像提供的用户偏好将营销活动通过不同的渠道投放,然后根据各个渠道的反馈数据再进一步完善用户的画像。

第三步:营销通。

最后是营销,即怎么通过数据驱动的智能营销,给企业带来营销上的变化。营销的核心是在合适的时间、通过合适的渠道、以合适的内容将合适的商品、品牌、活动推送给合适的用户,让用户以合适的价格购买合适的商品。要解决营销的这个关键问题,核心有两个:营销链条的数字化和智能化。有了营销链条的数字化才能做到营销智能化;有了营销智能化,最后才能形成营销数据和营销活动的数据闭环。

现在有了越来越多的工具和生态支持,企业可以逐渐获得用户 ID、手机号等信息,将各渠道数据打通。但企业在实际工作中需要评估自身是否具备获取数据的能力,是否具备营销内容的统一管理能力,是否具备完善数据补全的运营能力,是否具备面向消费者的运营能力。比如,线上和线下运营团队的 KPI 体系是否导向解决消费者的最终交易问题(而不是关注在哪个渠道交易)、不同营销通路的营销活动的拉通等问题。

那么,在全域流量运营的过程中,企业的重点应该在哪里?

在制定营销 KPI 的时候,过去企业的目标更多的是在"营",

而当下将越来越多的指标放到了"销"上。就算是直播、社群这样的新模式，本质上只是缩短了"营"的过程而不是没有"营"，销售本质还是由营到销。品牌商开始关注会员增长、会员的转化率、销售收入的增加。而之所以如此关注"私域流量"，本质原因是成熟品牌商要获取新的流量越来越难，公域流量越来越贵，竞争越来越激烈。

企业需要进行公域+私域运营的原因，是因为绝大多数情况下公域当中存在还没有真正变成企业用户的流量。公域仍然需要被用来为品牌商提供拉新，并与私域结合。而私域当中需要进行一定的提炼，做一些个性化的行为加强客户忠诚度，从而提升复购率。

9.1.3　线上线下多场景交互

在企业已经完成线上线下全渠道的布局、会员也随之数字化之后，可以融合线上线下渠道去做细分场景的设计和运营。

站在用户的视角设计用户旅程，无论它的表现形式是传统的 5A 客户行为路径模型，即了解（Aware）、吸引（Appeal）、问询（Ask）、行动（Act）和拥护（Advocate），还是 AIPL 品牌人群资产定量化与链路化运营模型，即认知（Awareness）、兴趣（Interest）、购买（Purchase）和忠诚（Loyalty），用户旅程都是描述消费者从认知某种产品开始到对某品牌产生信任感和忠诚度的一系列行为过程。在企业完成了线上线下渠道的全覆盖后，我们可以无缝地让消费者在线上或线下获得有温度的服务，同时我们能够设计颗粒度更细的场景来扩大消费者的覆盖范围。

比如说某乳业公司就为订奶到家业务设计了一个新场景，消费者在线上订奶后可在移动端自由调整配送方式，选择到家或是配送到公司楼下的自动贩卖机。这样一个小场景的创新带来了明显的增量，扩大了受众人群，原来订奶到家的主要客群是学生和中老年人，通过新的场景设计覆盖到了单身白领。

企业在拥有了多个维度的渠道后，完全可以设计场景，将消费者转移到线上渠道或线下渠道，比如线下门店触达、公众号交互、在小程序中完成交易、通过外卖履约到家，最后通过问卷调查满意度。而且一旦跨过线上和线下的分界线，消费者的消费画像将变得更加精确。

9.2 解决方案

云徙从 2017 年到现在服务了大量的品牌零售企业，包括良品铺子这样的新零售标杆企业。云徙帮助他们用数字中台构建了新的数字营销平台，实现公域和私域的全域消费者运营，覆盖线上线下交互的场景，打造全链路的服务，帮助企业促进业绩的增长。在服务企业的过程中，我们对未来的品牌零售企业做了一些展望。

首先，未来品牌零售的战场是全域的，不再区分线上和线下。消费者的消费习惯已经全域化了，场景非常碎片化，因此能否具备全域业务能力是最核心的问题。

其次，企业的业务驱动模式会转为消费者导向。传统企业都是以职能划分部门，因为业务体系相对稳定，没有太多的变化和消费者驱动的需求。而互联网企业每年都在面对环境和消费者需求的剧烈变化，不得不随时应对消费者需求，进行自身的变革和跟进。以消费者为导向的业务驱动模式，是以满足消费者需求为主线进行运营管理的模式。这种模式下，任何后台、运营、服务、销售、市场都以服务业务为主线。现在很多企业将会员运营管理职能和售后服务职能进行整合，将用户体验引入企业战略，这也是横向打破隔阂、建立互通的一种表现。

最后，数据是未来企业竞争的核心要素，企业需要更关注数据价值。数据能够使企业新品研发更加快速、店铺选址更加精准、人群洞察更加深刻、投入越来越精准，甚至是通过策略建议提升门店的销量。数据已经成为企业最核心的资产。

在新环境下，新零售行业需要全域消费者运营、新零售、智能配补货和渠道数字化这 4 个解决方案来实现数字化转型。

9.2.1 全域消费者运营解决方案

全域消费者运营是指在消费者从接触品牌到彻底流失的整个生命周期中，与消费者持续互动，并让消费者产生最大价值的过程，如图 9-2 所示。

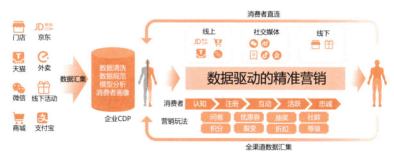

图 9-2　全域消费者运营

在新的市场环境下，企业需要建立与消费者的丰富触点，用更多更有效的推荐和消息去触达和吸引消费者。在这个过程中，企业才能更加了解消费者，并根据消费者的消费习惯不断精准互动，并形成持续交易。

全域消费者运营可分为全渠道消费者数据、消费者生命周期、消费者营销和终端管理。

1. 全渠道消费者数据

现在，品牌与消费者之间的触点已经非常之多，比如微信、小程序、微商城、天猫、京东等。在每个触点上，消费者都可能与品牌有过互动或交易。企业需要做的是将所有触点数据统一管理起来。

首先，打通所有触点，将消费者数据统一接入会员中心。在接入的过程中，要进行数据合并，保证消费者数据的唯一性。但是从不同渠道收集的数据维度各不相同，因此需要引入数字中台的 OneID 体系，进行精准识别。

其次，每个消费者都有自己的独特性，企业需要识别、保持并利用消费者的独特性。当会员中心有大量消费者数据时，可以不断抽取数据，并通过数据中台的标签体系，建立消费者属性标签、行为标签、交易标签、价值标签等，形成精准消费者画像。这就要求数据中台标签体系可以建立事实标签和模型标签，提供主观标签功能，并且随着业务不断进化。

2. 消费者生命周期

全渠道消费者数据是企业进行消费者全生命周期运营的前提。消费者与品牌之间有一个了解—认知—认可—忠诚—流失的过程，我们需要从实际业务需要出发，实现更大的客户生命周期价值（CLV）。在这个过程中，通过中台建立消费者等级与权益体系，将消费者生命周期与等级权益结合，实现品牌利益的最大化。这就要求中台等级权益可灵活配置，可以与积分、优惠券、促销、第三方权益等结合使用，并可以根据不同业务场景需要及时快速调整。

3. 消费者营销

需要通过多样化的营销活动让消费者不断与品牌互动。在品牌有了精准消费者数据之后，结合营销活动，就可以在合适的时间通过合适的渠道,将合适的活动内容发送给合适的消费者。

企业最早开始做消费者营销时是根据活动需要,通过消费者圈选找到精准客群,并通过客群常用触点将活动主动推送到消费者手上。常见的活动有节日活动、店铺活动、生日活动等。这已经成为企业必备的营销模式,常用于各种大促、日常营销活动。

目前消费者运营的趋势更加强调消费者的主动参与,甚至主导营销活动,常见的做法是通过预先埋点,精准抓取消费者关键事件,并通过事件与消费者形成及时互动。营销方式有注册送优惠券、消费满 100 送下次购物优惠券等,以及像拼团这种由消费者主动发起的营销活动。从趋势来看,营销活动一定会让消费者参与度越来越高,而企业需要借助由数字中台提供的灵活营销工具、快速精准圈人的能力、多样化的优惠券玩法,以及在活动之后的事件分析、漏斗分析等能力,快速形成活动报表,为下次活动提供优化建议。

4. 终端管理

大量品牌企业已经建设了线下门店等终端,如何利用终端优势、提升与消费者互动的能力,是很多品牌企业着重思考的问题。

线下门店虽然服务范围有限,但是与消费者的黏性更高。提升线下消费者体验,就必须要求线下工作人员有更高的运营能力。但是一步到位非常难,这就需要品牌企业总部将积累的运营能力一步步有计划地传给线下门店,让线下门店的工作人员了解消费者,知道在什么时间应该与消费者进行什么样的互动。

9.2.2 新零售解决方案

新零售定位于辅助品牌零售企业,以其在供应链、品牌、产品、仓储物流、渠道、客户等方面的资源优势为基础,利用互联网的工具和方法，重构人、货、场的关系与形态，实现资源与客户触点在线化、交易数字化、营销与运营智能化，将线上和线下的优势有机结合起来，构建以消费者为中心的运营体系，实现业务模式、购物体验、客户黏性、资源使用率、运营效率的全面升级，如图9-3所示。

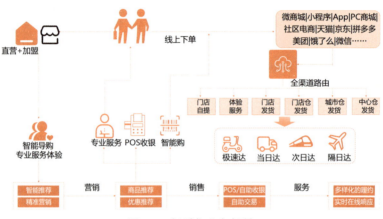

图9-3 新零售业务场景

1. 线上线下无缝服务体系

所有的触点都将成为获取客户的渠道，无论是通过线上、线下、直营、加盟还是第三方渠道，只要触达客户，都要通过内容、活动、商品、品牌等与客户产生交互，并提供丰富的新客促销、针对性推荐等营销手段引导客户转化。

将品牌商内部的商品、权益、定价、营销、服务、交易都服务化，通过触点透出展现给客户，为品牌商构建24小时不打烊、无边界的销售服务体系，实现客户触点、商品、价格、促销、库存、配送资源、客服资源全部实时在线，消除了时间、地域、组织的局限，帮助品牌商最大限度地实现资源的整合利用，促成交易达成。客户不管何时何地有购买需求，都能通过其习惯的渠道轻松下单。品牌商能通过中台快速匹配最优的发货仓库和配送方式，低成本、高效地将商品送达消费者手中，并提供在线的客服、售后入口，消除消费者的顾虑，降低决策和交易成本，为客户提供触手可及的、有温度的服务。

2. 数字化运营

以数字化运营思想指导运营，建立数字意识，优化以往按渠道定组织、唯业绩定绩效的管理模式，以客户价值为最终目标，实现各渠道的统一运营以及线上线下的优势互补，并引导业务部门逐步增强对复购率、客单价、活跃度、ROI 等会员相关指标的考核，通过运营好客户来促进业绩提升，构建以客户为中心的运营思想与管理体系。

数字商业在中国已有 10 多年的历史，几乎所有的零售企业都已经布局了线上交易渠道。但是如今流量红利期已过，竞争日益激烈，以往在电商平台开家网店就能有稳定收益的日子越来越少了。因此企业的数字化不仅要建设好交易和履约体系，还要通过数智化更好地提升运营效率。基于业务+数据双中台架构，通过对会员基本信息、行为数据、交易数据的采集分析，更好地了解消费者的习惯与喜好，为业务部门从新店选址到选品、陈列、营促销、交易、服务等的全链路提供决策支持与辅助。

9.2.3 智能配补货解决方案

先举个例子，某零售品牌拥有 27 个区域经销商、4000 多家加盟与直营门店，该品牌渠道业务总监在全球 TOC 峰会上，分享了如何通过智能配补货提升渠道控货能力的实践心得。

在其传统渠道铺货模式下，大家都认同为了保障销售，需要提供充足的商品品类和数量,但这会带来库存周转率低、动销差、加盟商资金利用率低、库存积压严重等问题,很难平衡。

- 预期销售与实际销售存在较大偏差(很多企业的预期销售准确度不超过 50%),导致大量库存。
- 实际销售过程中,库存周转率过低,影响现金流;且售罄率高的商品缺货会带来销售机会的流失严重。
- 门店高库存,导致门店与门店之间高频且无效的调拨。
- 人工计划配货、补货,凭借大量被动非实时数据,且依靠经验与能力,只能实现 TOP 门店和 TOP 品类品项的配补,无法照顾到所有渠道和 SKU。

智能配补货方案可实现货品的精准流转,将合适的货放在合适的地方,如图 9-4 所示。

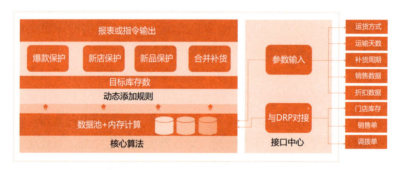

图 9-4　智能配补货架构

结合商品结构,比如有 A、B、C 三类结构商品,A 类保证深度,B 类保证流动性,C 类保证新鲜度,使用追单模式+快速补货。结合配补货系统,实现商品销售的精准规划,推动快速配补货,即在对的时间向对的渠道提供对的商品。与此同时,从"商品精准可达、提高销售"的角度来看,物流成本增加的部分可以忽略不计。而通过智能配补货可达成以下目标:

- 面向渠道商配补货的精准规划,提高商品的周转率,降低渠道商资金分配压力;
- 实现商品的高可得性和高库存周转率,降低库存,提升企业的控货能力。

9.2.4 渠道数字化解决方案

渠道数字化是实现品牌商从厂家到经销商、分销商、终端门店全链路的销售一体化,构建数字化的营销体系,围绕赋能运营、赋能业务员、赋能经销商及终端,实现业务在线化、业务数据化,并通过数据反哺业务,最终实现智能业务应用,如图9-5所示。渠道数字化的目的是促进销售业绩增长或有效提升业务运营效率。

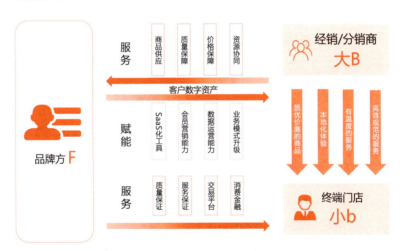

图 9-5 渠道数字化业务场景

未来品牌商的渠道业务拓展,不能只看有多少经销商或终端,还要看通过数字化连接了多少经销商及终端,连接了多少消费者,以及企业使用数字化手段深度影响了多少渠道终端及消费者。

站在品牌商视角，对渠道的数字化改造应该先从现有经销商体系开始，利用新技术构建数字化营销体系，打通与经销商、终端的通路，让品牌商与经销商共同推动终端的动销。同时打通与B2B及各分销平台的连接。未来渠道是多元化的，终端也是多元化的，品牌商要打通与多平台的连接，借助平台的流量，覆盖更多的终端及用户。渠道可以多元化、平台化，但是企业的交付体系不能是多元化、多套化的。比如不能是零售通一套库存、一套交付体系，新通路一套库存、一套交付体系。如果各渠道的库存信息不通、订单信息不通，两者难以互相调拨，最后出现企业高积压、高缺货现象，这不仅会给企业带来损失，也会给用户带来不好的消费体验。因此品牌商需要整合库存、物流、交付体系资源，要用一套库存、一套仓配体系完成对多个渠道的交付服务。

站在经销商视角，品牌商需要思考如何真正为经销商赋能，帮助他们思考怎样进行业务的线上化转型，怎样借助数字中台改变传统派业务员上门行销、车销及终端门店的坐销方式，实现业务数字化，建立一套数字化转型的运营体系。

站在终端视角，要更好地经营门店生意，充分利用线下固有的位置及流量优势，结合线下、网络、社群，打破原有坐商模式，打破原来只能服务周边1公里内消费群体的限制，发展为线上线下融合的社区零售，服务周边3公里内的消费群体。同时要能从上游便捷订货，享受到品牌商的营销及服务。

完整的渠道数字化方案包含全面营销体系建设、B2B2b解决方案、数智社区、数智工具、营销费用全链路方案等。

全面营销体系建设是根据企业营销组织架构，建设总部、区域、员工、客户、终端组织体系及网络关系，实现营销资源的在线化，为业务流转提供网络协同。同时建立起企业的任务绩效考核模型，实现任务绩效数据在线化、可视化，从而在提升用户体验的同时，促进企业任务绩效的完成。

B2B2b 解决方案包括企业的最新资讯政策、新品信息、在线订货、在线对账、在线账户数据展示等。让日常销售政策（如返利、促销等）可在下单过程中实时体现，从而提高政策的透明度，让经销商更清晰地了解企业政策，促进下单，并实现电商模式的在线下单、在线对账、在线结算等业务操作，以减少客服的人力投入，提高工作效率，同时减少人为的出错率。

数智社区的目的是帮助终端门店构建新零售场景方案，实现业务线上化，并建设社区营销体系，以深度经营周边 3 公里，将电商领域灵活的销售玩法与当前社群运营、社交电商融为一体。企业在帮助门店实现数字化的过程中，也帮助企业自己实现了数字化终端运营，企业可以清晰掌握每家门店的画像，为深度经营门店提供数据支撑。

数智工具是赋能业务员、导购的移动化、数字化、智能化业务拓展工具，是帮助品牌商及经销商管人、管事、管钱的轻量化工具。业务员在线实时看到自己的目标任务及达成率，实时看到绩效提成，实时看到服务客户的 360° 画像，能够方便地帮助客户下单，了解各客户往来交易及财务数据。在帮助业务进行售前、售中、售后的市场拓展及客情维护，提高内部协同效率的同时，也提升了各业务员自己的销售业绩。

营销费用全链路解决方案帮助企业做好费用的预算、投入、核销，确保费用是投放在客户和消费者身上，而不是被浪费掉。特别是很多快消企业是靠费用驱动营销，对于这些企业而言，费用的精细化管理更加重要。按照活动、渠道、品类、单店、营销通路核算投入产出比，能够让费用的监控更加清晰透明，提升企业在营销投入上的能见度。

9.3 实现路径

从系统建设的角度看,品牌零售企业建设中台的实现路径是:完善消费者的连接能力、建立可持续运营的消费者数据平台、建立以消费者为中心的营销体系、全渠道运营能力、智能配补货、渠道数字化能力。当然,每家企业的业务情况不同,系统现状不一样,因而实现路径会有差异,可能会有并行建设或交叉建设。

9.3.1 消费者数字化 4 大阵地

品牌零售企业未来都将是数字化企业,都将采用数字营销驱动的运营模式,围绕消费者连接、消费者数据、消费者运营和消费者服务 4 个主阵地,构建自己的核心业务能力,如图 9-6 所示。

图 9-6 消费者数字化全景

1. 消费者连接阵地

消费者与品牌接触多样化,有公众号、天猫、京东、抖音、拼多多、支付宝、线下门店等。互动方式也多元化，比如在公众号查看品牌文章，在天猫购买产品，在抖音上看品牌直播。同时消费者动作零散化，往往一闪即逝。这就要求品牌商既要建立多样化触点，触达消费者，又要快速识别消费者在不同触点的统一身份。因此品牌商需要统筹管理品牌触达矩阵，明确各触点与消费者关系、职能等，进而建立消费者连接阵地。

2. 消费者数据阵地

在做到消费者可触达、可互动之后，品牌商往往希望消费者对品牌有更强的黏性，增加消费者的LTV（生命周期总价值）。品牌商必须充分了解消费者，根据消费者特征画像，建立个性化消费者生命周期旅程，并根据消费者特征制定个性化策略。这就要求品牌商必须洞察以消费者为中心的人—货—场三者的关系。在理清人—货—场三者关系的基础上，建立人与货、人与场、货与场的联系，充分挖掘数据价值，建立品牌以人为中心的消费者数据阵地。

3. 消费者运营阵地

品牌商希望对消费者的理解越来越精准，甚至希望运营所有接触到的消费者，千方百计使其不流失，不断为品牌贡献价值。

因此，品牌商必须做好已有消费者的持续运营，并不断引入潜在消费者。在运营过程中，品牌商要有运营工具，持续不断地吸引消费者注意，完成运营闭环，产出价值；要有运营数据监控，根据运营的数据反馈，不断优化运营节奏，让消费者在运营阵地上，持续为企业产出价值。

4. 消费者服务阵地

在消费者购买产品之后，品牌商非常希望得到产品反馈，聆听消费者对于产品的意见。所以，品牌商要有一个可以接收消费者反馈的阵地，快速高效地解决消费者问题，提升品牌好感度；不断接收消费者反馈，为产品的优化提供建议。

9.3.2 消费者数字化 6 个核心能力

要完成上述 4 个阵地的建设，关键在于实现 6 个核心能力。

1. 消费者连接能力

企业要设计符合企业业务模式的客户旅程。客户旅程是潜在客户通过各种渠道，比如微信、短信、邮件、广告、门店、直播、电话等，与企业的触点产生联系的过程。客户旅程的跨度基本取决于销售周期，会从几个小时到几个月。消费者旅程解决了企业的两个核心问题。

第一，透过消费者视角，关注消费者旅程，为消费者提供最佳体验，从而提升留存率，实现业绩提升，如图 9-7 所示。

第二，以消费者视角，将关键触点分配给企业的内部部门，帮助企业实现以消费者为导向的业务驱动模式，以满足消费者需求为主线进行运营管理，如图 9-8 所示。

2. 可持续运营的消费者数据平台

通过数据中台的 OneID 技术整合不同渠道的消费者数据，通过标签体系进行消费者洞察，进行精准营销，制订营销策略、销售策略、消费者运营策略等，并通过不断运营，持续迭代人、货、场标签，如图 9-9 所示。

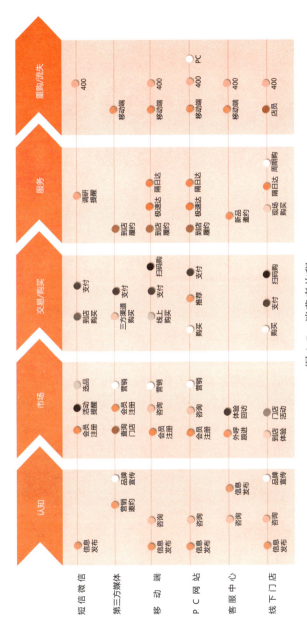

图 9-7 消费者旅程

图 9-8 设计并完善消费者触点

3. 以消费者为中心的营销体系

利用消费者价值模型 RFM（Recency，最近一次消费；Frequency，消费频率；Monetary，消费金额）、品类增长模型 GROW（Gain，渗透力；Retain，复购力；bOost，价格力；Widen，延展力）、品牌人群资产定量化与链路化运营模型 AIPL 或消费者运营健康度模型 FAST（Fertility，可运营人群总量；Advancing，AIPL 人群转化率；Superiority，高价值人群总量；Thriving，高价值人群活跃率）对消费者进行识别，了解消费者所处的场景，并自动进行针对性的营销，将活动、商品、品牌以内容为载体，与消费者进行交互，如图 9-10 所示。

4. 全渠道运营能力

通过全渠道的会员、商品、订单、库存和结算统一管理，实现全渠道运营能力，为消费者提供线上线下全方位一体化的周到服务，如图 9-11 所示。

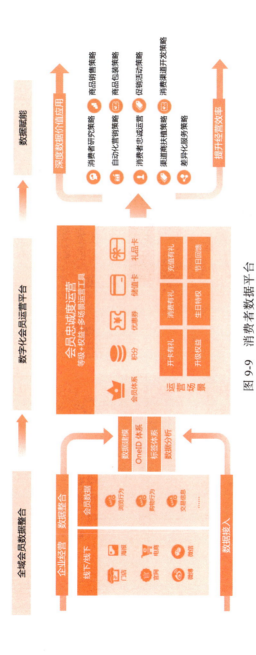

图 9-9 消费者数据平台

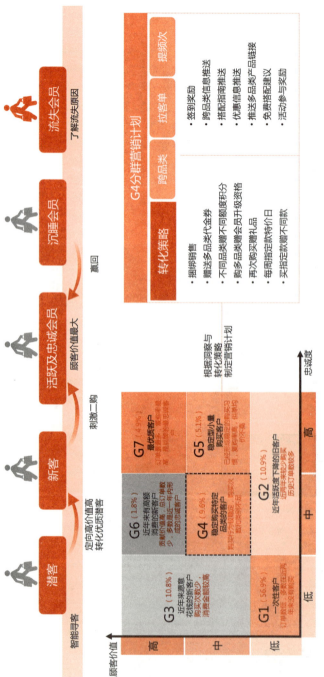

图 9-10 以消费者为中心的营销体系

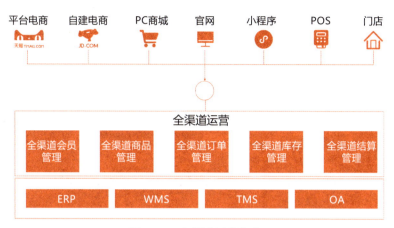

图 9-11 全渠道运营能力

5. 智能配补货

通过智能配补货,提升货品的流动性,实现首铺合理配货、精准补货、自动调配,如图 9-12 所示。

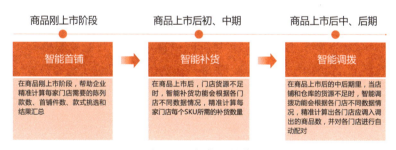

图 9-12 智能配补货

6. 渠道数字化能力

渠道数字化有两条路径,如图 9-13 所示。

第一条路径:从大 B 到小 b,即先改造现有经销商体系,打通与经销商的通路,实现线下业务的线上化,然后逐步深入分销商及终端,最后形成全链路业务数字化。

第二条路径:从小 b 到大 B,通过消费者运营,帮助终端实现业务增长,推进终端线上化,然后带动大 B 数字化改造。

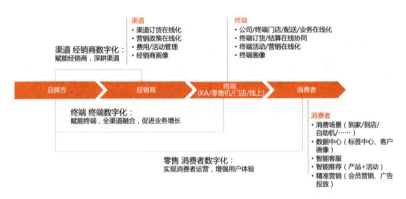

图 9-13 渠道数字化能力

9.4 案例分析:良品铺子的业务中台实践

2020 年 2 月 24 日,上交所网站首页直播了 A 股历史上首次"云上市"的上市仪式,总部位于武汉的良品铺子成为新冠疫情期间首家上市的湖北企业。在本次疫情期间,良品铺子受到巨大冲击,所开设的 2300 多家门店全部停摆。如此大的冲击对于任何一家企业来说无疑都是致命的,但良品铺子却没有因为疫情的冲击而陷入困境,收入甚至不降反增,一季度营收竟然增长 4.16%。良品铺子成功上市,实现凤凰涅槃,不仅是对公司领导层和所有员工多年共同奋斗的肯定,也标志着公司的数字化转型初见成效。特别是在云徙的赋能下,良品铺子采用了数字中台打造全渠道的数字营销能力,在疫情期间将零食送进千家万户紧闭的房门,有力地为公司各项业务保驾护航,呈现出强大的抗风险能力及发展潜力。

9.4.1 公司背景

2006 年 8 月，在武汉广场对面，良品铺子开设了第一家门店，自此踏入了市场规模近 3 万亿元的零食行业。"良品铺子"寓意"做良心品质，大家的铺子"，公司以"提供高品质食品，用美味感动世界"为使命，终于将这个"小生意"做到了年销售额近百亿元的规模。

早在面向区域性市场的线下零售时代，良品铺子就采用了财务电算化系统。2013 年上线电商业务之后，良品铺子建设了信息系统，但"头痛医头，脚痛医脚"，虽然能基本支撑起业务，但效果差强人意。2014 年，公司管理层决定加大投资，成体系地实施信息系统来完成数字化转型。

2015 年，良品铺子开始与国外某主流 ERP 系统供应商合作建设信息系统。当年公司净利润还不到 3 亿元，竟然一口气投入 1.6 亿元，对整个信息系统进行全面升级，先后上线了 ERP 系统的物料管理、财务控制、客户关系管理、事务处理、仓库管理、人力资源等模块。良品铺子的 IT 团队还自主研发了订单处理系统、库存管理系统及商品管理系统等，实现了日常经营业务的数字化。

尝到了甜头的良品铺子开始逐年加大 IT 投入，围绕商品采购、物流管理、营销管理、订单管理及结算管理等十几项需求陆续上线了 38 个外围子系统，开始通过信息化、智能化的技术手段来处理庞大繁杂的业务。功能丰富多样的外围系统群及坚如磐石的后台 ERP 支撑了业务的快速发展。

9.4.2 痛点聚焦

这两年零售业的快速发展也让零食行业受到巨大冲击。零食行业作为一个先天具备新零售特性的行业，最先遇到流量和渠道的问题，线上的流量越来越贵，渠道越来越多。

如何对公域流量进行私有化掌控？

如何洞察消费者，为消费者提供更有价值的服务？

如何面向消费者，打通商品、价格、营销活动、供应链等环节？

如何提升门店的运营效率？

如何使用数字化的运营手段提升营销业绩？

这些问题的浮现，让良品铺子意识到转型升级势在必行，并且需要开展面向用户管理、营销的新业务形态。然而，现有的后台 ERP 并不能为新业务形态的规划提供有效支持。例如，在日益重要的会员管理方面，ERP 系统的 CRM 模块便出现了问题。良品铺子想做全渠道的会员通，将天猫等电商平台的线上会员数据与门店数据全部打通，包括运营、积分及个人资产等重要数据。但前面的 CRM 没有办法单独完成，它与阿里巴巴及其他第三方系统完全不融合，也没有办法承载这么大的数据量。天猫上的业务占了线上的 70%～80%，几千万会员的数据如果都涌入 CRM 系统中，CRM 根本无法承载。这两个痛点限制了业务的创新。

于是，良品铺子在全渠道战略中通过线下门店、天猫、京东、良品 App 等 30 多个渠道获得的 8000 多万会员，出现了管理混乱、信息分布零散且没有统一的组织等问题。消费者在不同平台、不同渠道中的积分、卡券、权益无法联动，这降低了他们的满意度与体验，损害了他们对"良品铺子，高端零食"这个品牌定位的认知，同时使得良品铺子无法有效收集并利用全渠道的会员数据。做不到"懂消费者"，也就谈不上利用数据进行有效的会员运营，进行全渠道营销以及赋能其他业务场景。

良品铺子电商技术中心总监罗轶群感触颇深："那么多会员其实不是你的，你如果不运营就没有价值。会员营销方面的压力比较大。全渠道零售不仅仅有线下，还有线上的互动，因此会有很多高并发和超大数据量，而有些场景 ERP 系统无法处理。另外，我们做精准营销时，中间跨了好几套系统，这些系统并不是天然连通的，系统架构也不同。数据比较分散，并没有集中，重复且混乱，无法响应。数据同步上也有问题，原有系统的架构陈旧，因此在数据准确存储及实时响应方面存在很大的问题和挑战。"

通过人工串联数据支持个性化营销，不仅周期长、成本高，还难以契合丰富的零售业态需求，实现不了业务闭环。最令人头痛的是系统经常宕机，ERP 系统集中式的"总线"模式数据读写操作承受不住大量用户的并发请求。特别是在节日期间，一个活动就能在短时间带来上百万的并发请求，多个数据关联操作就会造成系统繁忙，无法满足秒杀、抢购等新场景下的营销活动需求，严重拖了业务的后腿。技术人员抱怨"老系统响应速度太慢了，想要修改系统，实现业务的快速创新，连试错都很难进行"，更别说实现"千人千面"的营销活动目标了。

此外，在支持为数众多的线下门店管理方面，良品铺子希望做到不仅是"千店千面"，更要"挖掘数据，赋能营销"，通过投入时间、人力、技术关注线下门店建设，充分发挥门店渠道在业务链中的重要作用。这是因为线下门店是经营的核心渠道，不仅接待的会员主要为高价值的忠诚客户，门店中 20% 的头部客户贡献了超过 60% 的总销售额，而且门店还是数字时代线上线下"最后一公里"的直接抓手，能够实现双向引流，帮助良品铺子沉淀客户、提振业绩。

在新零售时代，门店将承担起打造高端品牌路线的重任，通过打造智慧门店，打通经营环节的"人、货、场"来挖掘客户的需求。为此，良品铺子规划了"货找人""人找货"的营销愿景。"货找人"是指有了现场的产品后，进行高效触达，将货物推荐给特定的客户群体，并吸引其来门店消费。"人找货"则是当顾客来到门店后，满足其现有需求，挖掘其潜在需求，帮助其选货、配货、配服务。然而，过去的 ERP 系统不仅无法为良品铺子量身打造处理这种业务流程的系统，而且受限于系统性能，也不能支撑复杂的业务流程及战略规划。尤其是如果在每个门店都上线这套 ERP，购买账号的成本将会是天文数字。因此，单店管理的升级陷入困境，无法按照预期辐射周边。管理层迫切希望获得一款简单、明晰、傻瓜化的系统，用技术帮助店员进行营销活动。

更重要的是，旧系统限制了未来的发展，罗轶群意识到："良品铺子现在的销售额近百亿元，上市之后可能要冲上 200 亿元、300 亿元。到那时，系统如果还是目前这个状态，就根本支撑不住，会出大麻烦。比如做促销的时候营销系统崩溃，顾客下了单，我们却收不到钱；如果顾客的钱也付错了，那就更要命了。"

经过内部反复研讨，良品铺子发现 IT 系统的根源问题不在于系统的性能，而在于系统的"根基"出了问题。罗轶群指出："过去的架构就好比搭建平房，用一间搭一间，水电气都是单独配置的，这样一来系统只会越来越臃肿，重复度极高。而现在良品铺子要盖的是高楼大厦，不可能每层楼每间房的水电气都单独接。"架构的问题才是良品铺子要解决的首要问题，在他们寻找答案的过程中，阿里巴巴推出的"大中台，小前台"架构开始广受关注。罗轶群继续回顾说："其实在选择中台之前，我们内部犹豫了很久，不确定到底要不要做这个项目。经过几轮与老板的商讨，我们最终决定做。"经过内部论证，良品铺子管理层敏锐地发现了中台架构的价值，决定快速采用中台战略以获得竞争优势。

面对新的技术路线、新的架构，良品铺子需要作出一个重大抉择：是与外界合作开发新系统，还是内部 IT 部门自主开发。如果选择后者，那么需要考虑两个关键因素：一是自主开发能否修正现有系统的缺陷，二是公司能否承担自主开发所需的时间、人力和资金成本。罗轶群认为："我们是一家传统企业，不是软件解决方案供应商，也不是软件公司，自己维护一支运维与开发团队是比较困难的。我们现在有一百多人的运维与开发团队，这在零售行业里其实已经是非常高的投入……虽然做了自己的全渠道，但是对于中台我们只是听说。虽然也规划了类似八大中心等内容，但是对于整个中台，从理念到落地的方法论，我们都是不具备的。"

于是，良品铺子决定与外部合作来打造一个适合自身业态的新业务中台系统，其对合作伙伴的要求是对中台技术有深刻理解，有强大的技术及业务能力。2018 年年底，良品铺子派人参加了在杭州举办的阿里云栖大会，并在会上与云徙结缘。良品铺子为云徙的中台建设理念、技术实力及中台项目案例所打动，在与云徙探讨适合自己的解决方案后选择与云徙合作。

9.4.3 中台实施

云徙帮助良品铺子实施的业务中台分为两个主要阶段，第一个阶段重点在于中台的规划、设计和实施，第二个阶段则是实现新老系统的切换，顺畅地实现"在飞行过程中换发动机"。通过中台实施，良品铺子替换了其原有主流 ERP 系统中会员、营销的功能，最终得以实现"凤凰涅槃"。

1. 业务中台的实施过程

双方团队在项目的实施过程中采用了"协同共创、驻点开发"模式。2019年4月云徙团队正式进入现场驻点，团队中不乏中台开发经验丰富的工程师和专业的业务架构人员。

需求洞察与挖掘是云徙团队在实施初期面临的主要挑战。零售行业发展很快，有各种新玩法，商业模式变化特别快，如果仅上线现有产品，既跟不上时代发展，也不能完全匹配良品铺子的需求。于是，需求调研团队对良品铺子的痛点及业务流程进行了全面调研。

不同于传统需求调研中完全被"牵着鼻子走"的状态，云徙的调研有两条路径。

第一是"产品主导"，既不像传统ERP实施那样采用成熟产品，也不同于完全的定制开发。云徙带着自己的数字中台产品线做调研，依托数字中台中的i-Marketing全触点营销产品切入各个业务场景，与良品铺子的业务、IT部门进行对接，引导他们提出需求，并通过模式匹配梳理i-Marketing中可复用的功能。云徙团队站在全局的高度构建需求的蓝图，屏蔽了大量在开发阶段才需要解决的细枝末节，帮助用户抓住核心痛点，有效规避天马行空、无益的中台建设需求。在提升开发效率的同时，也给良品铺子带来了新思路、新方法、新玩法，帮助良品铺子改用更清晰、简洁、高效的流程实现既有的业务功能。

第二是"盯紧业务"。云徙骨干团队通过访谈良品铺子的业务人员等关键用户，分析现有系统中的数据关联方式，收集过去的营销活动，观察业务流程，不断与良品铺子业务人员交流，最后根据具体情况分析并设计新中台系统的业务流程。云徙的项目经理一凡说道："我们像拼图一样，先一个个地把良品铺子的需求识别出来,再拼成一个整体的基于需求的新业务流程。"在长达两个月的需求调研阶段,靠着产品与需求调研两条腿走路,云徙不断完善新业务中台的需求,从业务流程梳理及技术可行性角度出发设计了业务中台系统架构。

整个项目实施过程由双项目经理领导的专业团队进行,由云徙和良品铺子双方人员共同组织。这种高度协同的开发建设是过去少见的。良品铺子业务部门经理认为:"双方不是简单的甲方与乙方关系,而是团队合作关系,我觉得他们的配合度真的非常高,而且没有怨言。"

双方领导都极为重视系统的建设开发,遇到问题立即想办法解决,人员不足马上补充。良品铺子电商技术中心总监罗轶群高度赞赏双方的合作模式:"首先是两边的人力配合。之前传统 ERP 的 CRM 实施基本上是别的公司的人先带着我们做,然后我们按照他们的项目规划按部就班地做。但是中台项目我们两边的投入质量都非常高。我们把这个项目作为战略项目,内部的 IT 及业务部门都非常重视,把它的优先级排在第一位。其次,云徙投入的人员都非常有经验,而且在关键节点都有核心人员保障。"

系统开发采用了迭代模式进行,从启航到上线分了多个阶段(见图 9-14)。该模式既能够保障系统的快速开发,又能够在上线之后获得使用评价,便于迭代优化。项目团队梳理了产品的逻辑、模块及功能,将良品铺子目前或未来可能需要的长业务流缩短成很小的单个服务单元,分出多个领域,并将领域进行组合,规划出中心。按照业务实体的聚合度、中心的职责、中心颗粒度、能否独立运营等几个方面,规划为具体的服务能力。当良品铺子的业务人员需要构建完整的业务流程或需要应对未来创新变化时,可直接利用已建设的各种服务接口,像搭积木一样将整个业务流串起来。业务中台自身还提供了很多可配置功能,支持灵活快速地对业务功能进行扩展。除此之外，扩展点机制允许在不修改现有代码的前提下，灵活扩展新功能。

图 9-14　项目进度一览

项目团队在实施中还发现原有的需求调研是远远不够的，业务部门经理说："我们没有预见到项目实施的投入会这么大，而且实施不仅基于现在的痛点，还包括未来的业务规划。我们既然要切换一套系统，当然希望新系统能够满足将来的规划，所以对一些需求进行了延伸和拓展，这导致我们的需求范围多次调整。"

云徙通过与良品铺子的高度协同合作，继续深挖涌现出来的新需求，避免了前期需求访谈中可能有的"纸上谈兵"问题，并通过不断迭代，挖掘出很多新需求的细节，发现了意料之外的问题。每天下午双方项目团队都会召开专门会议讨论实施工作，并针对实施中的细节和产生的问题进行临时调研。一凡回忆说："两个会议室都坐满了，包括产品技术人员和架构师。在调研阶段架构师每天都会进行复盘和讨论。需求调研时非常仔细，问的问题特别细，我们不希望漏过任何一个哪怕很细小的业务点。"每次会议还基于 80-20 法则确定下一阶段的研发人员及资源投入。

发布阶段总共经历了三次重大迭代，以实现稳健的功能及新功能上线。在初步完成系统的搭建后，项目团队立即针对关键用户开展用户接受测试（UAT），来验证系统是否满足不同业务单元的实际需求。良品铺子的业务经理付璇说道:"UAT 中需要业务部门提供业务人员以配合测试工作的开展,提供业务流程测试用例,为系统功能的准确性提供保障。此外,UAT 需要外围系统配合,通过建立 UAT 配套系统进行完整的业务验证。"在 UAT 中,针对良品铺子的不同业务,选取了用户组长、技术组长、架构组长及门店事业部等关键用户参与测试,为这些关键用户所代表的最终用户(客服、财务、门店等)把好关。

2. 切换到业务中台

业务中台的切换分为几个部分:首先是技术层面的,其次是业务层面的,最后是测试层面的。切换主要是替代原有 ERP 中的 CRM 系统,整合上线各类外围系统,最后形成新的业务中台系统。项目团队为切换做了详细设计,有专门的计划表,对每个参与项目的工作人员进行排班,对每一个步骤甚至每个人要做哪些事情、要注意哪些技术细节都做了预案,排到每半小时要做什么,因为可用的时间非常短。

系统切换主要有两大挑战。一是数据量巨大,过往的经营活动积累了大量的会员数据和业务数据。海量的数据给迁移工作造成了不小的压力,良品铺子创新部负责人何桂霞感叹道:"仅仅在 ERP 的 CRM 中就有超过 3TB 的数据,迁移的目标库中有 12 亿条数据。这个数据量是非常庞大的,保留了近几年的流水变更。这些都要在系统切换时进行迁移,而且数据库过去做了分片,存在不同的策略、跨机房的网络,能不能在一个晚上完成迁移都是问题。"

二是数据来源不同,所属系统不同,并且有些数据还不在良品铺子自己手里,需要与提供方商议。罗轶群解释说:"因为我们良品铺子的系统比较复杂,中台除了把之前 CRM 替换掉以外,还要考虑外围系统千丝万缕的关系。不仅接口调用关系错综复杂，可能还有沟通协调上的复杂性。这是个很大的瓶颈，是个风险点。"何桂霞补充道："我们现在其实有两套会员系统，一套是我们自己搭建的老的会员中台，它其实只包了一层服务层，不承载核心的会员业务；另一套是 ERP 的 CRM，包含卡券的交易、积分的交易等功能。我们的会员资产散落在这两个系统里，这也增加了数据迁移的难度。数据迁移、会员通、权益切换以及中台本身的商业切换，将这 4 件事在一次切换中全部完成的挑战非常大。"项目组经过反复讨论，决定分批上线。先指定一个日期，将该日期之前的数据迁移到新中台的生产环境中；然后，将该日期之后的数据每天按增量同步到环境中；其他数据还留在别的系统（旧系统及外围系统）中。

经过测试检验，业务中台系统成功上线，替换了原有 CRM 的功能，并且将天猫平台的海量会员数据打通，完成 8000 万会员的数据融合。何桂霞说："每一个环节我们都要验，核心的功能全部要验，这样才能保证第二天消费者对系统切换是无感知的。"

9.4.4 产生价值

新上线的业务中台系统是一个企业级互联网架构（见图 9-15），打通了全渠道会员数据，能够有效积累企业私域及外围渠道会员资产，提升和沉淀会员运营及营销能力，支持应对全渠道海量、高并发的营销场景。此外，还通过预留接口为对接第三方平台的数据打好基础，便于快速响应市场变化，更好地与生态各方协同，支持业务。业务中台系统上线以来取得了很好的成果，良品铺子创新部负责人何桂霞介绍道："（新系统）上线以来共承接 1.7 亿次接口调用，近两周单天调用达到 6000 万次，平均响应时间缩减为旧系统的 1/16，系统运行平稳，为即将到来的高并发大促销场景夯实了基础。"

第 9 章 新零售的中台实践

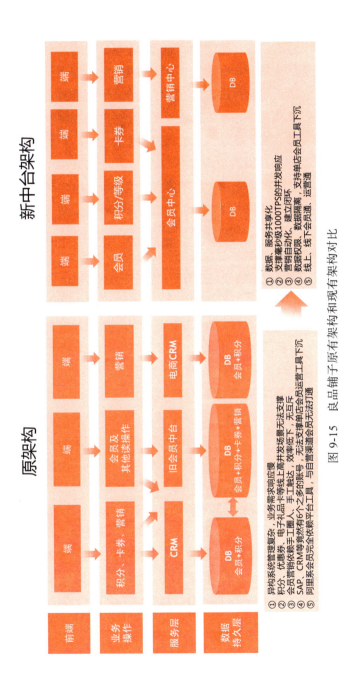

图 9-15 良品铺子原有架构和现有架构对比

新业务中台构建了敏捷全面的营销系统，实现了数据、服务的共享，能够支持毫秒级响应，赋能营销系统，实现从多渠道流量入口（包括从异业合作、第三方平台合作、自有渠道触点）到全域营销的全连通。连通后打造了客户全生命周期管理服务的运营积分、权益、服务体系。系统支持以会员为中心开展可持续经营战略，构建以挖掘客户价值、创造客户价值为核心的全渠道、全场景的营销服务生态圈，将消费者价值最大化。成功实现与门店、第三方平台联动，将消费者持续经营落到实处，实现消费者经营的全程数字化，切实提高消费者运营效率，形成业务闭环，为业务保驾护航。

新系统支持良品铺子在业务质和量上的全面升级（见图9-16），包括增强消费者黏性、提高客单价、增加消费频次、提升顾客忠诚度等。完善的会员管理既是基础，也是新系统的两大核心功能模块之一。目前已经打通门店、电商、App、社交电商、外卖五大类渠道的各类会员信息，通过唯一识别码OneID将渠道上的会员、订单、商品以及交互数据中涉及会员、卡、券、积分等关键业务领域的数据全面贯通，覆盖了良品铺子业务线上线下超过90%的份额。这样的统一管理有利于后续与营销等模块进行协同。

业务中台构建了四通——会员通、订单通、权益通和卡券通——来对会员进行管理。

- 会员通：良品铺子将生态圈中来自不同渠道的会员数据进行统一收集；接着，通过数据管理平台（DMP）中的接口，将千万级全渠道的会员信息汇集到本地会员流量池中；最后，利用智能算法处理收集的会员数据，生成用户唯一识别标识OneID。对会员信息进行清洗，识别并整合来自不同渠道的重复会员，从而在消除重复数据带来噪声的同时，完善用户各类数据。

图 9-16 业务中台功能

- 订单通：在会员管理之上构建的订单通可有序统一地管理用户在不同渠道中产生的订单数据，便于用户画像生成及需求预测等工作的开展。
- 权益通：在会员管理基础之上，按照会员不同的消费能力和喜好分别设立不同等级的会员晋升机制，更好地区分差异化的用户群体。通过阶梯式的归类让不同等级的会员享受不同的权益，促进会员的消费。会员可以在任意渠道获得互联互通的积分、消费记录，也可以参与任何一个渠道的权益兑付。
- 卡券通：指的是统一卡包管理功能，不管用户在哪个渠道、什么时间领的券，都会将其记录在档，并且经过分析能够精准地按照不同渠道指导卡券的发放。

四通的串联打通了会员数据信息（见图9-17），良品铺子不仅可以了解用户的全貌，建立一套丰富的会员管理制度，积累多维、多视角且统一的海量用户数据，还可以通过机器学习、数据分析等技术对这些数据进行整理、打标签，为下一阶段的精准营销管理做好准备。业务中台还帮助良品铺子携手阿里巴巴等外部渠道，将域外数据纳入会员数据信息体系，打通全域数据，最大限度地发掘潜在客户。

1. 营销活动的提升

业务中台上线后，全场景、全渠道营销变得顺畅，不仅能够触达原来无法触及的渠道，构成全场景的营销模式，还能够高效地提供营销管理支持。业务中台的营销模块是一个闭环，具有丰富、精准、自动化、高效、全场景、全渠道的特点。消费者不光是要多、快、好、省地购买商品，还需要良好的购物过程体验，这就需要涵盖售前宣传、售中体验及售后服务的新型商业模式创新。

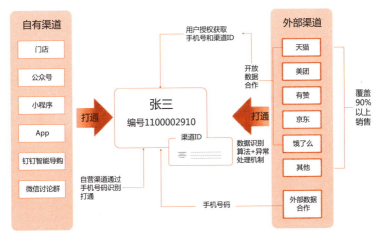

图 9-17　多渠道会员数据整合

中台系统解决了过去营销过程中耗时长、效率低、圈人难、尚未形成闭环等问题。新系统在打通不同模块间数据流之后，极大提升了营销活动的敏捷性及快速反应能力。业务部门的黄经理欣喜地说："今年（2019年）'双11'一个小时就产生了100多万个订单，这个量级是传统 ERP 根本无法支撑的。这种级别的业务如果没有分布式架构，还按照原来总线的信息交互方式根本行不通。"有了业务中台的支撑，营销活动的构建也更为方便。黄经理还介绍道："中台沉淀了共享服务能力，让我们可以随时使用。比如定制礼品卡业务的卡的生成、发放和核销，原来不做二次开发基本没法实现，现在只需在后台简单设置一下，几分钟就可以发布了。"

2. 丰富的营销模式

除了基本的营销活动，业务中台还支持丰富多样的营销模式，主要分为主动营销和事件营销两类（见图9-18）。

图 9-18 主动营销与事件营销双轮驱动

主动营销的主动权在良品铺子,营销会通过 App、短信通知、主动领券、被动领券、H5 活动等方式进行。例如节日期间,通过自动化程度极高的主动营销系统能完成一站式营销活动创建,实现营销活动的快速创建、实施与迭代。精准触达目标人群,提高营销活动效率,提振销售。

事件营销则涵盖日常运营基础的 8 大事件,分别是基础事件、等级事件、权益事件、积分事件、券事件、服务提醒事件、标签事件与卡事件。例如等级事件,系统支持多标签自定义组合的自动触达,实时监控数据,一旦用户达到升级标准,就能够自动提升用户权益,从而极大降低维护成本。

在中台系统的支持下,良品铺子现在已可使用 500 多个营销事件,不仅极大丰富了营销活动业态,还提升了多项营销活动共同运营的能力。这种规模的活动在过去是无法实现的。黄经理表示:"许多以前要花两天时间做的工作,现在基本上两分钟就能完成。比如在事件营销方面,我们会在客户的生日当天或品牌周年庆通过标签事件提醒客户;客户快到沉睡期了,我们会给他发几条主动提醒，提醒他还有积分没有使用。主动营销就是在每年的大促、会员日做一些营销策略，利用中台系统进行全场景覆盖，通过淘宝、口碑、天猫等渠道进行全渠道覆盖。"

3. 精准的营销触达

在精准营销触达上，围绕会员喜好，采用阶梯触达方式与会员互动，以提升营销时效性。覆盖的消费者包括新客、潜客及老客，实现转化、忠诚度管理、流失唤醒等全客户生命周期管理。在新客和潜客获寻中，新系统会对获客来源进行全面分析。在不同渠道中预留数据接口，通过 API 与第三方渠道进行数据的交换，通过需求方平台（DSP）进行广告投放，寻找新客户。之后再通过第三方平台回流数据分析，评估分析获客效果，以指导后续的获客决策。在老客触达中，利用高度自动化的营销系统，分别从渠道、标签、模型三个维度设计。调取会员数据将用户绑定的微信、微博、短信、抖音等渠道全打通，选择触达渠道后，进行包括但不限于短信、微信、App 等方式的推送。通过操作自动化的营销系统，可以开展精准的老客触达营销。

4. 便捷的标签圈选

数字营销中打标签与圈选对系统敏捷性要求极高。新零售时代，用户的信息和需求是不断变化的，需要敏捷灵活的系统快速更新用户信息、精准识别用户需求。特别是像良品铺子这类兼具快消及新零售特性的企业来说，多层次、多行为、多标签的用户数据在现在的竞争中越来越重要。同时，随着数据不断累积，打通数据关联性、构建多元用户的消费场景也极为重要。有了高效便捷的标签圈选工具后，就能实现对用户的"精准打击"，从而减少广告投放的浪费。

良品铺子数字中台中的智能标签平台还能构建用户标签体系，生成用户画像，赋能业务对用户的精细化运营。智能标签平台解决了以往通过手工写脚本的不灵活、难运维的问题，还支持对用户行为过程数据进行打标和快速更新，从而丰富了用户消费过程行为的画像数据。除了可通过平台算法生成的标签，也支持自定义标签，并由销售导购人员对用户进行标签标识，还可通过对多标签属性用户的筛选，设置组合标签。通过智能标签平台，洞察目标受众群体，制定智能推荐营销策略，发挥数据价值。基于智能标签平台圈选的特征，可针对性地灵活选择营销策略，省时省力地实现精准触达。结合多样化的营销服务，包括权益、卡券、短信提醒等方式，做到"千人千面"的营销。

便捷的圈选能够支持精准的营销活动。数字中台的人群圈选功能帮助良品铺子实现了圈选功能从手工到自动的进化，使营销活动准备时间减少了几个数量级，并能够不断优化投放模型，提升营销的精准度。良品铺子的业务经理兴奋地说道："过去我们需要耗费几天才能手动将数据由 Excel 导入 BI 系统，再进行决策，现在几分钟就可以做完。"有了这套标签圈选系统后，良品铺子不仅可以有效圈选出营销活动中不同种类的用户，还可以找到"僵尸用户"并对其促活。利用整合后的留存信息，快速分析用户偏好，圈选出可召回的用户（发现原来使用户流失的痛点，针对性解决，针对性推荐），然后对圈出的用户进行精准召回。此外，还可以对客户忠诚度进行管理。例如使用中台中的 RFM 模型，通过用户的最近消费时间、消费频率和消费金额找到具有相似用户价值和潜在价值的用户。"比如，我们发现有一些消费者之前一年的消费频率超过 10 次，但最近三四个月一直处于下降趋势。那么我们就可以建立这样一个模型，以该用户的特征寻找最近几个月具有相同特征的流失用户，然后对这一类用户进行有针对性的营销。"

有了策略模型，业务人员操作时就可以对圈出的不同用户进行评估，找出转化率最优的模型进行营销活动。

5. 智能化的营销手段

高度智能化的营销是该系统的另一大特色。业务中台打通从营销费用与目标制定、分群圈人、沟通触达、促销策略、执行监控、分析复盘的完整营销闭环，实现营销全链路数据监控。在人群圈选与用户画像阶段，可将多个标签自由组合，形成标签组，用不同的标签组采取交并差的形式创建人群包，进行关键标签的人群包展现。然后结合营销设置可进行多种营销模式的选择，包括主动营销、事件营销和促销规则等。通过不同的营销模式实现指标值，实现"千人千面"的个性化营销方案。在设置规则后可自动执行营销触达，通过统一后台消息触达入口，统一管控各渠道向用户推送信息。同时进行营销结果的分析，活动过程中可以随时监控活动关键指标并对活动进行调整，提升复盘效率，专注策略迭代。

良品铺子的业务经理表示："原来需要人工三天的分析现在一天就能做完。"并且活动结束后可与类似活动进行数据对比，有效挖掘活动机会点，快速迭代，形成完整的自动化营销闭环。电商技术中心总监罗轶群举了个例子："我们在（2019年）9月做了一个中秋节活动，主要是卖中秋礼盒。在系统中所有的标签都是可视化的，分析也是在线可视化的，圈人工具智能化。350万人群包这么大的规模在系统内很快就能完成。从圈人到活动发布，整个过程可以轻松支持上千万人的级别。"这套系统能够与业务需求契合，过去在面对大型活动时那种"如临大敌"的氛围在良品铺子已不复存在。

6. 高效的营销构建

新业务中台还能帮助快速实现营销创意,为营销活动带来高度的灵活性,提升营销效率。该系统根据营销业务形态预留了丰富的活动模板,帮助客户轻松创建活动,在流行的 H5 营销中就提供分数类、抽奖类、通关类、测试类、助力类和生成类这 6 大类、800 个模板,能够灵活配置活动的基本信息、界面、营销和发布这 4 大类、56 项信息。甚至可以可快速配置到单独的门店进行营销活动,以精准触达渠道,帮助良品铺子高效触达目标用户。

过去每一个 H5 营销活动都需要外包给其他公司设计和执行,现在通过中台系统赋能可以快速敏捷开发。良品铺子的业务经理表示:"以前要做这样的活动,要找广告公司来策划,然后通过小程序、H5 或者游戏等来开发,成本很高,而且还需要一个多月的时间。由于预算和时间有限,原先一年也做不了多少次。现在我们随时都可以做,就在中台里做就可以了,两周就能快速完成并上线。这在以前是不可想象的。有了需求,就能够利用中台及前端的资源快速做出来。"业务中台在显著降低成本的同时让营销更高效,能够及时抓住热点,快速将点子变现。

新业务中台系统能够支持 29 个渠道的不同营销活动,几乎实现了良品铺子的全渠道营销覆盖,让其拥有全渠道运营能力。良品铺子还获得了全场景营销的能力,通过打通会员数据,营销活动能够涵盖工作、生活、送礼以及各类临时性的消费场景。例如,在最新的智慧门店中,销售人员可以根据顾客的个人信息进行精准推荐,真正做到数据驱动的全场景营销。2020 年第一季度,良品铺子受新冠疫情影响,大部分门店闭店,但却逆市增长 4.16%,这正说明了良品铺子的数字化转型是正确的、有价值的。

新业务中台帮助良品铺子实现了技术升级,夯实了良品铺子在新经济形势下的基础设施。

9.5 面临的挑战

品牌零售企业基于数字中台构建数字营销体系,带来线上、全渠道、社区等新机遇。同时,也带来几点挑战。

9.5.1 思维上的挑战

外部市场的激烈变化,企业决策层是否认识到数据的重要性,是否接受数据运营的思想,是否认识到传统企业和互联网企业的最大差别是在对数据的使用上,是否意识到技术赋能业务的重要性等等。还有,公司未来三到五年会是怎样的?业务发展战略中,有没有包含数字化战略?数字化战略与业务战略之间的关系如何?是否有清晰的演进路径?

9.5.2 商业逻辑上的挑战

最早的营销是做大产品、大渠道、大品牌,这个商业模式已经受到很大挑战,做得好的企业都是服务经销商、运营消费者的。目前大多数品牌零售企业的商业逻辑还没有发生根本转变,品牌企业需要转变商业逻辑,建立与消费者之间的连接,共同创造消费者新需求。

9.5.3 组织上的挑战

1. 数字化组织的挑战

基于中台构建的数字平台能够随需而变,灵活应对市场的需求，势必给公司的业务流程带来改变。企业需要搭建中台组织或数字化部门，以承接中台共享服务与平台运营职能，持续让平台产生价值。中台需要由既懂技术又懂业务的人员持续运营，运营人才引进和技术人员的培养是企业开展数字化业务及落地中台战略的具体体现。

2. 对业务运营的挑战

线上线下渠道全覆盖，会对原有的业务运营部门进行重构。未来的运营组织不会是按照渠道区分的，因此运营人员也需要具有全渠道的思维，同时还要有互联网的经验。这将重构原来的组织架构和人员职责，对原来的组织是巨大的挑战。

日常的业务流程一定会带来不少改变，重新梳理各业务流程尤为重要。通过建系统，优化业务流程，提升运营效率。同时，员工的绩效考核KPI也要与企业数字化转型的目标保持一致。

新零售经过几年的发展，催生出很多新的业务模式和营销场景，但是营销的本质没有变，还是用数字营销的思想，通过数字中台的技术落地，满足广大消费群体的需求，促成企业业绩增长。

| 第 10 章 | CHAPTER

新渠道的中台实践

在国家大力推动企业数字化技术改造的大背景下，众多渠道企业（如 3C、家电、家居等）都在思索如何发挥品牌优势，实现业务创新。它们寻求通过跨品类、跨界资源整合互换，以及全渠道、数据化运营，突破业务增长瓶颈。《2019 年中国家电行业年度报告》显示，2019 年国内市场家电零售额规模同比下降 2.2%，这意味着家电企业的竞争格局开始从过去的跑马圈地进入存量竞争。

以数字中台的共享能力赋能渠道链上的代理商、分销商、导购、员工、自有电商、第三方电商、大客户等，是渠道企业数智化转型的一条路径。业务管理从线下转到线上，利用终端小 B 的在线运营管理，渠道企业将整个交互、交易、交付过程延伸到 C 端消费者，实现全渠道 B 端业务链和 C 端消费者运营融合的在线化、实时化、透明化、数字化、运营化管理。

渠道企业的数智化转型除了要改变企业自身外，更重要的是要通过构建中台，用数字化能力赋能更宽广的相关产业生态，沉淀更多用户、商品、交易等数据，抓住用户需求，创造商户和用户场景，并不断创造新的商业价值。

10.1 实现目标

"用户+营销+物流+服务"线上线下融合的全渠道模式，正在成为渠道企业向零售企业转型的变革方向。探索渠道向零售转型的运营模式，如运营商、一盘货、统仓统配、商户和用户的聚合支付结算金融服务、场景定制与设计交互、线上线下融合、用户引流社交分享等，产品和服务的升级融合正在成为渠道企业关注的焦点。

打造渠道企业的数字化能力，需要以产品和服务的数字化升级为基础，利用数字技术驱动用户端（消费者）、客户端（渠道链的经销商、分销商或代理商、终端商户）的场景交互和数据连接实现业务在线化、数据实时化，最终达成品牌企业、客户、用户在统一数字化平台交互、交易、交付的全链路共商共赢。

10.1.1 产品和服务的升级与融合

品牌企业要基于以用户为中心的需求洞察，通过大数据能力驱动交互式的产品、服务、营销的融合与创新，创造场景需求驱动的高满意度的用户体验，快速打造新品、爆品。新品消费将有力地驱动品牌企业的销售增长，而针对不同消费者需求的 C2B 或 C2M 的反向定制产品将越来越多。品牌企业和渠道商将一起为用户提供满足其个性化需求的定制产品和组合套件。

在新的竞争环境中，产业链被重组，生态链上各环节被重塑和整合，产业边界被打破，产业被以消费者为中心进行重新定义，并在数字中台、大数据技术的帮助下，延伸到区域商户的智能选品、快捷的仓配补货、营销工具、智能客服的数字化管理，以及消费者的精准推送和营销。

10.1.2 数字创新能力驱动

渠道企业的业务数字化步入深水区后，除业务在线化、数据业务化外，更重要的是数字创新能力的建设。业务的数字化沉淀能够夯实企业的基础运营能力。

1. 场景创新

随着用户需求的不断升级，营销不再是简单的买卖关系，更需要品牌企业从人们生活场景的需求出发挖掘商机。家电家居行业已进入服务体验的场景消费时代，企业需要从全屋定制、空间体验、视觉感官、IoT连接等方面提供数字化服务。

近两年"电商+直播"备受品牌企业市场部推崇，成为连接人、货、场的新模式。而这种模式，在家电家居消费中也越来越重要。2020年春节过后，"宅经济"应运而生，电商直播、网红带货成为新的场景消费模式。与淘宝、抖音不同，品牌企业直播营销更注重线上线下联动，帮助用户更好地选品、下单，协同售后服务，提升用户的无差异消费体验。直播不仅是带货销售，更重要的是品牌营销。这也将成为渠道类品牌企业未来争夺市场和流量的主战场。

过去，品牌企业注重交易业绩，如今则更关注用户的引流拉新。利用线上媒介投入广告资源虽然方便，但获取流量成本高；而通过线下导购和商户进行线上裂变营销，不但能获取大量的用户数据和资源，也可以通过红包、抽奖等活动完成交易转化。因此，渠道数字化的内容营销会成为企业低成本运营的主要手段。

2. 技术创新

随着 5G 及人工智能技术的快速发展，场景虚拟展示、短视频内容营销将充满无限可能。用户可以随时随地与产品设计师在线交流需求，观看全屋定制家电家居产品的场景视频，从而选中商品完成下单交易。技术的成熟，让渠道企业借助数字中台快速搭建直播平台，让每个门店导购都成为主播，让消费者足不出户就能与导购互动，体验消费的乐趣。传统渠道商、代理商也在重新审视线上营销的价值。

技术创新，将促使企业重新思考线上线下融合的发展路径，扭转线下门店流量匮乏的窘境，倒逼渠道经销商和终端加速转型，布局数字平台应用。

3. 数据创新

消费者和商户面对众多品牌企业的商品、不同的线上线下购买渠道、多如牛毛的各类营销活动，有时会处于一种无从选择、盲目购买的状态，导致选品错误、对服务不满意、抱怨价格过高等问题。这些问题损害了商户和消费者的利益，从长远看也会对品牌企业造成负面影响。

因此，品牌企业的数字平台必须能够赋能商户，使其具备数据化运营的能力，能够识别消费者，洞察商品热销趋势，让推荐活动精准触达消费者，以实现高效转化；必须具备数据实时计算能力和在线数据服务的创新能力，以驱动商户智能服务。比如，商户关注的是品牌企业产品的价格竞争力，需要基于成本价、市场需求、竞品数据、区域消费特点、物流响应时间等数据因子构建价格链测算模型,提供实时计算能力,动态进行价格监控和调整。这一类数据创新改变了品牌企业根据经验决策的状况,将决策权还给市场和消费者,倒逼企业的数据服务能力提升,实现品牌企业与商户的共赢。

10.2 解决方案

基于双中台打造的面向全域营销、全渠道交易、智慧供应链的数智化营销平台,消费者和商户线上线下交互和交易体验的提升,支撑渠道大客户、工程订单、分销终端的商城化交易,云逛店与AR展示、触点创新引流业务的引入,营销裂变工具、电子合同与签章、统一仓配服务等的提供,为渠道品牌企业的数智化转型搭建了新型的基建底座。

10.2.1 总体业务蓝图

图10-1所示为新渠道行业中台解决方案总体业务蓝图,下面来具体介绍。

1. 全域营销

通过全域营销,构建企业线上引流、线下体验的一体化营销能力,赋能商户。渠道企业布局直播、裂变传播、秒杀抢购等线上营销方式,提升品牌影响力、引流能力、销售能力。尽管价格是不同玩法的核心要素之一,但是消费过程中的便捷性、愉悦性和仪式感也都是促进消费的重要因素。另外,打通跨渠道、跨产品的消费会员,共享会员档案和积分,全面采集消费者数据,通过会员运营,向全渠道推送精准营销信息,实现营销的打通,给商户和用户整体统一的服务体验。

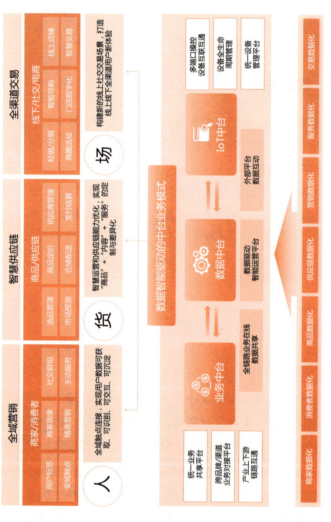

图 10-1 新渠道行业中台解决方案总体蓝图

2. 智慧供应链

打造企业的数字化智慧供应链服务，为客户和用户提供更快捷的精准服务，利用社会化网点能力实现"从品牌企业到渠道分销区域，再到终端门店"的消费者交付能力数字化应用。通过构建库存共享机制，实现全渠道库存共享和 O2O，最终实现产品高效送达市场。

3. 全渠道交易

全渠道交易打通渠道和终端流程，实现企业与渠道、终端的高效协同。通过对渠道和终端的在线化、智能化应用，实现资源在线服务、全渠道订单、全域实时库存、仓配物流服务、营销活动、智能选址等数字化服务，从而提升企业内部资源的服务效率。

4. 数据智能驱动的中台业务模式

数据智能驱动业务在线服务。

通过业务中台、数据中台、IoT 中台的服务和应用，赋能渠道经销商、终端商户、消费者在交互、交易、交付链路上的业务数据在线化，并建设以消费者和商品为核心的精准推荐、智能选品、零售智能定价以及各类活动在线数据监控的数据驱动能力。

下面介绍以上 4 个新渠道行业核心业务的具体解决方案。

10.2.2 全域营销触达，连接商户、赋能消费者的数字化运营

数字营销时代不再局限于单一的渠道营销。渠道企业需要打通线上线下，做好品牌传播和家居生活品类的线上活动营销，扩大渠道企业已有的庞大用户群体，为用户提供更优质、更丰富的售前和售后服务，开展服务营销和客户口碑裂变营销。口碑效应

是流量变现的最快实现方式。在社交媒体的发展之下，每个人都是巨大的流量中心，能源源不断地为企业供给流量。因此，企业要在地域范围内锁定消费者的生活圈、朋友圈。

对于渠道企业生产的家电家居产品，消费者的购买相对理性，购买决策周期较长。企业需要通过线上平台触达并黏住消费者；通过互联网工具（如二维码、链接推送、裂变传播、家居生活场景直播等），逐步占领用户心智，培养潜在用户群体，并不断以拉新、促活、转化、服务的精准营销方式提升转化率；通过引流赋能家电家居企业线下商户（直销和加盟）的线上交易、线下体验，改变家电家居企业原来主要依靠线下活动、经营奖励的模式。

多渠道营销模式，导致消费者信息散落在各个营销通路和各个营销终端。企业需要对准会员进行分析、营销，吸引潜在消费者并将其变成企业真正的会员，同时利用全网渠道覆盖能力提供更多丰富的活动、更加个性化的会员服务，来提高会员的忠诚度，让会员变成企业的"忠实粉丝"。而做到这一点的前提是统一聚合消费者信息，让消费者感受到线上线下多渠道无差别的服务体验。

在数字化新商业模式下，线上与线下高度融合，企业可以通过将线上流量引到线下来解决线下流量匮乏的窘境。从长远来看，这样也能降低企业的获客成本。家电品类客单价高，属于大宗消费品，消费者在做购买决策时会比较谨慎，会同时在线上、线下获取相关信息。因此，精准触达消费者，准确洞察消费偏好，满足消费需求非常重要。企业需要完整地呈现与挖掘这些用户的数据画像，从中筛选出未来有潜在需求的用户，并将这些用户导入线下渠道终端，与之持续交互。

1. 用户数据中心

传统的渠道企业过去一直在开拓渠道经销商、分销商。据不完全统计，其业绩 90% 以上是渠道贡献的。渠道企业对终端的掌控力非常弱，更不用说触达用户了。

企业的市场部门每年都会在线上线下投入大量费用来策划活动，目的是促进销售业绩。但用户数据留存都在渠道终端或第三方平台电商上，企业自身所掌控的用户数据只有地址、手机号码之类的简单信息，而且还不完整，质量也较低。当品牌企业意识到用户数据的重要性，准备激活原有从售后服务系统、渠道分销商系统获取的用户数据时，一般需要再次发放消费券。但这样的激活率偏低，并不能为企业带来明显的业绩提升。因此，沉淀用户数据并降低流失率就是渠道企业用户数字化的首要问题。

渠道企业在布局新零售业务的过程中，还有一个不可避免的问题：如何线上线下引流拉新、留存用户，同时激活老用户和营销链路上的员工、导购直销员、异业员工，并通过分享裂变获取更多的流量。对于品牌企业来说，要根据品牌策略、活动策划、市场竞争需要，在线上线下投放以获取足够多的公域流量。引流的目的不是品牌企业直接面向 C 端进行运营和交易转化，而是建立与商户共赢的运营生态平台。引流赋能商户，将原有的奖励精准投放到商户和活动上，精准转化并留存用户，并利用渠道网点覆盖和社会化网点能力完成产品的用户售后服务体验。渠道终端商户将私域流量用户共享，打破原有流量边界，实现流量的共享共建。因此，企业需要构建一个如图 10-2 所示的全网用户数据中心。

传统渠道企业的用户运营特点是复购率低、客单价高、品牌忠诚度高。如何获取流量并制定有效的运营策略？通常有两种方式：一是从售后服务、互联网用户服务部门获取流量，通过服务激活老用户；二是通过线上品牌广告和活动投放、线下连锁直销员和店老板触达用户，获取新用户。

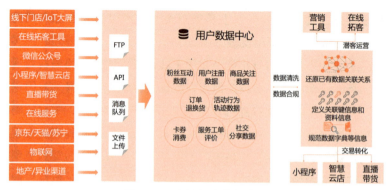

图 10-2 全网用户数据中心

对于品牌企业而言,不但要打通获取用户的各个触点的通路,还要将全网用户沉淀到企业的用户池中。对于用户池中的用户,首先要进行洞察识别,打上标签,做好人群包的圈选,然后通过组合营销工具、在线拓客工具等在运营各节点与用户充分交互,并通过线上线下各触点(如小程序、直播商城等)进行精准触达,有效转化。

2. 运营赋能商户和消费者

与新零售模式不同的是,渠道企业的运营不只能给消费者赋能,还能给经销商线下店、终端门店赋能,将线下流失的用户重新识别、召回、沉淀并引流给商户。不过,品牌企业的用户运营部门不但要解决触达用户的问题,还需要解决交易转化问题。这也是渠道企业用户运营的难点。

渠道企业需要建立一个完整的用户运营全生命周期数字化应用链路(见图10-3),连接消费者、商户店铺、第三方平台电商、员工、导购及社会化分销与异业合作等线上线下通路,以用户消费者为核心,以赋能商户为原则。

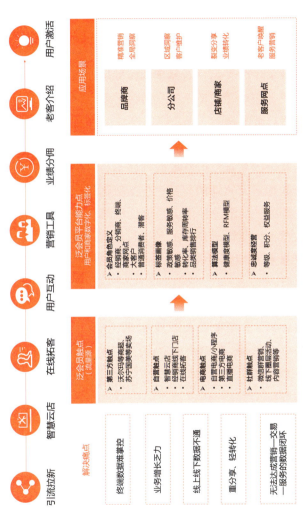

图 10-3 用户运营全生命周期数字化应用链路

在数字化应用链路建设过程中，需要关注以下几项。

- **触点建设**：触点碎片化地触达用户，抓取用户交互、交易、交付的实时数据和行为数据，为用户画像打下数据基础。比如，在线服务关注的是用户对产品服务的数据；小程序商城关注的是用户对商品的敏感度和兴趣；品牌投放关注的是用户对品牌的认知度；营销工具关注的是用户参与活动的活跃度和传播链路。这些数据构成整体的用户画像。
- **数据驱动**：用户数据是品牌企业未来与竞争对手相互渗透竞争的焦点。但获取数据并不是终点，企业要建立一套数据运营驱动的体系，包括数据标签、会员体系、商户画像、活动监控能力、投放资源 ROI 实时计算等，用数据能力驱动对商户的赋能与运营，最终目标是将公域流量和私域流量形成统一用户池并更好地进行消费者运营。
- **交易转化**：渠道企业的交易转化周期较长，与用户的触点较多，这就要求企业具备用户运营和商户运营的综合数字化能力，能够产生"1+1>2"的运营效果，提升活跃用户的转化率、用户分享链路的裂变度、商户活动的参与度和业绩。

10.2.3 线上线下一体化全渠道运营，促进高效转化

近 20 年，不论是家电、家居，还是五金、建材等行业，品牌企业都一直在深耕渠道，从一二线市场下沉到三四五线市场，通过渠道商的能力不断渗透以扩大网点覆盖范围。电商时代来临后，一大批品牌企业、渠道商在线上电商平台开店、投放广告，但线上线下业务断层、数据割裂、利益冲突等问题充分暴露。因

此，线上线下融合、全渠统一运营模式应运而生。

无论采用哪一种营销模式，企业都希望能带来高 ROI。在消费升级的大趋势下，消费场景从单一渠道变成随时随地全渠道消费，品牌企业应该布局各类线上运营的触点应用，如自有商城平台、第三方电商平台、抖音和小红书的粉丝运营，与地产企业、房产中介、装修装饰、设计师等合作伙伴的产业联盟的社交分销运营，线下门店的线上线下融合经营等。

企业需要搭建数字中台来形成全渠道自有数字化交易能力，进而整合线上线下、直营和加盟体系各自的优势。线上更偏重传播触达，占领用户心智，培养潜在消费者，结合物联网、IoT 手段形成线上场景化体验；而线下则需要提供极致体验、配送和安装服务。通过线上线下融合，打造全方位的消费者消费服务体验，必然为企业带来销量提升。

1. 全渠道统一运营平台

什么是全渠道？对于家电家居企业来说，包括两大部分。

- 线上渠道：第三方电商平台，如京东、天猫、苏宁等；自有商城，如 B2C 官方商城、支撑商户的超级云店等。
- 线下渠道：经销商、分销商、自营或渠道的专卖店和综合店；工程大客户；传统连锁，如苏宁、国美、居然之家等企业的线下卖场。

图 10-4 所示为家电家居企业的全渠道统一运营平台架构。

传统的渠道管理偏向交易层面，如订单、库存等的运营，且更关注纯线下的运营和业绩指标的达成。传统渠道管理通常采用压货模式，这会导致动销能力差、库存多，长期来看负面影响大。而且这种做法缺乏拉通线上线下运营的组织能力、订单库存履约服务能力，各条线仍然是各自为政。

图 10-4　全渠道统一运营平台架构

全渠道运营的核心内容包括以下 5 点。

- 订单管理：全渠道的订单路由，结合订单下单、交付、服务的场景，与商户、服务商共同提供面向消费者的履约服务。
- 库存管理：面向总仓、区域仓、电商仓、供应商商品仓、终端门店仓、外包三方物流仓提供整个订单履约链路的库存匹配、调货、发运服务。
- 商品管理：提供自营商品的上下架、授权经营与投放、供应商商品的入驻经营服务。
- 客户管理：提供多级分销业务、运营商模式业务的客户服务。
- 结算管理：面向大 B、小 B、C 端打通统一的支付通路，提供订单履约后的分账、佣金、提现、白条、供应链金融、消费金融等多结算支付类型的服务。

渠道企业的全渠道数字化交易，不但包含上述的订单、库存，还包含商品（自营和生态商品）的精准投放、客户（经销商、分销商、终端商户）的资源投放和营销活动、线上线下统一快捷支付结算的平台运营。不论哪一类具体的运营都强调全渠道线上线下的融合、客户的服务体验。

说到体验,大部分企业更重视用户(消费者)的服务体验,而忽视了客户的服务体验。客户更关注物流的及时送达、降低库存压力、加快商品的周转、支付更便捷、价格和活动更具有竞争力。因此渠道企业的竞争不但在于消费者的用户运营数字化,更在于赋能商户打造数字化运营服务能力。

在渠道政策运营方面,传统模式是事前计划、事中监控、事后分析,并未对资源投放的精准度进行运营。而未来渠道企业的数字化运营需要更加重视组织、机制、平台能力的建设,实现对它们的在线化、数据化、实时化运营。

资源投放的数字化运营(见图 10-5)包含以下部分。

图 10-5　资源投放数字化运营

- 客户发展：商圈运营、客户认证、在线签约和退出。
- 渠道授权：自营渠道、电商渠道、传统渠道、工程渠道。
- 信控金融：信贷档案、额度账户、金融授信、在线校验。
- 价格模型：盈利测算、供货价、分销价、零售价。
- 政策扶持：返利模型、市场费用、活动支持。

2. 线上线下的商户掌柜运营平台

商户掌柜运营平台为渠道企业的自营线上商城、线下渠道商户和门店、社会化分销渠道（合伙人、异业联盟、导购）提供业务在线化运营服务，以数字中台和商城为底座，依据"服务—营销—成交"三步走策略开展线上运营工作，并充分挖掘社会化关系链做线上分销体系运营，实现线下业务线上化、线上业务运营化的融合统一。

商户掌柜运营平台（见图10-6）是供渠道经销商、分销商、终端门店使用的，它基于中台已有的商品中心、营销中心、结算中心等能力搭建，用于帮助上游品牌企业、大经销商及线下全网（渠道商户、工程客户、异业合作客户）进行客户交易管理。该平台涵盖合约订单、政策投放、场景定制化商品、订单履约、促销活动、财务管理等领域的在线化、数字化应用，并从数据维度关注商户的运营健康度、政策投放的实时效率等驱动模型，真正实现对商户的全业务、全数据领域的数字化赋能。

合约管理	商品管理	促活管理	订单管理	仓储物流	我的账户	数据应用
• 在线签约 • 经营授权 • 渠道政策 • 业务关系	• 商品详情 • 组合商品 • 样品管理 • 活动商品	• 套餐定价 • 秒杀 • 拼团 • 申请议价	• 政策校验 • 订货下单 • 订单分配	• 发货履约 • 货单交付 • 客户签收	• 业务开票 • 资金对账 • 费用账户 • 返利账户	• 运营分析 • 经营健康度 • 价格返利模型

平台电商

分销商

门店端

工程客户

图10-6 商户掌柜运营平台

10.2.4 智慧供应链服务

企业数字化营销的根本目的是引流拉新和提升交易业绩,而用户和商户则希望企业提供更好的物流配送服务和售后服务,因此供应链快速响应的配套服务能力成为制约商户和用户服务体验的因素。

渠道企业需要提高社会化网点的拓展覆盖能力和对这类网点的供应链服务能力,既要帮助商户降低库存,加速周转,又要满足消费者订单的高效履约和服务。智慧供应链服务于终端商户和商品、物流配送、售后服务,核心是解决渠道下沉市场的人、货、场的智慧运营问题。

1. 选品服务

选品服务面向的是渠道经销商下单业务,用中台能力向商户提供商品下单建议清单,帮助其提升下单效率,并根据其经营能力评估,圈定商户参与新品下单预售或爆品团购的资格。下订商品推荐模型需要根据历史销售情况、库存情况、同类商户活动下单量,计算商户的采购下单量,得出最优采购清单,从而最大程度减少库存积压。

2. 商品定价

在商品定价方面,面向渠道经销商,依赖不同渠道采集的商品域、交易域的数据,从不同维度(如区域、渠道等)对商品调价历史趋势、商品交易价格趋势、商品销量进行对比分析。

此外,还要结合竞争对手的产品数据(依赖第三方数据),将商品与竞品的价格进行对比分析,利用沉淀的价格交易数据建设价值链测算模型，以市场和零售驱动智能分配毛利在渠道链的利益分配模型，动态在线议价、定价，并辅以营销活动费用补贴，驱动商户在线上线下提供更多的商品和服务。

3. 仓配服务

渠道企业原有的仓配服务只涉及自有工厂仓库或外包服务仓库，一般不涉及经销商、终端商户的库存业务。当企业转型零售业务时，首先要解决仓库覆盖采集数据的完整性、实时性问题，其次要解决商品物权和所有权转移后的服务履约问题，最后要解决与商户之间的平台结算问题。

基于中台实践的智能仓配服务可分成三个阶段递进完成。

第一阶段：通过一物一码、IoT等技术快速采集不同仓库的库存数据。

第二阶段：基于中台构建面向客户和用户的库存、仓储服务能力，实时在线全局掌控，满足线上线下库存共享，实现一盘货运营商模式、云仓模式，让企业和客户物权匹配，提升高效配货能力。

第三阶段：基于数据能力，结合产品生命周期，根据库存量进行智能配补调货的运营，可配合相关营销活动策略，快速清货。

10.2.5 数据赋能渠道商户智能化运营

品牌企业的数据中台大多起源于大数据平台。它的底层是数据仓库技术，通过平台用数据可视化的形式展现经营情况。但这并不是数据中台的真正价值，它只是数据中台的起步。深入业务，从业务中挖掘数据价值，从被动支撑转为主动运营，这才是企业数据中台的思维转变（见图10-7）。真正的数据中台要实现数据实时计算、基于场景提供数据赋能支撑，如消费者人群圈选、商户等级预售资格、智能活动推荐、智能配补货。

图 10-7　企业数据中台的思维转变

因此，业务、数据双中台模式成为渠道企业建设中台的首选。业务中台将商户和消费者触点业务数据（包含商品交易数据、商户运营数据、消费者交互与交易数据）进行沉淀，业务中台和数据中台驱动数字化运营，高效实现业务探索和创新。

- 以新技术为动力，以客户和消费者为中心，赋能终端商户，创建用户营销闭环，实现全域消费者和商户的数据资产沉淀，形成流量池，盘活企业私域流量，实现数智化精细运营转型升级。
- 为客户、消费者、导购及合伙人提供跨场景、多场景、多触点的数据智能应用，实现线上线下会员服务互联互通，提供极致体验，实现全生活周期管理，突破客户服务与维系的管理瓶颈，提升业务开展的效率。
- 以数据驱动，借助链路分析、商户健康度、商圈运营、消费体验、分享经济、社交销售等手段推动业务创新，创造新场景的业务增长空间。

常见的数据应用场景有以下 3 类。

- 商户生意参谋：展示多维度关键指标，如商户基本信息、生意经营、星级管理、活动活跃指数、商品成交趋势、智能补货推荐、资源投放 ROI 等。
- 消费者画像：使用标签工厂，利用数据建立标签，并为用户打标签。在用户咨询服务时，快速获取用户标签信息，进而提供针对性的服务。洞察消费者信息，包括基本信息、消费信息、权益信息（等级、积分、优惠券等）、售后信息（安装、售后）、调研信息、佣金收益信息等。企业根据已构建标签体系进行标签多样组合，获取营销人群，并将营销人群输出至业务系统，进行精准营销。基于标签画像，搭建用户数智化运营体系，比如围绕运营目标，充分洞察用户需求及产品或服务精准匹配，结合用户偏好渠道特征、时间特征制定活动执行方案等，如图 10-8 所示。
- 数据大屏：主要以业务运营大屏和营销活动执行大屏进行数据的实时监控展示，了解营销活动的执行进度，提供活动可视决策支持，从而实现精准投放。

图 10-8　用户活动运营洞察

10.3 实现路径

新渠道行业企业可根据业务转型、平台基础和应用系统现状,选择从渠道数字化、政策资源数字化、供应链数字化、消费者运营数字化 4 个方向突破。

10.3.1 渠道数字化

渠道数字化就是品牌企业渠道链数字化。渠道链数字化涉及商品管理、商户管理、交易管理、库存管理、售后管理、结算管理等不同领域的业务,解决传统线下(含导购)业务、线上电商和分销业务、线上线下融合业务等场景的应用需要,实现以商户为中心的平台运营赋能,解决全渠道交易的统一处理,实现自有仓、电商仓、门店仓的快速订单合理匹配和履约服务,完成平台对不同商户、服务商、社会化分销人员的佣金、货款、服务费的分账和清算。

10.3.2 政策资源数字化

政策资源包括企业在公域流量投放的用于品牌建设、新品推广等方面的市场费用,面向经销商、分销商给予的价格政策、返利政策、活动费用等方面的政策费用,以及面向商户、消费者、导购给予的会员权益、奖励、红包等方面的裂变营销费用。

渠道企业为了进行公域流量的用户数据沉淀和交易转化,需要将所需的政策资源在线化、数字化,改变原有流程审批和管控的模式,提供实时计算的服务能力,在线定价议价,实时监控资源投放 ROI,以及面向商户和用户提供便捷的金融服务。

10.3.3 供应链数字化

供应链数字化看重的是在提升多渠道、多触点客户和用户购物体验的同时，建设高效准确的物流流转、订单履约和售后服务能力。渠道企业可以利用沉淀的商品、仓储、物流的数据能力，基于中台的智能优化算法提供精准的订单履约路由、仓配智能匹配、物流路线优化等服务。但更重要的是，基于使总仓和区域仓布局合理、控制仓储物流成本的原则，使商品尽可能减少二次流转，利用云仓和社会化仓解决商户库存和周转问题。

10.3.4 消费者运营数字化

运营能力是数字营销平台的核心需求。平台需要支持企业一线机构的统一线上营销活动，并可拓展到代理商、分销商店铺，形成"总部建设，分站运营"模式，更好地为代理商和分销商服务。

活动类运营最重要的是用户拉新。在线上进行裂变拉新，需要定制化裂变工具和模板化的常规线上促活互动。定制化工具及模板化交互活动作为用户端触点，承担触点数字化职能，为用户模型、成长体系及标签体系提供原始数据依据。

可通过小程序完成会员的数字化，通过公众号与会员互动来实现会员留存。企业可以通过员工小程序的分销推广、拉粉分佣功能赋能导购终端。导购终端包括企业内部员工、会员、经销商等角色。企业还可以通过公众号优质内容、互动内容分发赋能导购终端，与用户建立互动联系，吸引用户长期留存。

最终，所有消费者的数据资产都将沉淀在数字中台，并通过数据分析、精细化运营达到运营目标。

10.4 案例分析：C 公司的数字化闭环渠道链

2017 年 11 月的云栖大会上，C 公司代表被记者们团团围住,他被问到的第一个问题是:传统行业如何升级改造?作为重渠道企业,C公司现在已经给出了清晰的答案:基于现有的渠道体系,打造从制造商、经销商、分销商、门店到终端消费者的数字化闭环渠道链。一是实现各级渠道商的高效协同;二是实现消费者触达和数据回流,驱动精准营销。这也意味着,C公司在内部管理信息化的基础上,实现了面向外部渠道伙伴和消费者的数智化转型。

10.4.1 项目背景

C公司成立于20世纪80年代,是一家以啤酒业为主、以啤酒配套和相关产业为辅的大型国有企业。成立30多年来,C公司不断朝着"以五个领先(技术领先、质量领先、管理领先、规模领先、效益领先)打造具有国际竞争力的啤酒企业"的目标迈进,在中国酒行业中开创了一个又一个"奇迹":从19个月建成一家年产酒量5万吨的酒厂,到研发中国第一瓶纯生啤酒,再到成为中国第一个全面实施ERP系统的啤酒企业。C公司秉承"第一个吃螃蟹"的创新精神,始终走在行业前沿。2010年,C公司挂牌上市。目前,C公司已经跻身国内酿酒行业十强企业,其啤酒产能已从最初的5万吨增长到210万吨。

与众多啤酒企业一样,C公司经历了多年以产品主导的规模化发展。但自2014年以来,啤酒市场的消费结构发生显著变化,整个行业增速放缓。早些年国内啤酒市场兴起时,消费者以中青年、蓝领为主,相比口味,他们对于价格更为敏感。因此与其他啤酒企业一样,C公司的策略也是生产并销售低价啤酒。在此策略下,产能是决定业务的主要因素。随着消费者购买力的提高,精酿啤酒越来越受欢迎,多元、时尚、个性的饮品正成为啤酒的替代品,消费群体也越来越年轻化。

顺应市场变化，C 公司第一时间从产品主导向需求主导转型，在制造端生产高端啤酒以响应需求升级，在营销端加速消费者触达。2014 年，C 公司在天猫、京东平台上以销售中高档啤酒为主；2015 年，C 公司进军精酿啤酒市场，推出系列独具特色的高端产品，以定制啤酒响应多元化需求。同年，C 公司安装柔性生产线，旨在围绕文化、体育、艺术等高端核心人群开展个性化瓶标定制，实现精准化和族群化传播。

为了加快消费者触达，C 公司坚持"线上 + 线下"两条腿走路的策略：一方面，积极与电商平台合作，并分别建立高端品牌和普通品牌的微商城；另一方面，坚定线下渠道覆盖全国的目标，与成千上万家的经销商和分销商达成合作，并不断向终端门店下沉。仅 2018 年一年，就开拓餐饮新点 9.6 万个，建成总部精酿啤酒体验中心和白云机场 T2 航站楼精酿体验店，开拓高端餐吧、星级酒店等 315 家。

在信息化方面，C 公司一直走在行业前沿，率先实现了内部管理流程的信息化。20 世纪 90 年代，C 公司与 Oracle 签约 ERP 项目，全面实现工艺配方、质量、采购、库存、销售、财务各业务模块的线上化，是中国最先全面实施 ERP 系统的啤酒企业。2015 年，C 公司布局全自动立体仓库，该仓库囊括了信息自动化管理系统、堆垛机、物流单轨车、货架和货物单元输送装置。与传统物流依靠人工存取货物不同，自动立体仓库先按照订单在电脑上输入指令，接着堆垛机按照指令要求存取货物，最后将货物送到输送系统。

2016 年，C 公司启动"一瓶一码"方案，每一个瓶盖上有唯一对应的二维码作为"身份认证"。C 公司基于此方案进行货物溯源，精准定位货物流向，从而打破了公司与合作伙伴之间的壁垒，为渠道协同奠定了基础。

10.4.2 痛点聚焦

2017年，C公司明确了"以消费者为中心，提高渠道效率"的新目标，正式开启可持续增长的新篇章。新目标的制定，不仅源于C公司"第一个吃螃蟹"的一贯精神，也源于需求侧转型所面临的新挑战。

1. 直接触达消费者仍是无法攻克的难关

作为重渠道企业，C公司与消费者之间隔了多层渠道商，难以掌握消费者信息。对此，C公司不断下沉渠道，加强终端门店管控能力，并开展直面消费者的电商业务。但啤酒是一个高度依赖消费场景的品类，加之产品运输成本高昂，电商渠道一直收效甚微。如果不能直接触达消费者，就无法获取消费者数据来分析消费者偏好，无法提高消费者的黏性，无法真正实现"以消费者为中心"。

此外，C公司的多品牌、差异化发展战略，也为系统开发带来挑战。C公司的高端品牌和普通品牌都开发了类似的微商城，这种重复开发不仅大幅增加成本，而且需要较长的开发周期，无法快速响应前端需求的变化。在过去的发展中，C公司仅聚焦于内部管理的信息化，而现在急需一套面向消费者的系统，以实现直接触达消费者，并快速响应消费者需求的变化。

2. 渠道网络的高速扩张导致渠道协作问题愈发突出

传统的线下渠道，渠道商之间的下单、支付、送货、回瓶、瓶盖兑奖等业务全都靠人工处理。尤其是回瓶和奖盖回收，需要从门店开始逐级往上清点、统计和核验，不仅工作量大，而且容易出错。由于制造商和渠道伙伴不能互联互通，信息无法实时共享，C公司无法全盘掌握分销商、门店的销售情况，只能采取"压货"的供货模式，即根据经销商历史订单向其派发销售任务，经销商再逐级向分销商、门店分配销售任务，这不可避免地会造成下游渠道商库存积压。

此外，由于渠道信息无法做到公开透明，下游渠道商可能出现窜货、私吞营销费用等机会主义行为。随着渠道网络的不断扩大，人工作业的传统方式显得捉襟见肘，无法支撑百万门店、成千上万分销商和成百上千经销商的高效协作。

10.4.3　中台实施

如何应对愈发突出的发展挑战？C公司决定与中台供应商伙伴合作，打造闭环的数字化渠道供应链。

1. 引入合作伙伴

早在2015年，C公司的高层就已经意识到数字技术对企业发展带来的威胁和机遇，并提出"互联网+"的战略目标。作为一家传统制造企业，C公司的IT技术实力比较薄弱，也不清楚具体应该采用何种技术解决方案。即便如此，从20世纪90年代引入ERP开始，C公司就一贯坚持面向未来，采用当下最先进的技术。同时，C公司积极向外寻找技术解决方案。

2017年年初，阿里巴巴的中台横空出世。基于微服务架构的中台解决了传统架构难以实现的快速响应、数据拉通和高并发等难题，因此迅速风靡，成为最前沿技术的代名词，也成为C公司的理想选择。2017年9月，在阿里云栖大会上，打出"成就客户，专业至上"标语的云徙引起C公司的关注。云徙是一家成熟的中台供应商，在传统行业的中台实施及数字化转型方面拥有丰富的经验。双方在深入沟通后，很快确定了合作意向。

2. 顺利的开始

2017 年 11 月，C 公司与云徙的合作项目正式启动。启动会上，双方确立了项目的组织架构。C 公司项目团队由 IT 部主导，财务部、营销部、物流部共同决策。多业务部参与决策，不仅是因为项目涉及订单、物流、营销等多个业务环节，还因为 C 公司的内部管理制度。云徙项目团队则形成业务架构师、技术架构师和项目经理通力协作的铁三角。

云徙团队的业务架构师们拥有多年的酒企工作经验，对酒行业的特性、酒企的业务、渠道链的协调非常熟悉。C 公司方对该项目高度重视，IT 部承担了主导项目的角色，业务部从领导到操作员都非常配合。在多方配合下，项目组仅用 1 个月就完成了对 C 公司各部门、物流合作公司、大经销商等的调研。业务调研的原则是优化原有流程，而不是颠覆企业已经形成惯例的流程和已经达成一致的利益关系。

需求调研之后，C 公司和云徙进行方案共创，规划了"以中台为新基建，开发 B2B 订单系统（面向经销商和分销商）、数字兑奖（面向门店和消费者）、会员运营平台（面向消费者）三大上层应用"的蓝图，如图 10-9 所示。

三个上层应用互补互联，能够打通整条渠道链，触达终端消费者，实现业务和数据的闭环。B2B 订单系统的核心目的是打通内部的 ERP、财务、物流等多方系统，将传统的渠道链协作流程线上化，减轻人工劳动，提高渠道协同效率，并加强渠道管控；数字兑奖的目的是触达消费者，获取终端和流向数据；会员运营平台的核心目的是通过积分、玩游戏等互动提高消费者黏性，刺激复购，同时积累消费者数据。

图 10-9 "数字中台 + 三大应用"解决方案

围绕"一个中台+三个应用"的技术解决方案，以云徙业务架构师为主导的设计团队在进行需求调研的同时设计系统原型，将业务需求设计成 PRD，以原型的方式呈现业务功能。在需求调研完成两周内，所有原型设计文档顺利通过业务部门评审。系统设计工作还包括阿里云资源部署方案设计、VPN 专线部署方案设计、应用系统架构设计、业务中台共享服务中心设计、数据库设计、第三方系统接口设计、接口交互时序图、同步应用设计等。

需求调研、蓝图规划和原型设计后，接下来是紧张有序的开发阶段。首先是 B2B 订单系统，这是开发量最大的环节，也是数字兑奖的基础。前端应用和中台的开发同时进行：一方面开发底层的中台能力，支撑前端调用；另一方面把前端应用中可复用的部分沉淀到中台。项目组采用敏捷开发，核心是拆分需求，先开发最小闭环流程，在此基础上叠加功能。基于最小闭环流程，开发人员在测试时更容易发现可能出现问题的环节。为把控项目整体进度和质量，双方定期举行每日站例会、周例会、月总结和计划会，以及不定期会议和口头沟通，记录项目周报、项目月报和会议纪要，以保证多方团队的信息同步，及时发现困难点和风险点，及时协调资源、调整进度并解决问题。

从 2017 年 12 月到 2018 年 3 月，经过 3 个月的迭代冲刺后，项目组开发完成 B2B 订单系统，包括 C 公司组织管理后台、经销商门户、司机端、门卫端、回瓶端等。终端包括 PC 端、App 和小程序端。快速的开发过程得益于中台能力的复用。比如，虽然每个端都涉及订单，但只需要调用中台的交易中心，无须重复开发订单功能。云徙的技术架构师表示："中台架构加快了我们自己的开发速度。"

3. 第一笔"数字"订单

系统开发测试之后,就进入了实战阶段。C 公司找到一家订单量大、合作紧密、拥抱创新的经销商,第一次从用户视角验证系统。云徙的项目总监回忆道:"我清楚地记得'319'这个数字,3 月 19 日直接使用真实的订单,公司专门组织上线小组亲自到客户现场,保证系统上线。"

按照规划和内部测试的结果,B2B 订单系统的最小闭环流程如下(见图 10-10)。

1)经销商在 B2B 经销商门户选择商品下单并支付。

2)订单信息同步到 C 公司的组织管理后台,财务人员审核订单并确认收款。

3)订单信息流转到 ERP 系统,库管进行理货配货并派发提货单。

4)提货单流转到物流公司,物流公司管理员可以将提货单分配给指定的司机。

5)司机前往 C 公司酒厂,扫啤酒箱上的二维码进行提货,出库信息自动同步到 ERP。

6)当司机要离开酒厂大门时,门卫再次扫码,如扫码结果与门卫助手平台上的司机送货单的货品一致,给司机放行。

7)经销商收到货物后,同样扫码签收,并在经销商门户上进行确认,订单完成。

经销商可以在平台上发起回瓶,回瓶数可以抵扣后续订单。当第二次下单并收货时,可以把第一次订单的空瓶交给送货的司机,司机再次进行扫码,并运回啤酒厂,实现资源的最大利用。整个过程中,经销商可以在经销商门户上查看订单状态,例如是否发货、配送到哪里了等。

图 10-10　C 公司 B2B 核心业务流程

第一笔数字订单的成功，给 C 公司和云徙都带来极大鼓励。对于 C 公司和经销商来说，线上化的便捷流程大大提高了工作效率，提升了工作体验。云徙也收到了 C 公司的感谢信。云徙的项目总监回忆道："在这么短的时间内上线，对士气的鼓舞很大，客户方的认可对我们来说是一剂强心针，让我们特别有成就感。"

4. B2B 系统推广与迭代

第一笔"数字"订单跑通后，项目组采用边推广边迭代的交付策略。这与精益创业的思想是一致的，即快速开发出最小可行产品投入市场，让用户检验产品，并根据用户反馈快速迭代、持续优化。

选择这种策略，有多方面的原因。

首先，用户需求多元化且具有不确定性。B2B 订单系统的实施涉及财务、营销、物流、库管等业务部门，不同部门的关注点不同。此外，还涉及大量经销商，他们有着不同的企业文化、不同的规模、不同的业务特性，需求自然也是多元化、个性化的。

其次，系统上线前虽然有静态的原型图和文字说明，但没有动态的操作过程。这对于缺乏互联网思维的用户来说，不能完全确定系统是否符合自己的需求。上线之后，在实际使用的过程中，更能直观发现系统的缺陷，因此系统调试是不可避免的。

再者，项目启动时，云徙这家初创企业才成立1年多。作为阿里云的第一家中台建设伙伴，云徙尽管已经主持了几个头部企业的B2C项目，但是做B2B项目还是第一次。在没有可参考成型产品的情况下，"干中学"是最好的策略。既然如此，为什么C公司不选择专门实施供应链系统的供应商呢？因为做供应链系统的供应商大多是外企，这些世界级的企业虽然实施经验丰富，打磨出了成型的B2B产品，但是它们收费高昂，而且它们的实施原则通常是最小化定制，即需要企业来适应它们的系统，而非让它们的系统适应企业的需求，这对企业来说是不友好的。更重要的是，阿里云和云徙所提出建设的中台架构，比传统的单体架构更具扩展性、灵活性、可复用性，从长期来看更有投资价值。

然而，试点推广刚铺开，很多经销商表现出强烈的排斥情绪。这并不是因为系统存在技术故障，而是渠道商之间存在利益冲突。最突出的问题是线上支付需要手续费。经销商继续选择线下的传统支付方式，财务部仍需要人工处理支付信息。对于经销商的"苦衷"，负责入场推广的营销部和IT部表示理解，但财务部的态度很强硬："我们做系统就是为了减轻财务的工作量，花了这么多钱做这件事，我们肯定要推行。"财务部宁愿向经销商补贴手续费，也一定要把B2B系统推行下去。僵持许久后，项目组终于找到了使用技术来解决利益冲突的突破口：使用银企直联。在不改变经销商、分销商的传统支付流程和习惯的前提下，增加开发传统支付渠道与C公司组织管理后台的接口，同步支付信息。

另一个利益冲突是经销商门户的开放性问题。纯从技术角度看，经销商门户可以同时开放给经销商及其下游的分销商，但这无疑损害了经销商的利益,使经销商无法在大批量采购和销售中赚取差价。这个问题是项目组意料之中的。项目组花费大概三周的时间迭代,将经销商门户改造成分销商门户。二者的主要区别是,分销商只能向上级经销商下单,不能跨级向 C 公司下单。针对不同的分销商,经销商可以个性化分配产品及制定销售价格,分销商则按照经销商设置的价格下单。经销商可自行发货给分销商,也可以帮助分销商转开单,并按经销商价格向 C 公司支付货款。转开单成功后,信息会同步至 C 公司的 ERP 并发起配送货,分销商可看到该订单并可确认收货。

在试点推广过程中,需求问题也铺天盖地而来。一方面,经销商不断提出新需求,而且不同经销商的诉求不尽相同;另一方面,C 公司的业务操作人员和部门领导也不断发现和总结渠道协同中的细小问题。而 B2B 系统是牵一发而动全身的,经销商端的需求变化是与制造商端的需求变化联动的。面对不断增多的需求,项目组反复与多方沟通,并采取三种应对原则。

一是进行需求重要性排序。先做重要且紧急的工作,把重要但不紧急的工作往后顺延。二是区分明确的和模糊的需求,先实施相对明确的需求,暂时搁置不明确的、无法达成一致的需求。三是评估需求的通用性,如果经销商提出的需求不具有普适性,则摈弃该需求。

经过两周一次的 6 个版本的迭代,项目于 2018 年 6 月全面上线,进入试运行阶段。尽管 B2B 系统的推广困难重重,但 C 公司一直很有决心,以"推土机"的方式把任务细化到周。同时,项目组研讨出专门的推广流程:首先,发问卷调查经销商的使用意愿、系统实施环境等,并策划分批试点企业;然后,组织区域性大场培训,再从营销部和 IT 部抽调人员,主动上门进行一对一辅导,鼓励并手把手教经销商使用线上订单系统,确保培训一家,上线一家,成功一家。为了提高培训效率,项目组编制了 B2B 系统使用说明及供培训人员使用的培训手册。此外,还建立问题收集、分析和处理机制;组建专门的微信群,及时解答经销商的疑问;对已上线客户进行多次回访,收集使用情况反馈,根据建议持续优化改进。

5. 启动 B2C 方案

B2B 订单系统第一笔"数字"订单测试成功后,财务部和物流部深切体验到系统带来的便利。但不同部门的需求和利益目标不同,甚至对同一件事的理解也不一样。比如营销部总经理认为,虽然线上化的 B2B 订单系统提高了渠道效率,但只是把传统作业流程线上化,并不能驱动营销业绩增长。从营销部的角度看,触达和运营消费者才是提高业绩的核心。因此,整个项目的重心开始转移到数字兑奖和会员运营平台。

数字兑奖是基于二维码将传统的兑奖流程线上化。瓶盖兑奖是啤酒企业的营销惯例。传统方式是直接把是否获奖的文字印刷在瓶盖上,新的方案是在每瓶酒的瓶盖印上二维码。消费者开盖扫码,有一定概率出现"再来一瓶"或"1 元换购"的数字奖券。消费者兑换奖券后,门店、分销商、经销商、制造商逐级向上清点、补货和核销。

这个小小的二维码带来的价值其实是巨大的,既能保留消费者兑奖信息,例如所购商品、购买时间、购买地点,为精准营销沉淀数据;又能自动统计各级奖盖数,降低各级渠道商的工作量,提高补货和核销的效率和准确性;并且可以根据系统中留存的奖盖核销数反推各层渠道商的销售情况,掌握终端销售情况后,制造商可以按需制定生产和销售计划。项目组为这个"渺小却伟大"的创新方案感到自豪,营销部领导也高度重视,要求不仅对部分区域做试点，还要推广至全国。

但是项目组也在担忧，全国的门店数量在百万级，所有门店和消费者都能接受吗？现在的数字兑奖流程足够简单吗？消费者扫码开奖后，谁来扫码核奖呢？

如果让门店扫消费者的奖券来核奖，逐个扫码确认会增加门店的工作量。部分门店的老板不熟悉线上化的操作且对新玩法接受度低，而一些地理位置偏僻的门店网络不稳定。如果让消费者扫店码来核奖，尽管年轻群体偏好这种数字化的体验，但很多中老年消费者不会扫码，让他们在开盖扫码后再扫一次，很容易激起他们的抵触情绪；当竞品也推出相同奖励的线下兑奖活动，消费者可能会选择更省事的线下兑奖；一旦扫码无奖，消费者情绪更低落，可能引发店客矛盾……

面对诸多潜在实施难点，项目组精准施策，针对门店和消费者不同的接受度，设计了三种兑奖流程，力保推广成功。

第一种方案以消费者为主体，消费者先开盖扫码，中奖后再扫店码确认兑换。该方案减轻了门店工作量，适用于门店抵触的情况。

第二种方案以门店为主体，消费者先开盖扫码，然后门店扫消费者的二维码确认兑换。该方案适用于门店接受、消费者不熟悉线上操作的情况。

第三种方案以分销商为主体，如果门店和消费者都不愿意扫码，门店只需与原来一样，将所有中奖的瓶盖报送给分销商，由分销商统一扫码、补货和核销。该方案下，消费者和门店都轻松。同时，为了给门店准确补货，分销商必须录入各门店的奖盖回收情况，因此制造商虽然不能直接掌控终端，但是依然能掌握终端数据。该方案虽然增加了分销商的工作量，但是相比之下制造商对分销商的控制力更强，因此是一种退而求其次的可行方案。

除了以上三种并行的兑奖流程外，项目组还丰富了扫码互动的内容。扫瓶盖码后，消费者不仅可以直接兑奖，还可以得积分、抽红包等。多样的玩法和奖励能够鼓励消费者扫码，与竞品单一的兑奖促销相比，也做出了差异化。

值得一提的是，扫码得积分不仅是对消费者扫码的一种奖励，它还打通了数字兑奖和会员运营平台，将消费者引流到会员运营平台上，这很关键。会员运营平台的形式包括公众号和小程序，对于消费者而言，相当于积分商城。消费者通过购酒来积分，也可以通过参与游戏、分享朋友圈、完成特定任务等方式来积分。累计积分额达到一定数量，就可以兑换商品或抽奖。根据会员的积分额，可以判定其活跃度，并对其进行分级管理。

云徙团队很快完成了会员运营平台的开发，但营销部领导又提出了更高的要求："光开发完还不行啊，我们怎么运营消费者呢？"对此，项目组定制了配套的运营方案，从操作层面深入思考并回答了以下问题：

- 在积分获取上，消费者的哪些行为可以积分？是注册、填身份信息、关注公众号、购买酒、做游戏，还是分享朋友圈等？
- 每种行为分别算多少积分？
- 特定节日积分翻倍吗？
- 积分能转让吗？
- 在积分消耗上，多少积分才可以兑换商品或抽奖？
- 每年需要多少预算投入？
- 什么样的商品和奖品能吸引消费者？
- 谁来负责供应、发货和售后？
- 在会员管理上，会员累计多少积分后特权升级？
- 会员想升级的理由是什么？

10.4.4 产生价值

通过 14 个月的不断迭代、优化，C 公司打造了订单管理、会员运营和数字兑奖三大系统，搭建了企业、合作伙伴和消费者三方的"信息高速公路"。截至 2019 年 3 月，72 家经销商客户线上开单，累积交易额超过 4.5 亿元；积分商城已发放 1800 多万积分，共消耗 180 多万积分，盘活了 280 多万名用户；超过 300 家门店已正常使用数字兑奖系统。

那么，基于中台架构的数字化渠道链为企业带来了哪些价值呢？

1. 回流渠道数据

传统的线下渠道协作模式下，C 公司只能掌握经销商的订单数据，并不知道经销商、分销商、门店逐级将货品卖给了哪些下游渠道商、卖了多少，也不知道哪些消费者买了商品、买了多少。

打造数字化闭环渠道链后，C 公司能全盘掌握消费者数据和流向数据。一方面，沉淀消费者数据。消费者在扫码获取数字奖券时，其身份信息和购买行为数据同时留存下来。将消费者引流到积分商城和微商城后，能更全面地获取消费者的行为数据。另一方面，沉淀渠道链的流向数据。B2B 订单系统保留了经销商和分销商的全部订单数据。空瓶回收量也反映并验证了经销商和分销商的销量。由于空瓶能抵扣订单费用，渠道商有动力回收空瓶，因此回瓶量能够反映真实的销售情况。此外，在门店逐层往上核销奖盖的流程下，根据奖盖数和奖盖占总瓶的固定比例，也能反向估算门店销量。

2. 运营终端消费者

过去，依赖下游渠道商去触达消费者，C 公司只能通过电商平台触达极少部分的消费者。现在,基于数字兑奖这种激励和补贴机制,C 公司能够利用终端门店把消费者引流到自己的会员运营平台和商城,并逐步培养消费者线上购物的消费习惯。通过分享朋友圈获取积分的激励策略,进一步扩大触达消费者的入口。

掌控终端消费者后,不仅能沉淀消费者数据,也便于开展推新品、促销等营销活动。同时通过做游戏、完成任务、积分兑奖等互动方式,增强消费者对品牌的好感和黏性。积分累加的方式也能在一定程度上刺激复购。

3. 简化渠道协作流程

渠道协同流程线上化后,降低了各级渠道商的人工劳动量,提高了业务准确性,也加快了作业流程。就开盖兑奖业务来说,原来需要人工从门店开始逐级往上清点和统计,现在扫盖码后系统自动计数。订单、支付、物流、回瓶等也一样,系统自动流转信息,自动进行汇总和核算,大大减免了票据的传送、登记、整理分类、复核等一系列费时费力的复杂工作。减免程度最高的是订单业务。B2B 系统上线后,彻底取消了开单组。线上支付后,财务收款效率明显提高,24 小时之内即可到达指定账户。对于财务人员,账户核对清晰明了,系统自动清分、结算并呈现财务报表。

4. 赋能下游渠道商

渠道数据回流后,制造商能掌握下游渠道商,尤其是终端销售的情况,进而及时调整区域供货量,而非以"压货"的方式供货。同时,线上下单和支付的模式下,订单周期从 2 天缩短到半天。按需供应及订单周期的缩短能有效降低渠道商库存,从而减轻渠道商的资金压力。

在 B2B 订单系统上，完备的报表功能和查询功能使经销商可以及时了解各网点的经营情况。经销商和分销商可以实时查询订单状态，知晓业务的每个节点，便于后续的业务决策。此外，系统还为渠道商提供了营销手段。例如，经销商可以自己定义分销商的价格模型来促销，门店可以利用数字兑奖来吸引消费者购买商品等。

5. 加强渠道管控

渠道信息透明化后，渠道商的投机行为受到监控，暗箱操作的可能性大大降低。过去，门店老板会隐瞒扫码兑奖的活动信息，自己去扫码兑奖，最终并没有使消费者受益。现在，必须是消费者自己扫码才会出现奖券信息，如果同一个消费者 ID 多次扫码，系统会发出预警。

过去，由于不同区域的售价不同，经销商可能出现窜货行为，即把货品转卖到另一区域，导致原区域的供货不足，但窜货行为是制造商所不知道的。现在，制造商既能获取经销商的订单数据，也能获取分销商的订单数据，还可以根据终端销售反推上游渠道商的供货量，通过对比供货和销售的一致性，就可以识别出窜货行为。

过去，司机的不良行为是监管盲区。现在，司机 App 上记录了司机行走的所有轨迹，成为考核物流公司和给物流公司结算的重要依据。例如，如果司机长时间停留在一个位置，可以初步判定司机在偷懒；如果司机偏离预定路线，可以初步判定司机存在顺路带货的不良行为，或者是走错路、送错货。

系统推广和运营稳定后，C 公司仍然"在路上"。C 公司开始招聘互联网人才，扩建 IT 团队，运维团队也逐渐向服务型、保障型、建设型、管理型转变。基于中台的共享能力，C公司下一阶段的主要目标是线上全渠道发展。在布局京东、天猫等旗舰店的基础上，与更多的电商平台合作，开辟社区电商、2B新零售、企业线上定制团购等创新电商业态。

数据业务化将是另一个重要任务。如何分析会员运营平台和电商平台上沉淀的大数据，实现精准追溯、查询、互动、引流等功能，促进品牌传播与销量增长的双赢，成为新的挑战。

10.5 面临的挑战

渠道企业基于数字中台构建的全域数字营销赋能商户和消费者、线上线下一体化全渠道运营，需要融合社交分销、一盘货运营、消费者触达与互动营销、商户在线运营等创新模式。这些对企业的组织赋能、运营能力、数字化平台能力提出了挑战。

10.5.1 业务模式变革的挑战

渠道企业数字化的本质是加强与消费者的交互运营，同时赋能传统渠道的终端商户。单纯搞零售业务，要么因没有流量导致线上交易业绩惨淡，要么与经销商等渠道业务产生冲突。因此，单纯搭建面向消费者的B2C电商平台不是解决渠道企业数字化的关键。

搭建统一运营的中台数字化能力，让商户上平台，由企业解决公域流量的引流，与线下商户的私域流量互为补充。通过平台延伸的前端商城、营销工具触达更多的分销渠道商户和消费者，这种业务模式变革会成为渠道企业的数字化抓手。一方面沉淀用户和商户的数据，另一方面利用数据精准营销能力，赋能商户向消费者提供更快捷便利的服务体验。

这类业务会对原有的物流模式、结算支付模式、营销费控模式产生挑战。比如企业能否通过自身物流仓储的布局和覆盖能力提供更高效的商品周转？能否为商户提供更便捷的平台结算、提现等能力？能否改变原有多级分销的费用管控和分配机制，直接下沉触达商户？这些对于企业而言都是不小的挑战。每一个业务的调整和变化都将催生一种新的合作盈利模式。

10.5.2　运营组织中台化的挑战

渠道企业往往都是大集团，在全国各个区域设置大区、办事处、城市客户经理等组织和角色。支撑一线营销侧的服务部门也众多，如市场部、产品部、政策部门、费用管控部门等，每个部门、每个人都各管一摊，相互牵制又相互协作。这对一线营销机构和业务员而言都是巨大的包袱，因为他们无法摆脱各种流程、审批、数据报表。要解放一线营销机构的生产力和市场竞争的反应力，必须从组织上着手，改变原有组织以流程和管控为主的职能定位，直接服务商户和用户，让营销组织中台化，由中台组织协同内部相关财务、物流、市场等部门。中台化运营组织的运作机制需要以场景思维开展工作，不断迭代创新，突破原有的业务边界和技术能力。

10.5.3　数字化运营能力的挑战

企业有了组织和专业人才，还必须有完整的运营机制和数字化的运营能力。每个企业都要明确其核心的数字化竞争能力是什么，是用户运营能力强，还是商户营销能力强，抑或物流配送的服务能力强？企业一定要围绕着核心竞争力打造数字化的运营能力。

明确的数字化运营指标考核是中台组织运营能力的唯一衡量标准。指标必须量化到每一个最小业务单元甚至是每一个人。要利用大数据技术实时监控、跟踪指标的落实和偏差。在业务正常运转过程中寻找每个细节的调整点，可能是营销活动投放问题，也可能是活动商品的选品问题。这都需要数字化工具提供不断迭代和快速适应的能力。

第三部分

进化与未来

数字中台已经开始新一轮的进化，正在朝快速解决企业数智化问题的方向发展。在阿里云中台成功应用实践的带动下，阿里云与生态伙伴合作发展的数字中台驱动着 IT 技术向"软件定义中台"进化，目标是加速企业数智化。

本部分将介绍中台的进化路径与未来。

第 11 章 CHAPTER

中台的进化与未来

在 2015 年阿里正式提出中台战略后,中台在企业数字化进程中开始扮演非常重要的角色。有了前台业务的持续输入,中台蓬勃快速发展。但是正所谓"一千个读者就有一千个哈姆雷特",当前各个企业对中台的建设与演进千差万别。

中台如同一把双刃剑,用好了能够使企业数智化更上一层台阶,用不好则会对企业自身组织及业务的发展产生不良影响。那么对于企业而言,如何用好中台这把利剑,通过中台的进化满足并推动企业业务的发展,是一个非常值得深思的话题。本章会基于该话题,辨析现有的一些中台的错误建设方向,进而介绍中台的正确进化路线,最终指引企业更好地建设中台,推进企业数智化转型。

11.1 这些都不是中台

企业在多年的信息化进程中，基于特定应用场景，引入或建设了解决特定业务领域问题的多套垂直的 IT 系统或套件。这些单体系统或套件间的业务能力和数据不互通、不共享，形成了一个个系统烟囱和数据孤岛。

企业这种业务及数据的烟囱式 IT 架构，正是中台进化的原点。中台经历过业界的大力推广与布道，已为一些信息化比较完善的企业带来红利。但是也如上文提及的，有些企业在演进的分叉口徘徊，由于种种原因，它们建设的所谓"中台"仅解决了短期在性能、扩展等技术架构上的问题，如单体服务微服务化、数据资产数仓化。在这里，我们需要明确一下，这些都不是中台。

11.1.1 微服务化不是中台

以传统的思维来套用微服务，很有可能只是将原先彼此隔离的各单体业务系统通过微服务的方式强行集成在一起，如图 11-1 所示。这种方式不是基于领域，而是从一个系统的粒度层次来建设微服务。比如订单管理系统（OMS）关注会员和订单，客户关系管理（CRM）同样涉及会员和订单，而供应链管理（SCM）则涉及用户和订单。可见，按此方式所建设的"中台"的各组成部分仍旧是互相交叉重叠的，数据还是重复且不一致的，并不能体现"中台是能力共享平台"的核心理念。因此，只将原有单体业务系统进行微服务封装，套上一个微服务的壳，连微服务都不算，更不能说是中台了。

还有一些企业选择针对某个业务系统，局限在此业务系统范围内进行微服务化（见图 11-2），比如将 OMS 拆分为用户、会员、订单等，将 CRM 拆分为会员、订单、积分等。从单个应用领域来看，这没什么问题。虽然使用微服务的技术架构解决了性能问题、水平扩展问题等,能充分发挥微服务的优势,但从企业全局来看,数据还是没有打通,有多套用户、多个会员系统、多份订单数据等,烟囱型系统仍然存在,因此这也不是中台,不是正确的发展方向。

图 11-1　多个烟囱应用微服务化

图 11-2　单个烟囱应用微服务化

中台是在将应用以微服务纵向拆分的基础上,加上横向切分,将共享能力与上层应用分开,形成可复用的共享服务层,从而促进业务和数据在各应用间的交叉共享,大大减少重复建设和重复投资,这也造就了中台的共享理念,使中台远远超出微服务的范畴。

11.1.2　数据仓库不是中台

企业对数据资产越来越重视,数据分析、数据运营被提上日程，而数据仓库规范与技术也日臻成熟，于是企业开始以经营分析为主要目的建设自己的数据仓库。在建设的过程中，企业会自底向上梳理业务板块，将各业务板块的数据分门别类，并按照数据仓库的规范进行建设。而在中台尤其是数据中台的演进过程中，有些企业着眼于数据资产的集合，使用维度建模的方法论从业务过程中抽象出通用维度与度量，组成数据模型，从而为决策分析提供通用的数据分析能力，以满足企业数据报表分析的场景。这些企业将这种数据模型称为"数据中台"。

然而这并不是数据中台的全部。相比数据仓库，数据中台更加强调数据业务化，以服务业务的视角去规划企业的数据资产，以运营的视角去管理数据资产，以实时、智能的数据应用去服务业务。让数据用起来，不仅服务于企业数据分析，还主动迎合业务，梳理需要数据赋能的业务场景形成业务闭环。

综上所述，数据仓库只是解决了如何看数据的问题，而数据中台则进行了更全面的规划与建设，利用大数据和 AI 的特性解决业务洞察、精准决策、应用智能等一系列问题。

11.2　中台的进化路径

中台是逐步建设成长起来的。企业在建设中台的过程中，要避免走向错误的发展方向。那么中台应该怎么进化呢？

我们将中台的进化分解为 0.5、1.0、2.0、3.0 四大阶段，如图 11-3 所示。接下来先介绍前三个阶段。

11.2.1　第一阶段：领域微服务化

领域微服务化是指根据选定的应用场景，将应用按能力领域拆分。中台是为业务服务的，但企业在建设中台时会有一个切入点和建设周期。比如,企业将数字营销作为数智化转型的切入点,为支撑数字营销,有些企业会做会员相关的领域,有些企业则选择电商相关的领域。不过,这样的中台形成不了从营销、交易到服务的闭环。因此,它只是业务中台的雏形,我们称之为中台 0.5。

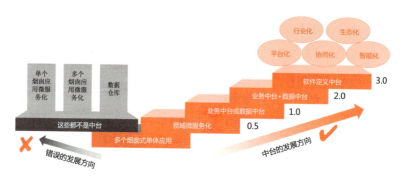

图 11-3 中台的进化

在中台 0.5 阶段,领域微服务化的重点在共享能力的沉淀。以上文提到的为例,有些企业会以会员为切入点,重点关注会员场景。刚开始时,会员域只具有基本的会员管理能力,只能完成基本的业务闭环,但是随着业务的深入,还会不断沉淀会员体系、会员权益、B 端和 C 端会员精细化管理等能力。由此可见,领域场景的能力沉淀过程也是中台自我演进的过程。一般而言,中台 0.5 可以从深度、广度两个途径来演进。

在深度上,中台团队在支撑上层业务的过程中,随着不同业务场景的持续输入,不断沉淀新的业务能力,使得各能力中心的能力越来越丰富。而广度是指中台涉及的领域会越来越广,如果出现与现有能力中心相对独立的新领域,则将其建设成为新的能力中心,这也是在建设和加强中台。

11.2.2 第二阶段：业务中台或数据中台

随着领域在深度及广度上的完善，不断扩大中台场景对企业业务的覆盖度，最终形成面向数字营销的闭环，此时业务中台成长为1.0。在此阶段，中台着重解决全域闭环场景问题。中台一方面关注全域场景的通用能力，另一方面也关注不同场景的能力串联。在之前沉淀的能力基础上，进行对应的领域模型的抽象，使通用的领域能力能够满足更多的业务场景。同时，为了打造业务全景闭环，领域与领域之间也需要相互协作。在这里，一方面会形成领域与领域间的层次关系，另一方面也会进一步打造高内聚、低耦合的中台能力，使得能力间有关联但不强耦合。这个阶段，我们称之为业务中台1.0。

同时，由于企业的阶段选择，在1.0阶段也会出现数据中台。有些企业因为自身的业务复杂度高，重构现有业务工作量大、周期长，而单建数据中台独立性高，且不影响现有业务，所以企业认为这或许也是一个不错的选择。不过先从数据中台入手，需要整合不同数据源以及不一致、不规整的数据，工作量也较大。在建设数据中台的过程中，虽然可能会梳理出一些现有业务系统建设不合理的地方，倒逼着业务系统进行改造，在一定程度上推动业务系统的发展，但是单建数据中台无法将数据能力与业务形成闭环，会大大限制数据中台价值的发挥。

以上两种形态，单独建设的业务中台或数据中台，都只是中台赋能业务的一条腿，因此将其合称为中台1.0。

11.2.3 第三阶段：业务中台 + 数据中台

中台1.0属于单条腿走路，而为了促进企业数智化建设走得更快、更稳、更好,我们需要双腿并用。于是中台 2.0 应运而生。

业务数据化,数据业务化,以业务与数据双中台驱动前端业务,这是中台 2.0 最重要的特征。它不仅关注单形态中台的内部串联打通,还在建设双中台的同时,进一步打通双中台间的能力,两者相互协作,相互支撑。业务与数据双中台建设聚焦于业务,围绕创新开展业务和数据系列能力的建设,从而快速满足业务场景闭环及业务创新尝试。

以做营销活动为例,没有数据中台,无法圈选到合适的人;没有业务中台,设计不出合适的促销活动,无法带动交易;没有活动和交易数据,找不到合适的人群。因此,在创新随时可能发生的企业,一定要时刻保持业务、数据双中台待命,建议纳入一体化规划、一体化实现,从而达到中台建设的 2.0 阶段。

经历了中台 2.0,中台自然要往 3.0 演进。在下一节,我们会重点介绍中台 3.0。

11.3 中台的未来:软件定义中台

在业务中台和数据中台的中台 2.0 之上,为了更好地发挥中台作为企业业务能力和数据共享服务平台的作用,企业还需要找到更好的中台建设方式和途径。软件定义中台就是我们对中台 3.0 的畅想和规划。软件定义中台明确提出建设由技术平台支撑业务中台和数据中台的闭环,解耦运营平面、控制平面和执行平面,实现中台的统一运营、集中管控和柔性执行。基于软件定义中台,将推动中台的平台化、协同化、智能化、行业化和生态化。

1. 平台化

在中台的演进过程中，如果说领域微服务化是量变，那么平台化就是质变。领域微服务化沉淀的不少业务能力，通过平台化，不断地进行业务抽象建模，支持多场景的业务流程编排，使得通用的业务能力配合具体的业务规则、流程的灵活编排，能够满足更多、更复杂的业务场景。在领域微服务化的过程中，每增加一个能力都是一个从 0 到 1 的过程，而通过平台化，新增一个场景或能力，则可在原有能力和场景的基础上不断延伸，提高中台迭代的速度，并让中台能力越来越灵活，越来越丰富。以平台化的思想来沉淀通用业务能力，能更好地支撑业务。

2. 协同化

协同化关注的是一种多方协同共建中台的机制。所有业务方都可成为中台的参与者，参与到中台的能力建设及能力使用的过程中。比如，通过中台控制台可以一览业务全景，并对业务规则进行具体的隔离配置。比如，在业务规划过程中，如果发现有现有中台能力或规则无法满足的业务需求，可通过平台提供的扩展机制，让人人都可以成为能力提供者，让更多方参与具体业务能力或规则的协同共建。

3. 智能化

众所周知，数据是智能的土壤。现阶段数据中台仅仅发挥了不到五成功力，数据中台的未来必将是数据智能大行其道的场地。随着 5G、工业互联网时代的到来，数据源必将越来越丰富，数据的使用场景必将越来越多元。数据中台所释放出的能量将呈指数级增长。具体表现在以下两个方面。

其一，数据中台的建设将更智能。数据采、存、通、治的加工链条将大幅缩短。数据中台自身将更懂人，可以自动判别哪些数据需要接入，哪些数据需要抛弃；数据中台将自学习，及时诊断数据加工链路的故障并主动修复。

其二，数据智能应用将无处不在，赋能营销、渠道、供应链、服务等领域。

4. 行业化

一个大型企业集团可能会涉及多个行业的业务，比如一个企业不仅涉及售楼地产业务，也会涉及文旅等业态，还有可能参与新能源汽车的发展等。首先，不同的行业会注重不同的领域发展。地产行业非常关注线索机会的管理，因此线索领域是地产行业通用的领域中心。而汽车行业，除了正常的交易环节，消费者对售后的需求也很旺盛，因此在汽车行业中，售后领域是其核心领域。其次，对于同一个能力中心，不同的行业会有不同的业务需求。比如商品中心，在地产行业除了作为线上购买的商品外，还需要与具体的在建项目挂钩，所以需要在通用商品中心的基础上，扩展商品项目的业务能力，形成具有地产行业特性的商品中心。中台为了支撑整个企业的业务，不能让不同行业的特性纠缠在一起，需要以行业化的角度对各行业特性进行统一隔离管理。

5. 生态化

中台的核心在于共享。从一开始企业内部各业务的共享，逐步演进为行业生态的共享，进而形成能力生态。在生态化阶段，企业立足于生态赋能，帮助其他企业快速创新，并反哺自身。能力开放是构建生态的前提，因此一般而言，生态化可以通过能力地图、应用市场、开放平台等机制来体现。开放的平台有助于拓展企业业务的边界。

任何新鲜事物从诞生到被广泛接受并运用到实际中,再到被全球性推广,都需要经过较长时间,历经挑战和质疑。同样,中台从呱呱坠地到茁壮成长这个过程中也避免不了各方面的挑战。

首先,中台名字虽然有了,但其准确定义仍然处在混沌阶段。因此,第1章就开门见山,指出数字中台是基于云计算、大数据、人工智能等新一代技术打造的持续演进的企业级业务能力和数据共享服务平台。

其次,各个企业信息化的建设参差不齐,发力重点不一样,切入点不同,导致建设中台的方向也有一定的差别。比如,部分企业的数据中台建设仍然把主要精力放在了数据仓库建设上,并且运营数据中台的中台组织仍然尚未形成,自然无法体会到数据中台的价值。还有,出现了一些中台无用论的说法。其实,这不是中台无用,而是企业建设中台的天时地利人和条件可能还没有形成。当然,中台本身也在发展迭代。

中台的提出是为了更好地服务于企业业务,助力企业的快速创新。在中台演进的过程中,不断地进行业务迭代和更新试错,对中台提出更多的挑战,将其打造成数智化时代企业的新基建。中台可有效整合企业数字能力资源,构建企业业务和数据的闭环,提效企业业务创新,并支撑原有应用快速移植,推动企业组织演进。因此,数字中台将大大推进企业的数智化转型。随着中台的发展,数字中台将逐渐从前台、中台、后台的中台演变成企业中枢的中台。

推荐阅读

架构即未来：现代企业可扩展的Web架构、流程和组织(原书第2版)

作者：马丁 L. 阿伯特 等 ISBN：978-7-111-53264-4 定价：99.00元

数据即未来：大数据王者之道

作者：布瑞恩·戈德西 ISBN：978-7-111-58926-6 定价：79.00元

架构真经：互联网技术架构的设计原则（原书第2版）

作者：马丁 L. 阿伯特 等 ISBN：978-7-111-56388-4 定价：79.00元

企业级业务架构设计：方法论与实践

作者：付晓岩 ISBN：978-7-111-63280-1 定价：69.00元